地域福祉マネジメント

Managing Community Welfare

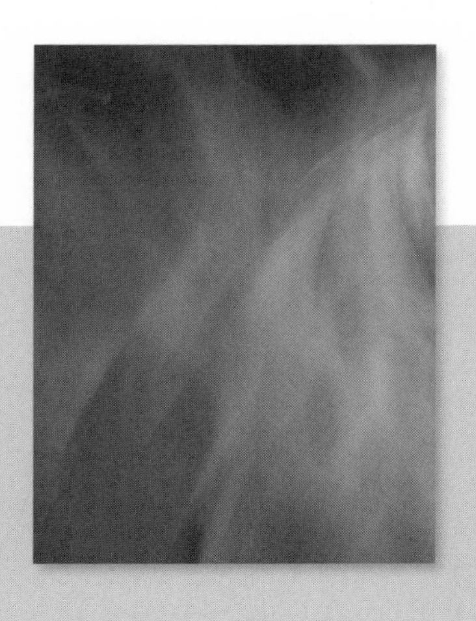

地域福祉と包括的支援体制

平野隆之 著

有斐閣

はじめに――「地域福祉マネジメント」をどう編集するか

地域福祉行政が担う地域福祉マネジメント

本書は，2008年刊行の『地域福祉推進の理論と方法』（有斐閣）の姉妹書といえるものです。本書は，前著が提起した地域福祉推進の体系（ミクロ，メゾ，マクロ）に基づき，当時は登場していなかった地域福祉の新たな政策環境（マクロ）のもとで，その体系性を補強・発展させる役割をもって誕生しました。その補強の方法が，「地域福祉マネジメント」概念の導入であり，体系性を発展させる方法として，メゾ領域をマネジメントする主体として「地域福祉行政」を位置づけました。その意味で，本書は，地域福祉行政が担う地域福祉マネジメントという内容が中心となります。

この12年間に，地域福祉をめぐる政策環境は大幅に変わりました。対象別に進んできた制度福祉の限界を克服する役割が地域福祉関連政策に求められる状況となっています。これまで自治体の福祉行政は，充実をめざして改正される制度福祉の運用に勢力を割いてきました。制度福祉を伴わない，その結果財源保障がない地域福祉は軽視されてきたといえます。生活困窮者自立支援制度の対象横断的なアプローチは，その構造に変化を与えました。しかし，同制度福祉においても，1つの対象別制度の運用に終始し，地域福祉との協働領域を見出しえない自治体が多くみられます。

このように本書では，福祉制度ではなく制度福祉の用語を用います。その理由は，地域福祉との協働関係を捉えるために，制度による福祉（制度福祉）と地域による福祉（地域福祉）として，それぞれの福祉の解決手段（主体）において対応関係がとれるようにするためです。それゆえ，社会福祉法の第1条に規定されている「地域における社会福祉＝地域福祉」というアプローチとは異なります。

「地域福祉マネジメント」のメゾ領域での導入は，制度福祉との協働領域での地域福祉行政の拡充をめざす方法といえます。それゆえ，本書では地域福祉研究者にとどまらず，地域福祉行政の形成をめざす多くの自治体職員に手に取ってもらえるような編集を心がけました。課長や係長のような中間マネジャーはもちろん，新たな地域福祉行政の推進者として期待される「相談支援包括化推進員」，地域福祉との協働を視野に入れて制度福祉の運営に従事する職員に学んでほしい内容になることをめざしました。そのため，本書を現場で活用してもらうことを期待して，多くの事例研究の成果を盛り込みました。

「加工の自由」ではじまる

前著の着想の出発点にあったのは，「地域福祉の動態性」への注目でした。そこで前著では，その動態性を生み出す地域福祉推進のメカニズムの構造を明らかにすることをめざしました。本書の「地域福祉マネジメント」の着想に触れた第1章の書き出しは，「加工の自由」です。自由のもとに育ち駆使される地域福祉マネジメントは，国が進める地域福祉の政策化に対して，自治体による「加工の自由」を保障する方法となりえます。

現在の国の地域福祉関連の政策目標は，サブタイトルにある「包括的支援体制」の構築です。包括的支援体制は，2017年の社会福祉法改正の第106条において明記されました。このキーワードは，身近な圏域での地域住民による活動も含め，多様な機関が協働するなかで，相談支援を中心にしながら，制度のはざまをつくらない支援の包括化を推進するための体制整備を意味しています。さらに，2019年の地域共生社会推進検討会の「最終とりまとめ」を受けて，社会福祉法第106条の強化によって，新たな支援枠組みや財政支援を補強しようとしています。

自治体の地域福祉行政や地域住民等の活動実践は，その構築に協力することが政策上求められており，これまで自発性に依拠してきた地域福祉実践からすると，大きな政策環境の変化といえます。政策（マクロ）と実践（ミクロ）の間にある自治体の地域福祉行政（メゾ）が，この政策環境をどう解釈し，どう運用するかが問われるなか，1つの解答を「加工の自由」と表現し，それを実現する方法として地域福祉マネジメントを位置づけました。

第1章は，最初に登場させた「加工の自由」を担う地域福祉マネジメントの機能を，地域福祉のプログラム・計画・行政との関係で整理しています。プログラムの「開発の主体化」や計画の「進行管理・評価」，行政運営のための「人材育成・組織の整備」などの機能を強化するマネジメントに着目しています。とくに行政運営の整備課題をプログラム（事業）そのものの開発に限定することなく，プログラムが普及・波及するための「条件整備」に関するマネジメント機能に注目しています。

第**2**章では，政策化から求められる自治体地域福祉行政の形成（課題）を，包括的支援体制への4つの段階（Ⅰ：地域福祉プログラムの開発と実施，Ⅱ：地域福祉計画の策定と進行管理，Ⅲ：制度福祉と地域福祉との協働，Ⅳ：包括的な支援体制の整備）に区分しています。とくに，包括的な支援体制の整備が進展するための前提条件として，制度福祉と地域福祉との協働の実績が必要であることを強調しています。その制度福祉と地域福祉との協働とは，地域福祉が制度福祉の機能を高める役割をもち，制度福祉の1つの条件整備をなすという意味です。この条件整備としての地域福祉の機能を評価することなしには，包括的な支援体制における地域福祉の役割を展望することができないのです。

第Ⅰ部の「加工の自由」をめざし，「条件整備」を支えるマネジメント概念の実際を，第Ⅱ，Ⅲ部で分析することになりますが，その事例研究の分析視点と事例配置を解説するのが第**3**章の役割です。そこでは，自治体地域福祉行政・マネジメントの新しい支援理念として，参加支援と権利擁護支援を取り入れることで，制度福祉と地域福祉との協働を展開する範囲を拡げています。

多角的なフィールドワークの成果——制度福祉と地域福祉との協働

前著の地域福祉推進の体系に支えられたフィールドワークの成果が，第Ⅱ部の「新たな支援理念を支える地域福祉マネジメント」と，第Ⅲ部の「地域福祉マネジメントによるローカルガバナンスの展望」に，6つの章として配置されています。前著の刊行から12年の経過のなかで展開されたフィールドワークは，地域福祉マネジメントの観察や関与を実現し，本書の独自の成果を生み出す原動力となっています。

制度福祉別での接近を扱う第Ⅱ部と自治体別での接近を扱う第Ⅲ部の2つの部を，事例研究として組み合わせた編集とすることで，自治体地域福祉行政の形成に向けた地域福祉マネジメントの機能がより明確になりました。制度福祉との協働のなかで地域福祉行政が形成されていることから，その協働を支える機能を地域福祉マネジメントが果たしていること，そして，制度福祉と地域福祉との協働を前提にして，包括的支援体制の構築が進むこと，こうしたプロセスが個々の自治体のなかで実現する多様なパターンをつくりだすことなど，地域福祉マネジメントの作用する構造が描かれています。なお，一部にとどまりますが，都道府県による地域福祉マネジメントの事例も扱っています。

第Ⅱ部で扱う制度福祉のフィールドには，介護保険制度（第4章），生活困窮者自立支援制度（第5章），成年後見制度利用促進制度（第6章）の現場が含まれます。第Ⅲ部のフィールドは，3つの自治体（高知県中土佐町：第7章，滋賀県東近江市：第8章，兵庫県芦屋市：第9章）で，包括的な支援体制の整備までの展開過程（段階Ⅰ〜Ⅳ）を扱うという設定となっています。

地域福祉マネジメントの守備範囲については，制度福祉を担う部署との協働を越えて，まちづくり部署との協働（第8章），さらには企画・政策が抱える行政改革を視野に入れる取組み（第9章）によって，その拡がりが扱われています。また，地域福祉マネジメントと地域福祉行政の相互作用に関心を置いていますが，多くの事例研究では，社会福祉協議会や福祉NPO，中間支援組織などのマネジメントが，公私協働によるマネジメントとして取り上げられています。それらの組織（マネジメント）をどのように育成し，協働のパートナーとしての合意形成を図るかが，地域福祉行政による地域福祉マネジメントの主要な機能であるとみなしています。

図示による分析枠組みの提供

地域福祉マネジメントの概念化は，その基本機能（第1章の図1-3）と，包括的支援体制への段階別マネジメント（第2章の図2-2）の2つの図式化によって，補強されています。それらの図示された枠組みの助けを借りて，事例研究が進行していきます。その理由としては，地域福祉マネジメントの概念がいまだ形成途上であること，また事例研究の内容・結果の相互比較が図式化の枠組みによって容易になることからです。基本機能（図1-3）は，事例研究において9カ所で活用され，段階別マネジメント（図2-2）は，第Ⅲ部の事例研究の3カ所で活用されています。

もう1つの理由は，本書を現場で活用してもらうことを目的としていることから，現場の複雑な要素の関連を整理するために，この図示が役立つという判断です。もともと制度福祉と異なって見えにくい地域福祉を扱い，同時に実践の背後にあって，組織の外から見えにくいマネジメントを抽出するフィールドワークの現場において，こうした図示が実際に観察結果を確認する際に試みられました。

いずれにしても，発展途上の地域福祉マネジメントは，自治体のメゾ現場が「加工の自由」を選択するなかで，地域の独自性が発揮され，より機能が豊富化されることになります。本書での地域福祉マネジメント概念と機能は，それらの実績によって改善され発展することになります。

3部，3章，3節での構成

本書は全面的な書き下ろしで執筆されました。そのことから，部，章と節の構成を統一する編集を試みました。3つの部には3つの章を，9つの章には各3つの節を配置しました。3つの部，3つの章のイメージはすでに示しましたので，3つの節構成について触れておきます。

章における各節の役割は，3つの部ごとに共通したものとなるように編集しています。第Ⅰ部では，地域福祉マネジメントの概念化と内容を含む分析枠組みを解説することになりますが，その結論を2節に配置し，1節にその枠組みに至る背景を，3節にはその枠組みの具体的な例や補足を行っています。中心は，2節ということになります。

第Ⅱ部のテーマは，制度福祉と地域福祉との協働です。それゆえ，1節ではそれぞれ異なる制度福祉において，どのように地域福祉が協働する領域に接近できるのかを解説することになります。2節は協働の領域をどのように形成し，運営するのか，マネジメントの機能ごとに，実際の取組み内容を整理しています。3節は，事例研究から見えてきた機能や方法に普遍化に向けて検討を加えることをめざしています。ここでも，中心は2節です。

最後の第Ⅲ部では，1節に国の地域福祉関連の政策化において導入された補助・モデル事業の系統的な活用の実態に触れつつ，包括的支援体制整備に向けた自治体独自の経過に着目します。2節は多機関協働事業や地域力強化推進事業という包括的な支援体制整備の取組みそのものを扱うことで，モデル事業における「加工の自由」とその成果に触れています。3節は，それらの成果の発展方向を3つの自治体の選択として示します。そこに現行の制度福祉や福祉行政を越える新たな創造的な包括化を展望した，地域福祉マネジメントの可能性を見出しています。やはり，2節に力点があります。ただし，事例研究における普遍化をめざす3節も，本書での重要な成果といえます。

サブタイトルの「地域福祉と包括的支援体制」

サブタイトルの名称の設定には，とても悩みました。2019年度に検討されている社会福祉士養成課程のカリキュラム改定案において，それまでの「地域福祉の理論と方法」が「地域福祉と包括的支援体制」となったことが大きく影響しました。それまでの地域福祉の理論と方法として形づくられてきた内容が，今回の改定でどこまで継承されるのかによって，地域福祉の性格が大きく異なると予想されます。福祉系大学で地域福祉の教育に従事してきた教員としては，今後教材が編集され，試行錯誤がなされる際に，1つの検討素材を提供しておきたいという気持ちがありました。

なお，本書がその教科書をめざしたわけではなく，そもそも筆者としては，この名称・内容の変更そのものには必ずしも賛成ではありません。その理由は，本書のなかで触れているつもりです。

しかし，地域福祉行政が包括的な支援体制の条件整備にどう関わるのか，その問題意識は重要です。そのための解答を探してフィールドワークを行ってきましたし，その解答のフィードバックとして本書を執筆した次第です。本書が少しでも地域福祉行政の形成に貢献できることを期待しています。

目　次

第Ⅱ部　新たな支援理念を支える地域福祉マネジメント

第Ⅰ部

地域福祉マネジメントの枠組みと展開

第1章

地域福祉マネジメントの着想

地域福祉行政の形成に向けて

はじめに

本書の出発点として，本章1節を地域福祉マネジメントの着想から始めます。本書に至る着想は，地域福祉推進体系のメゾ領域に「マネジメント」を挿入する必要性の認識と，他分野でのマネジメントの学びから得ています。2節では，それらを受けて，地域福祉マネジメントの基本機能を示す枠組みを提示します。その担い手として，基礎自治体にあたる市町村の地域福祉行政を想定します。3節では，都道府県の地域福祉行政に視野を広げ，市町村の地域福祉行政の形成におけるマネジメントをどのように支援しえているのかという視点から，富山県と高知県の事例を紹介しています。

1節　*メゾ領域での地域福祉マネジメントの着想*

1　地域福祉推進の重層構造と地域福祉マネジメント

1.1　「加工の自由」を担うマネジメント概念の挿入

メゾ領域とは，『地域福祉推進の理論と方法』（平野 2008）において採用した重層構造（ミクロ・メゾ・マクロ）の体系におけるメゾに相当し，ミクロの実践（Practice）やマクロの政策（Policy）とは異なって，地域福祉計画（Plan）や地

図 1-1　地域福祉推進の重層構造

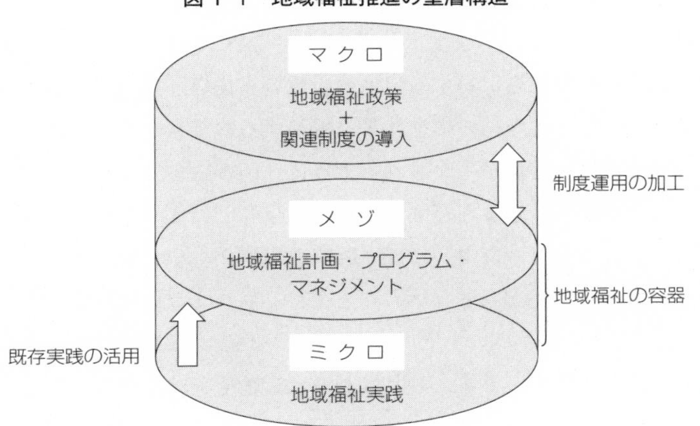

域福祉プログラム（Program）が展開されている領域であり，基礎自治体が責任をもつ空間を表しています[1)]。すでに前著（平野 2008）において，マネジメント概念を，メゾ領域の地域福祉計画と関連づけて用いていました（計画空間のマネジメント）。それゆえ，前著の出版後比較的早い時期に，これまでの4つのP以外に，地域福祉マネジメント（Management）のMを独立した概念として，地域福祉の推進体系に挿入することを着想していました（図1-1）。しかし，その機能をどのように設定するかについて，とくにミクロとマクロの関係においての判断が明確ではありませんでした。

前著では，既存実践の活用というボトムアップから地域福祉の推進が図られるメカニズムを明らかにすることに力点を置き，そのボトムアップを促進する位置に，地域福祉計画や地域福祉プログラムの役割を設定しています（図1-1）。それに対して，本書では，ボトムアップの働きだけではなく，国からの地域福祉政策が展開される環境が進むなかで，メゾ領域における地域福祉プログラムと地域福祉計画が国の政策に依存的にならないように，メゾ領域を補強する役割を，地域福祉マネジメントに求めました。地方自治体が主体的で，自治性をもった地域福祉行政（右田 2005）を展開するためには，これまでのアドミニストレーションではなくマネジメントが必要であると認識しています。

次章で触れる国からのトップダウンによる推進政策やガイドラインを，地域の論理に組み替え「制度運用の加工」を強化しようとする意図が，マネジメント概念の導入に含まれています。以下では，「加工の自由」という表現を用いますが，地域福祉の推進に対する自治体行政の責任を「自由」の名のもとに放棄するのでもなく，また国の推進政策を拒絶するのでもなく，これまでの地域における地域福祉の実績が生かされるように，国からのプログラム補助を活用して積極的に「加工」しようとする意味を付与しています。

しかし，その「加工の自由」には，明確な根拠が必要です。地域福祉の推進に対する自治体の責任があるということです。1つは，地域福祉の実践者とともに，「実験的なプログラム」として実施し，評価することで求められる根拠を担保できると考えています。もともと地域福祉を実験的な要素をもった福祉として，「実験福祉」と呼んできた経緯があります（平野 2018）。これまで制度福祉による「給付行政」として展開されてきた福祉行政に対して，自由裁量的な地域福祉行政を展開するためには，従来の行政文化からの解放が求められます。「実験的なプログラム」は，そのための練習や挑戦の機会を提供するもので，その経験を経ることで，地域福祉マネジメントの役割が明確になり，それをリードする人材として地域福祉マネジャーも成長することができます。

もう1つは，自治体における独自の地域福祉計画による根拠づけです。2003年から，社会福祉法第107条において市町村による地域福祉計画の策定が求められてきました。市町村において独自の財源を確保する意味でも，国の補助・モデル事業の政策的な誘導を自律的に活用する意味でも，地域福祉計画による独自の政策選択の方向性をもつことは地域福祉にとって不可欠な推進条件といえます。

1.2 「条件整備」のプログラム開発を担うマネジメント

ミクロ領域には，地域福祉の実践を担う組織，小地域福祉組織，社会福祉協議会や福祉 NPO といった多様な組織によるマネジメントが数多く存在しており，地域福祉マネジメントとしては，これらの組織マネジメントの機能が高まる条件を整備する必要があります。本書では，メゾ領域での地域福祉計画（計画化）や地域福祉プログラム（事業化）を対象とすることから，行政が担うマネジメントに焦点をあて，地域福祉行政の形成を扱います。その際に，メゾ領域では，地域生活課題の解決に直接的に作用する地域福祉プログラムの開発だけではなく，むしろプログラム（事業）が多様な主体によって担われることから，そのプログラムの運営が円滑に機能するための「条件整備」を視野に入れます。

運営の「条件整備」を担うマネジメントには，多様な主体が地域福祉の実践（ミクロ）に参加し，相互に有機的な関係をもちながら，それらの実践が「地域に累積する」ことを可能にする機能が期待されます。たとえば，多様な主体によるプログラム参加と分担における合意形成を確保する場の運営，そして提供されるプログラムの質の確保・改善，活動を継続する誘因も含めたプログラムの持続可能な条件の確保，などです。

他方では，国（マクロ）の地域福祉政策によって推進される地域福祉プログラムが地域の特性等によって自由に加工され，自治体の独自性あるプログラムとなることを条件づけるマネジメントの役割もあります。たとえば，自治体の地域福祉行政における組織的な体制の整備や人材配置なども，それにあたります。これらの機能も，結果的にはプログラム実践が「地域に累積する」ことの条件を形成することに結びつきます。

このように，ミクロの実践が「地域に累積する」ことを可能にする条件整備を表す独自の概念として，「地域福祉の容器」を用いています[2)]。この概念化は十分にこなれているものではありませんが，図 1-1 に示したように，ミクロとメゾの間で形づくられている「容れもの」のイメージです。メゾ空間と同種の表現といえる面もありますが，ミクロの地域福祉の実践や活動が「地域に累積する」ことを可能にする機能をもつ容器として位置づけ，その機能を高める役割をマネジメントに与えています。その独自概念の精緻化の面からも，本書全体を通して，地域福祉マネジメント概念の充実を図りたいと考えています。

市町村において，地域福祉マネジメントが発揮されない場合，言いかえれば「地域福祉の容器」が形成されない場合，このミクロとマクロの循環が断絶されることになります。そうなると，制度福祉の対象者の属性による縦割りの構造がそのまま地域の現場に降りてくることもあり，制度福祉と地域福祉との協働が形成されないことで，対象者属性をもたない地域福祉そのものも縦割りの構造の１つになってしまいかねません。この危惧が，地域福祉マネジメントの着想の出発点となっています。この協働の「条件整備」を担うマネジメントは，次章で触れることになる，政策上の用語としての「体制整備」の内容に結びつくもので，本書の重要なキー概念といえます。

2　多様な領域でのマネジメントからの着想

上記の2つのキー概念，国の政策に対する「加工の自由」とプログラムの運営や計画の策定に関する「条件整備」について，いずれもメゾ領域のマネジメントとして，どのように活用すべきか，他の分野で用いられているマネジメント概念からの示唆を整理しておきます。

マネジメントの概念については，経営学に限らず，各学問分野で多様な用法があり，それぞれに多くの文脈があります。それらを踏まえつつ，メゾ領域での地域福祉マネジメントに関して，その概念化に有用と思われるマネジメント概念を3つ列挙しておきます。「マネジメントプロセス」（岡本薫），「場のマネジメント」（伊丹敬之），「合意形成のプロジェクトマネジメント」（桑子敏雄）の枠組みです。地域福祉には協議・協働の場が不可欠であり，その場において公民の合意形成がなされ，それらのプロセス自体がマネジメントであるとの認識から3つのキーワードを選択しています。

2.1　自由のもとに成立する「マネジメントプロセス」

岡本薫は，「ある主体が目標を設定し，手段を選択してその達成を図るプロセス」としてマネジメント概念を捉え，そのプロセスの分析として，独自の手法（Ph.P 手法）を用いた「マネジメントプロセス」の分析方法を提示しています（岡本 2010）。それに基づくと，地域福祉計画の評価は，いわゆる PDCA における Do の「実施」の局面（Phase）においてチェック（C）するだけでは，マネジメントプロセスとはいえません。むしろ計画策定（P）の局面で設定された目標との関係から適切な手法を選択しているのかどうかを評価することが重要であることに気づきます。現状の計画評価では，計画項目が所与とされ，その項目ごとの評価指標の達成度によって評価する方法が一般的であり，計画策定の局面での課題の点検には結びついていません。地域福祉の推進においては，これまで計画策定のなかでプロセス重視のアプローチが強調されてきました。しかしメゾ領域としての計画策定の評価では，目標の設定，手段の選択，実施の各局面を関係づけるマネジメントプロセスの分析が強調される必要があります。

市町村行政が，国から提示される地域福祉の推進目標に依存的になる傾向が強まると，自ら主体的に目標を設定する力が弱まり，手法の選択においても「加工の自由」が放棄され，国のガイドラインをなぞることになります。そうなると，それぞれの局面が選択的ではなく，そもそもマネジメントプロセスが成立しません。逆の見方をすると，岡本のいう「マネジメントは『自由』があるときに可能・必要となる」（同書：19頁）ことが無視される結果，自由裁量が基本である地域福祉行政のマネジメントそのものが成立しえない状況がつくられてしまいます。

2.2　権限システムと現場を媒介する「場のマネジメント」

伊丹敬之の研究は，企業組織をベースとした「場のマネジメント」を扱っています（伊丹 2005）。それは，組織の権限システム・構造と，現場におけるスタッフのエネルギーとの間に形成される距離を埋める場のメカニズムを創り出すことを意味しています。その場で起こる「自律的な相互作用のプロセス」には，「組織のメンバーが場での相互作用へ自律的に参加する意欲をもっていること」が必須の条件となることが強調され，そのための「裁量の正当性」が主張されています。「裁量の正当性」とは，組織のなかで自分が裁量をもつに至った理解をベースに自由な行動をとることに対して，それを正当であると組織が承認していることによって成立するとされています（同書：186頁）。岡本の「自由であるときに可能」とするマネジメントの整理に共通するもので，分権化された裁量と組織のなかの「自由の保障」の延長上にマネジメントがあります。それは，多様な主体によって担われる裁量的な地域福祉にとって，それを担う組織やグループに有用な考え方であり，地域福祉を担うマネジメントは，この点を十分に留意する必要があります。

こうした「場のマネジメント」が起こる場を，地域福祉の計画空間のマネジメントとして設定できます。地域福祉計画には他の福祉計画とは異なり，多様な主体，さらには行政職員の間での情報的相互作用（理解）が必要ですが，それが，十分に機能しない現状も多くみられます。とくに，地域福祉行政の形成を福祉行政組織全体としてめざすうえでは，行政職員の間での情報的相互作用が生じうる，地域福祉に共振できる「場のインフラ整備」（筆者のいう容器の機能に相当）が必要といえます。政策上の用語として用いられる「体制整備」は，この「場のインフラ整備」を含んだものとして理解すべきであり，メゾ領域としての地域福祉の行政組織の整備・運用を場のマネジメントの視点から分析することが求められています。

2.3　多様な主体との合意形成を図る「プロジェクトマネジメント」

国の政策的な推進のなかで求められる，地域住民との協働で取り組む地域福祉プログラムには，合意形成の場が不可欠となります。桑子敏雄の「社会的合意形成」のプロジェクトマネジメント概念は，こうした合意形成の考え方において有用です（桑子 2016）。桑子の場合には，河川整備などの公共事業や社会基盤整備というプロジェクトを対象にしており，「事業のプロジェクト」と「合意形成のプロジェクト」の２つのプロジェクトのマネジメントを区別して捉えることを重視しています（同書：32 頁）。

地域福祉の推進に関する国のモデル事業等も一種のプロジェクトとして降りてくる点では，同様の合意形成が必要となりますが，そこでの対立の構図は，公共事業のような利害関係者間で生じる対立の構図とは異なる面があります[3)]。これまでの制度福祉の文化と自発的福祉の文化との間に生じる齟齬や，障害者の地域生活移行にみられる偏見や差別といった意識をめぐってのコンフリクトが生ずる場合が多いといえます。これまでの福祉行政においては，厳格すぎる制度運用によって柔軟な解決が難しくなり，解決が遅くなっていました。その背景として「前例踏襲主義」などの行政の福祉文化自体がもつリスクといえる状況があることを認識する必要があります。それを克服するためには，福祉行政を「前例踏襲主義」から解放するマネジメントが必要となっているのです。桑子は，そのようなリスクを列挙するとともに，その克服のための「社会的合意形成」の方法を惜しげもなく提供しています（同書：141 頁）。

2.4　3つの概念が示唆するもの

地域福祉推進体系（図1-1を参照）におけるメゾ領域でのプログラム・計画とマネジメントの関係づけにおいて，上記の3つのマネジメント概念からの示唆を整理すると，次の3点となります。これらの示唆は，第Ⅱ部，第Ⅲ部のフィールドワークのなかでマネジメントの要素を観察する際に大いに役立つといえるものです。

1つは，地域福祉に求められている「自由の保障」，さらに「加工の自由」は，マネジメントとの親和性が高いということです。地域福祉行政部署の「裁量の正当性」が，法律に基づく公平な給付行政を中心とする福祉行政の他部署からどのように合意されるか。そのための十分な説明力が地域福祉行政部署に求められ，協議の場のマネジメントにより対応されることになります。

2つには，地域福祉計画のマネジメントプロセスが本書においても，重要なツールとなりうるということです。設定された目標との関係から適切な手法を選択しているのかどうかを評価するという一連のプロセスをマネジメントするには，計画の進行管理の場を適切にマネジメントすることが重要となります。これまでの地域福祉計画研究では，策定への参加に焦点をあてすぎたきらいがありますが，本書では，地域福祉計画の進行管理のマネジメントの方法に着目します。

3つには，「事業のプロジェクト」と「合意形成のプロジェクト」のマネジメント区分に関するものです。すでに「条件整備」を担うマネジメント概念に触れましたが，この「合意形成のプロジェクト」も一種の条件整備のプログラムということができます。メゾレベルでの地域福祉のマネジメントには，事業としてのプログラム開発にとどまらず，合意形成のための場のマネジメントが重要となります。

2節　地域福祉のプログラム・計画・行政とマネジメントとの関係

前著を踏まえた着想と3つのマネジメント概念からの示唆を受けて，本書での地域福祉マネジメント概念の基本枠組みを示しておきます。以下の第**2**章の枠組みと区別することから，地域福祉マネジメントの「基本機能」としておきます。そのための出発点として，前著のボトムアップ型の枠組みを紹介し，その機能を内包する形で地域福祉マネジメントを構想します。

1　ボトムアップの地域福祉プログラミング

地域福祉の政策化を考えるうえでは，国によるトップダウンではなく，自治体レベルでの内発的な地域福祉行政の形成に着目しておくことが重要です。その1つが，図1-2に示すボトムアップ型の地域福祉プログラムの開発です。平野（2008）において提起したもので，政策化の位置には，国だけではなく，都道府県をも位置づけています。都道府県・国によるマクロの政策化（ベクトルC），市町村行政によるメゾの計画化・事業化（ベクトルB），実践組織によるミクロの実践化（ベクトルA）を重層的に配置し，そしてミクロの実践が累積さ

図1-2　ボトムアップ型の地域福祉推進

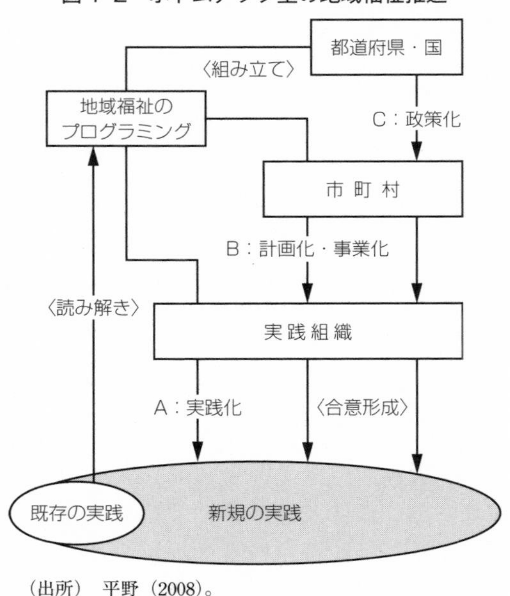

（出所）　平野（2008）。

れ，政策化を生み出す場として，また政策が実施され運用される場として，メゾ空間に循環のベクトルを取り入れたものです。

図1–2の特徴は，政策化のベクトルCのみが循環しているだけでなく，それとは別のベクトルB，Aの循環が示され，地域福祉プログラムの開発は政策化のベクトルCに一元化されないという構造を示しているということです。言いかえれば，Aの実践化の実績を踏まえてBの計画化・事業化が取り組まれることによって，Cの政策化が成立していることへの注目です。平野(2008) では，「政策化が市町村のプログラム化より，また市町村の計画化は実践組織による実践化より，価値のある有効な方法であるということを意味するものではない」（同書：51頁）と述べ，3つのベクトルが同列に扱われるのが，地域福祉推進の特徴であることを強調しています。

この循環をコントロールする機能は，「地域福祉のプログラミング」という新しい概念で表現されます。これまでミクロの実践，マクロの政策化のなかで試みられてきた機能を，メゾ領域で展開される地域福祉の計画化・事業（プログラム）化のなかで組織的に取り組まれる機能と想定しました。このプログラミングの結果については，新しい実践が取り組まれるために，必ず「実践組織」による合意が形成される必要があります。この循環をコントロールする機能を前著では「地域福祉のプログラミング」という概念のなかに盛り込んでいましたが，本書では，それを地域福祉マネジメントの1つの機能として抽出し，独立させました。

2　地域福祉マネジメントの基本機能

市町村地域福祉行政が，地域福祉計画の場を用いて，ボトムアップの方法によって主体的に地域福祉プログラムを開発し，運営するための地域福祉マネジメントのモデルを整理したのが，図1–3です。図1–2との関係でみれば，市町村行政によるB：計画化・事業化のメゾ領域に，「マネジメント」を挿入するなかで形成される構造ということになります。地域福祉マネジメントの基本機能（図1–3）は地域福祉マネジメント（M）からのベクトルで表現します。その結果，M→A：地域福祉プログラムの開発に向けての機能，M→B：計画の

図 1-3　地域福祉マネジメントの基本機能

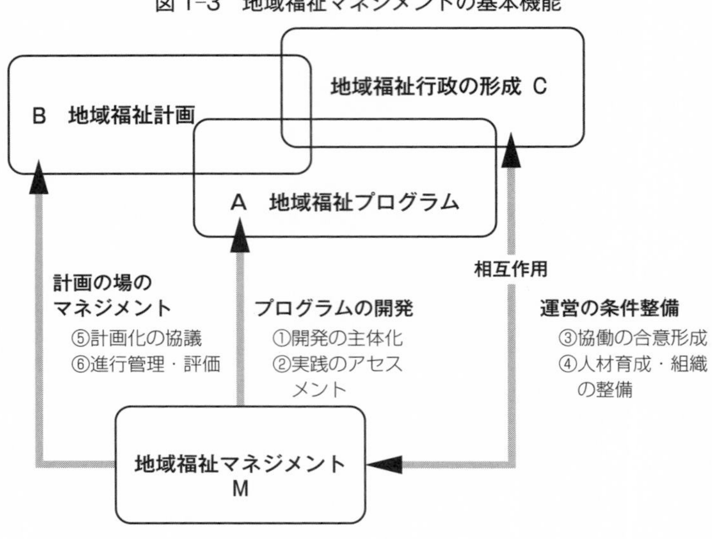

場のマネジメント，M↔C：運営の条件整備の機能，として整理しています。

A，B，C へのマネジメント（M）の働きかけの機能には，①〜⑥の分類を与えていますが，実施上の順序を示しているものではありません。なお，運営の条件整備は，地域福祉行政の組織基盤とも関連することから，「地域福祉行政の形成」との相互作用（双方向のベクトル）の関係として位置づけています。つまり，地域福祉行政がマネジメントの担い手の役割を果たすとともに，マネジメントは，市町村地域福祉行政の形成に寄与する機能をもつという関係にあります。以下，A，B，C に向かう M の機能について詳しく述べます。

第1に，「地域福祉のプログラミング」として位置づけられてきた機能（図1-2）に相当するものとほぼ同じ意味をもつ**プログラムの開発**（M→A）のマネジメントがあります。その機能には，①開発の主体化と，②実践のアセスメントとが含まれます。

住民主体が強調されるなかで，地域福祉行政の分野において①「開発の主体化」はこれまであまり注目してこなかった機能です。新たな地域生活課題の解決において，自治体のどの行政部署が取り組むのか，そのためのプログラムの開発をどう分担するのか，行政部署間での押し付け合いがある現状から，予想外に解決困難な課題を抱えています。庁内連携を含め，それぞれの部署がプログラム開発に対して主体的になることをマネジメントするという機能を，「開発の主体化」と表現しました。なお，その前提として，それをリードする地域福祉の部署に自由裁量や「裁量の正当性」が認められていることが必要となります。制度運用を意味するアドミニストレーションとは，マネジメントの成立要件が異なります。

②「実践のアセスメント」は，既存の地域福祉実践や，場合によってはまちづくりなどの幅広い実践をも対象とする，図1-2でいう「読み解き」の機能を表現したものです。この機能は，Bの計画過程における分析的な作業としてとても重要なものであり，先の「開発の主体化」が組織化的な作業であるのと対照的なものです。もちろん，両者は同時並行的に進むことから，行政がアセスメント作業を通して既存の民間の地域福祉実践に気づくこともあり，それらのプログラム化をめざす判断を通して，開発の主体化が図られるという関係にもなっています。アセスメントの過程でより強化された主体性は，Bの計画化の協議の内容の質を高めることになります。AとBの重なりを表す機能です。

第2は，開発された地域福祉プログラムが計画化を通して，実施・運営されるための条件整備のマネジメントに相当します。ここでは**運営の条件整備**（M↔C）と表現しています。

読み解かれた実践を実際のプログラムとして普及させるためには，図1-2でいう実践組織との「合意形成」が必要です。多様な主体との協働によって実施することを推進する機能として取り入れたのが，③協働の合意形成です。この協働は，プログラムの「組み立て」の段階においても多様な主体の参加を求めるために必要なマネジメント機能です。運営の条件整備として重要なもう1つの機能が，④人材育成・組織の整備です。地域福祉プログラムの円滑で継続的な実施には，不可欠な条件整備といえるもので，それゆえAとCの重なりの機能に相当します。前著（149頁）では，地域福祉計画の項目として，課題を解決するためのサービスや支援といった事業に相当するプログラム（事業プログラム）とともに，「条件整備プログラム」としての計画項目が含まれる必要のあることを指摘しています（第**3**章**2**節で詳述）。

第3に，地域福祉計画への働きかけに相当する**計画の場のマネジメント**

(M → B) です。それには，⑤計画化の協議と，⑥進行管理・評価が含まれ，民主的で建設的な協議の空間となるためのマネジメント機能を果たすねらいがあります。このマネジメント機能については，すでに前著においても「計画空間」のマネジメントとして触れており，地域福祉計画のなかでの機能としていました。本書では，地域福祉マネジメントの機能として表現しています。その理由の１つは，前著では必ずしも重視していなかった「進行管理・評価」の機能を強く打ち出す必要があるとの判断です。計画策定のような大掛かりな仕掛けではなく，地域福祉マネジメントの一環として進行管理の会議が開催されることに意義を見出しています。かかる進行管理では，M → A のプログラム開発と M ↔ C の地域福祉行政の形成が進展しているかを評価し，改善を促す機能が求められています。

3　アドミニストレーションからの転換を担う人材

マネジメントには，それを担うマネジャーが不可欠です。ここでのマネジャーは，制度運用のアドミニストレーションから，マネジメントへの転換を担う人材として位置づけます。

第１に，これまでの地域福祉の推進において求められてきた住民主体を担ってきたコミュニティワークではなく，地域福祉行政の主体形成という課題に対応するマネジメントを扱います。住民主体に対して，行政の主体化を牽引するマネジャーの役割は，プログラム開発の前提条件として不可欠です。ミクロでの住民主体を支えるコミュニティワークを担う社会福祉協議会と NPO の実績や組織マネジメントの成果をアセスメントする役割は，その実績を事業化する主体である行政の責任です。自治体行政による地域福祉への無理解や無関心の結果，多様な自発的な実践が地域福祉として評価されないことが生じてしまいます。重要なのは，社会福祉協議会や中間支援組織，さらには，民間企業によるマネジメントの発想や実績から行政マネジャーが刺激を得る場を組織しておくことです。

第２に，制度運用を説明するアドミニストレーションというこれまでの方法ではなく，制度運用を越えた対象横断的支援，予防的支援，しかも行政機関以外の多様な主体を組織するために，マネジメント概念による機能整理が必要なのです。マネジメント概念の出発点は，「自由」があるときに可能・必要となるということであり，地域福祉行政によるプログラム開発には，絶えず「自由」を認識したマネジャーの行動が必要です。以下に触れますが，国の地域福祉の財源が乏しいなかで，この「自由」を担保するには，自治体の独自財源での取組みを模索することが求められます。地域福祉への自主財源の投入を，他の部署に対して積極的に説得することは，当然マネジャーの役割となります。

第3に，地域福祉計画策定への住民参加を「ローカルガバナンス」の実験現場として認識してきた経緯のなかで，「ローカルガバナンス」の定着をめざした同計画の進行管理・評価の組織化を担うマネジャーの役割に注目しておきます。計画の場のマネジメントに相当する地域福祉マネジメントの領域です。近年，地域福祉に限らず行政一般の執行において，マネジメントが強調される傾向にあります。「公共マネジメント」概念を提示している田尾雅夫は，次のように整理します。「確かに，NPM（new public management）と言われる財政上の課題を背景にしながら，行政においても経済効率性が求められ，民間のマネジメントを応用することが求められました。しかし，より重要な背景としては，住民参加や住民運営参加を促進という『ローカルガバナンス』の時代にあって，自治体職員におけるマネジャーの役割の強化です」（田尾 2015：35頁）。

その意味では，給付行政に基づくアドミニストレーションからの転換を求めて，地域福祉の領域を「ローカルガバナンス」の実験現場として認識してきた地域福祉研究者の考えと合致しています。武川正吾は，「地域福祉は，まさに地域の水準における協治や共治であり，ローカルガバナンス論以前のローカルガバナンスであったとも評価できる」（武川 2018：35頁）としています。また永田祐は，武川と同じ問題意識から，日本の地域福祉計画を分析しつつ，「ガバナンス空間」というイギリスで用いられている表現も活用して計画の現場を整理しています（永田 2011：24頁，299頁）。しかし，計画の策定プロセスにおける住民参加に着目するこうした期待に対して，策定後の地域福祉計画の実効性において十分に機能を発揮しているとはいいがたい面のあることも事実です。新たなマネジメントの課題として，進行管理の場を通したローカルガバナンスの実験が期待されます（第Ⅲ部）。

第4に，マネジャーは自らの組織マネジメントの基盤を強化するために，運営の条件整備を図る必要があります。これまで事業プログラムの計画項目を中心に構成されてきた地域福祉計画に対して，計画化された事業の円滑な実施や運営に必要な条件整備の計画化を進める役割が求められます。とくに地域福祉行政の基盤整備をはじめ，地域住民，社会福祉協議会や社会福祉法人，NPOなどの多様な主体の活動や実践が「地域に累積する」ような環境を整えるために，マネジャーは関心を傾ける必要があります。マネジャーの一般的な業務では，対外的な調整に多くの時間が割かれています。地域福祉の場合には実践を担う多様な主体との調整に優先度を高く設定する必要があります。

また，図1-3には盛り込まれていませんが，「プログラム評価の組織化」も条件整備に含まれます。計画の評価は，進行管理・評価の場で実施されますが，実施された個々の地域福祉プログラムについて，設定された目標がどこまで達成されたのかを検証するための機会として，計画とは別個に「プログラム評価の組織化」が求められます。「組織化」としている理由は，プログラムの担い手である多様な主体の参加を組織する必要があるからです。地域福祉計画の策定サイクルごとに実施される評価というよりは，地域福祉計画のなかに盛り込まれた地域福祉プログラムに対して，関連するいくつかのプログラムごとに評価するような機能として位置づけることができます。この機能は，プログラムの運営を見直したり，強化したりする結果を生み出すことになります。

3節　都道府県の地域福祉行政によるマネジメント

1　共生型ケアにみる都道府県地域福祉行政の主体化

前節では図1-2のボトムアップ型の地域福祉推進の構造を用いながら，市町村地域福祉行政に求められる運営について解説してきました。3節では，都道府県の地域福祉行政に焦点をあてます。図1-2では，国と同格の地域福祉の政策化の主体の位置に都道府県を配置しています。筆者はこれまで，地域福祉の政策化を担う都道府県の組織とプロセス，その財源確保について分析を進めて

表 1-1　都道府県における地域福祉計画の担当部署（課）

都道府県	地域福祉計画関係の所管部署	都道府県	地域福祉計画関係の所管部署
北海道	保健福祉部地域福祉課（地域福祉推進グループ）	滋賀県	健康医療福祉部健康福祉政策課（企画調整係）
青森県	健康福祉部健康福祉政策課	京都府	健康福祉部介護・地域福祉課（地域福祉担当）
岩手県	保健福祉部地域福祉課	大阪府	福祉部地域福祉推進室地域福祉課
宮城県	保健福祉部社会福祉課	兵庫県	健康福祉部社会福祉課（福祉企画班）
秋田県	健康福祉部地域・家庭福祉課	奈良県	健康福祉部地域福祉課（地域福祉推進係）
山形県	健康福祉部地域福祉推進課	和歌山県	福祉保健部福祉保健政策局福祉保健総務課（社会福祉・援護班）
福島県	保健福祉部社会福祉課	鳥取県	ささえあい福祉局福祉保健課
茨城県	保健福祉部福祉指導課（地域福祉グループ）	島根県	健康福祉部地域福祉課（地域福祉グループ）
栃木県	保健福祉部保健福祉課	岡山県	保健福祉部保健福祉課（地域福祉班）
群馬県	健康福祉部健康福祉課	広島県	健康福祉局地域福祉課（地域福祉グループ）
埼玉県	福祉部福祉政策課（政策企画担当）	山口県	健康福祉部厚政課
千葉県	健康福祉部健康福祉指導課	徳島県	保健福祉部保健福祉政策課（地域共生・援護担当）
東京都	福祉保健局総務部企画政策課（福祉政策推進担当）	香川県	健康福祉部健康福祉総務課
神奈川県	福祉子どもみらい局地域福祉課	愛媛県	保健福祉部保健福祉課（企画係）
新潟県	福祉保健部福祉保健課（企画調整室）	高知県	地域福祉部地域福祉政策課
富山県	厚生部厚生企画課（地域共生福祉係）	福岡県	福祉労働部福祉総務課（地域福祉係）
石川県	健康福祉部厚生政策課（地域福祉グループ）	佐賀県	健康福祉部福祉課（地域福祉担当）
福井県	健康福祉部地域福祉課	長崎県	福祉保健部福祉保健課（地域福祉班）
山梨県	福祉保健部福祉保健総務課	熊本県	健康福祉部健康福祉政策課（地域支え合い支援室地域支え合い班）
長野県	健康福祉部地域福祉課（地域支援係）	大分県	福祉保健部福祉保健企画課（地域福祉班）
岐阜県	健康福祉部地域福祉課（地域福祉・人材係）	宮崎県	福祉保健部福祉保健課（地域福祉保健・自殺対策担当）
静岡県	健康福祉部地域福祉課	鹿児島県	くらし保健福祉部社会福祉課
愛知県	健康福祉部医療福祉計画課（企画・調整グループ）	沖縄県	子ども生活福祉部福祉政策課
三重県	子ども・福祉部地域福祉課		

（出所）　厚生労働省社会・援護局地域福祉課調べ。

きました。その成果を踏まえると，都道府県行政による地域福祉マネジメントの展開をみることができます。そのマネジメントこそ市町村をサポートする都道府県の役割に相当していることがわかります。

都道府県の福祉行政において，地域福祉計画の担当部署（組織）は，表1-1のようになっています。「地域福祉課，地域福祉推進課，地域福祉政策課等」（秋田県の地域・家庭福祉課を含む）に該当する都道府県は，大阪府，神奈川県，高知県をはじめとする16道府県，「福祉政策課，健康福祉政策，厚生政策・企画等」に該当する都道府県は，東京都，熊本県，富山県をはじめとする11都府県，その他として「社会福祉課，健康福祉課等」に該当する都道府県は，20道府県です。「地域福祉課，地域福祉推進課，地域福祉政策課等」と，地域福祉の名称を直接用いているのは，全体の3分の1という水準です。このことは，地域福祉を課のレベルで行政組織として整備することが簡単ではないことを物語っています。

また，所管内容として地域福祉計画を用いていることから，政策・企画系の部署の担当割合が4分の1を占めています。この政策・企画系の部署が，地域福祉行政の実務的な面を所管しているかどうかは不明ですが，いわゆる地域福祉課として計画を担当している場合とは異なって，市町村の地域福祉行政の推進に実務業務を含めて包括的に対応しているとは必ずしもいえない状況です。

筆者は，地域福祉政策として重要なプログラムである共生型ケアの単独事業の展開について分析を行ってきました[4)]。それをリードした部署は，富山県の厚生企画課（地域共生推進係）や高知県の地域福祉政策課，また熊本県の福祉政策課地域支え合い推進室などです。以下では，共生型ケアの政策化とその担い手への支援に関連して，富山県と高知県を対比させながら概観しておきます。なお，厚生企画課と地域福祉政策課のいずれも，部全体の主管課の役割を担っています。

1.1　富山県のモデル――NPO育成モデル

富山県の厚生企画課地域共生推進係（現在の名称）が，共生型ケアを県の地域福祉政策のプログラムとして積極的に位置づけて展開してきた系譜を，簡単に見ておきましょう。最初は2002年の「富山型民間デイサービス起業家育成講座」です。それまでの県の事業が利用料の補助という形で既存の実践・運営をバックアップすることが中心であったのに対して，この事業では「富山型」の名称を前面に打ち出し，条件整備を推進することを目的とした事業となっています。起業家育成講座は，富山県民間事業所連絡協議会との協働で実施され，NPO法人「このゆびとーまれ」から始まった富山型デイサービスの理念や考え方を実践者自らが伝える場となり，次の担い手を生むきっかけとなっています。人材育成のマネジメント機能が発揮されています。

その後，2003年には富山県が「富山型デイサービス推進特区」を取得し，知的障害者や障害児も制度のなかで介護保険通所介護を利用することが可能になりました。さらに2004年からは「富山型小規模多機能デイサービス施設支援事業」（2005年より「富山型デイサービス施設整備事業」に変更）が創設され，富山型を新たに立ち上げる事業所に対してハード面での補助を行うという積極的な推進策を打ち出しています。県とNPO法人との連携が政策展開の基盤となっており，それを維持するために県の厚生企画課のマネジャーはNPO法人との調整業務を勢力的にこなしてきたといえます。

また，県は「富山型デイサービス施設整備事業」と合わせて，社会福祉協議会による小地域福祉活動を推進する「ふれあいコミュニティ・ケアネット21」という事業を実施し，この2つの事業を核として「富山型地域福祉」の推進を図る方針を打ち出しています。「ふれあいコミュニティ・ケアネット21」では，これまでの「ふれあい型」のサロンから要支援者に適した個別支援サービスを提供するという「ケアネットワーク型」を取り入れています。共生型ケアとこの事業の関係づけがどこまで展望されうるのかは，これからの実践の蓄積による部分が大きいのです。これらの事業は，県におけるもっとも重要な計画である「総合計画」において重点施策として位置づけられており，地域総合福祉の推進システム上での関係づけが展望されています。

図1-2の枠組みをもとに整理すると，NPOを中心とする先行する実践の循環（A）が蓄積されるなかで，県が計画化・事業化（B）の循環を飛び越えて政策的な支援を展開したとみることができます。また，地域福祉政策としては，社会福祉協議会による小地域福祉活動の先行実践との2本立てとして展開しようとする政策枠組みも採用しています。いずれもボトムアップ型の政策化を県

として主導しています。県のマネジメント機能としては，国への特区申請により，既存制度を越える運営の条件整備を行ったことが挙げられます。

1.2　高知県のモデル――社会福祉協議会強化モデル

高知県行政における1つの特徴は，部組織の名称に地域福祉が用いられ（地域福祉部），その主管課として地域福祉政策課を配置していることにあります。また，県の出先機関である福祉保健所には，地域支援室を置き，地域福祉を推進する業務を任せています。こうした組織的なマネジメントとともに，共生型ケアの中山間地域版といえる「あったかふれあいセンター事業」を県の単独補助事業としてプログラム開発し，その実施主体である市町村行政，同事業の受託機関である事業所（多くの場合は市町村社会福祉協議会）の育成を図ってきています。

「あったかふれあいセンター事業」は，国の「フレキシブル支援センター事業」（10分の10の補助率によるモデル事業）としての位置づけでスタートした初年度の2009年度に，22市町村28カ所に開所されました。その後，2012年度より市町村2分の1負担となってからも，ほとんどが継続され，その後新たなセンターも立ち上がっています。2019年度4月末現在，31市町村が実施しており（未実施5市町村），地域福祉コーディネーターが配置されているセンターが50カ所，サテライトが238カ所と，その普及率は県の単独補助事業としてはきわめて高い割合となっています。これは，事業の重要性や人材育成の意義を，市町村も感じている証ともいえます。

高知県での県庁組織における体制整備，出先の機関における体制の充実，地域福祉プログラムとしての補助事業，地域福祉計画の支援などにおいて，多くの条件整備とそのマネジメントが図られています。こうした県レベルでの地域福祉の政策化は，国の政策化の運用段階における「加工の自由」を可能にする条件を与えていると位置づけることができます。

2つの県は，共生型ケアの内容やその担い手の形態などいくつかの差異がありますが，共生型ケアを地域福祉推進の政策手段としていることは共通しています。その意味では，単独補助を手段としながら地域福祉行政の主体化が図られているということができます。高知県では，県内における先行する実践の読み解きではなく，他県（富山県）や国のモデル事業の活用を契機としています。その展開は，図1-2の枠組みを用いると，Bの市町村の計画化・事業化の循環を基軸とするものといえます。共生型ケアを担う拠点に地域福祉コーディネーターを配置する人件費補助を実施していることから，その補助額は大きく，2分の1の負担を市町村が担っている点からも，市町村の地域福祉行政のコミットも大きい。実践組織の多くは社会福祉協議会となっていますが，NPOや介護事業所も含まれます。Bの市町村の計画化・事業化の循環（市町村における普及）を推進するためには，県の本庁と出先の条件整備のためのマネジメントが大きく影響しています。とくに地域福祉計画の策定への支援においては，大きな成果を生み出しました。

2　国による共生型サービス導入の壁[5)]

上記の都道府県レベルでの共生型ケアの実績なども背景にして，国は地域共生社会の実現をめざすプログラムとして「共生型サービス」を位置づけ，2018年度に介護保険・障害者福祉の制度として導入しました。しかし，介護保険優先の原則に依拠するのではなく，「障害者が65歳以上になっても，使い慣れた事業所においてサービスを継続できるようにする」ことをめざすという目的もあって，富山県モデルにみられるような，通いの場での利用者同士の豊かな関係性を直接的な目的としているわけではありません。その意味では，この「共生型サービス」の普及を所管する都道府県の部署は，必ずしも地域福祉の所管ということではありません。

また，都道府県がその普及のための手立てとして活用する政策手段も十分なものが用意されていません。「共生型サービス」と同様に，先行する実践から生み出された介護保険サービスとして，「小規模多機能型居宅介護サービス」があります。「通い」「泊まり」「訪問」とった機能を包括的に展開する小規模拠点として，先行する宅老所などの実践をモデルに導入されたものです。あまりにも新しい考えをもったサービスであったことから人材の育成のための研修事業や，認知症高齢者への対応が中心となることから運営推進会議や第三者評価の義務づけなどの措置が取られました。こうしたサービスのイノベーションへの対応とは異なって,「共生型サービス」では，人材の育成のための研修事業や利用者本位のための評価の仕組みといった手段は，採用されていません。その結果，都道府県としても，普及に関与する政策手段がない状況にあります。

その理由としては，富山県モデルでは実践からボトムアップで共生型ケアを生み出し，その政策目標として，共生をめざした利用者同士の新たな関係性を生み出すケアの普及があったのに対して，この目標に政策手段が届いていないという現実があります。こうした状況が反映して，都道府県による対応や実績においても大きな格差があるのが実態です。

なお，地域福祉計画のガイドラインでは,「共生型サービスなどの分野横断的な福祉サービス等の展開」として,「利用者の支援や生活の質の向上に資するために，……世代を超えたつながりと役割を生み出し得る共生の場を整備すること等について協議し，地域福祉計画に位置付けることが考えられる」としています。その具体的なプログラム内容としては，次の3点が例示されています。

①「地域の実情に合った総合的な福祉サービスの提供に向けたガイドライン」(2016年3月）等を参考にしながら高齢，障害，子ども・子育て等の福祉サービスを総合的に提供したり，多機能型のサービスを提供することや，②「地域包括ケアシステムの強化のための介護保険法等の一部を改正する法律」による，高齢者と障害児者が同一の事業所でサービスを利用しやすくなる共生型サービスの整備，さらには，③農園において障害のある者や認知症の者が活躍したり，福祉サービスを組み合わせ，就労継続支援事業などを活用し多くの地域住民が利用するレストランを開くこと。

都道府県の地域福祉支援計画において，上記のような「共生型サービスなどの分野横断的な福祉サービス等の展開」をプログラムとして盛り込むためには，その実質化のために都道府県の誘導策によって裏打ちされる必要があります。2つの県の経緯をみるかぎり，先行する実践や積極的な市町村自治体による実績が必要であり，そのことなしに都道府県としての主体化は容易ではありません。たしかに，都道府県の地域福祉政策の展開に求められる企画機能は形成されていますが，都道府県下の実践のアセスメントによってその「読み解き」やプログラミングを図れないと，また国が提示する誘導策を活用するなかで市町村の反応を把握することが実現できないと，都道府県による地域福祉行政の主体化は困難ということになります。

こうした背景もあって，共生型サービスは，「新たな時代に対応した福祉の提供ビジョン」（2015年）における「高齢，障害，児童等への総合的な支援の提供」の位置づけや地域共生社会の実現をめざすプログラムとしての役割をもつにもかかわらず，今日の政策論議のなかで政策手段としての十分な議論から遠ざけられている状況にあります。もちろん，都道府県や市町村における地域共生社会の推進プログラムとしての有効性は，富山県や高知県の動向が示すように，政策手段のプログラム化にかかっているといえるのです。

注

1)　地域福祉のミクロ・メゾ・マクロの構造について解説した文献として，平野（2012a）があります。

2)「地域福祉の容器」概念とは，地域福祉実践が，相互作用を繰り返しながら，ある地域空間に持続的に累積させる機能をもつもので，地域福祉の資源の自給性を強調する側面もあります（平野 2008：73頁）。

3)　こうした対立の構図をもちながらも，社会的な合意形成を図る目的から，開かれた話し合いを提示し，「みんなで話し合い，笑いを含む工夫を凝らしながら，熟慮された賢明な提案を採択し，決断へと至るプロセス」として，社会的合意形成を定義しています（桑子 2016：15頁）。

4)　都道府県を対象とした研究成果としては，以下のものがあります。平野（2012b），朴・平野（2010b），朴・平野（2011），奥田・平野・榊原（2012），平野ほか（2017）。

5)　平野（2018）において，同様の論点を提示しています。共生型サービスの課題等については，三菱UFJ＆コンサルティング（2018）があります。筆者は，委員長として報告書の作成に従事しました。

第 2 章

地域福祉と包括的支援体制の捉え方

地域福祉マネジメントの視点から

はじめに

第 1 章で示した地域福祉マネジメントの基本機能は，国の地域福祉関連政策の展開を受けて，自治体によってどのように発揮されるのでしょうか。この章では，政策化を４つの段階（Ⅰ～Ⅳ）に分けた枠組みを用います。1 節では，国の地域福祉関連の政策展開と包括的支援体制の自治体の運用課題を扱います。2 節では，政策環境の変化を反映した地域福祉マネジメントの枠組み（段階別マネジメント）を示し、地域福祉部署の一般業務と地域福祉マネジメントの業務とを区別します。3 節では，「制度福祉と地域福祉との協働」（段階Ⅲ），「包括的な支援の体制整備」（段階Ⅳ）に分けて，マネジメントの実際に接近する枠組みへと発展させます。

1 節　*国の地域福祉関連政策の展開と包括的支援体制の導入*

1　2000 年以降の国の地域福祉関連政策の検討とその展開

1.1　４つの検討会報告からみえる政策展開

地方自治体におけるＡ：地域福祉プログラム，Ｂ：地域福祉計画，Ｃ：地域福祉行政は，社会福祉法改正施行の 2000 年度以降における国の地域福祉に関

表 2-1　2000年以降の社会的孤立・排除等をめぐる検討作業（国ベース）

検討会・報告(時期)	地域福祉が課題となった文脈
(1) 社会的な援護を要する人々に対する社会福祉のあり方に関する検討会(2000年)	ホームレス等の社会的排除の問題への地域社会の対応
(2) これからの地域福祉のあり方に関する研究会(2008年)	小地域福祉の政策的推進の方法
(3) 生活困窮者の生活支援の在り方に関する特別部会(2013年)	社会的孤立に伴う生活困窮者の支援
(4) 地域における住民主体の課題解決力強化・相談支援体制の在り方に関する検討会(2017年)	地域力の強化とそれを支える包括的な相談支援の体制

（出所）筆者作成。

連する政策の展開による影響を受けています[1)]。しかし，地域福祉に限定した政策（狭義の地域福祉政策）としては，補助額の小さい予算補助事業であることやモデル事業として期間が限定された誘導策にとどまることなど，継続的に安定した財源確保がなされていません。そのため，その波及効果は，モデル事業を積極的に活用する自治体などに限定されます。

そこで，政策範囲を地域福祉関連として幅広く取り（地域福祉関連政策），そのA，B，Cへの影響を捉える場合，2015年度に施行された生活困窮者自立支援制度の導入が注目されます。人件費補助を含めた国庫補助事業として導入されたことで，それ自体は地域福祉そのものの財源とはいえませんが，生活困窮者自立支援の関連財源として地域福祉財源を再編する契機となり，大きな影響を与えました。そして，2017年における社会福祉法の改正，とくに「包括的な支援の体制整備」の導入は，今後地域福祉行政に大きく影響することが予想されます。

2000年以降の国の地域福祉関連政策は，厚生（労働）省社会・援護局に設置された検討会と，その報告内容を反映しながら展開している側面があります。とくに社会的孤立・排除などの既存の制度福祉では解決が困難と考えられる課題を軸に，社会・援護局（地域福祉課）による地域福祉政策の模索を大まかに整理すると，表2-1のようになります。そこで求められている地域福祉政策化の課題は，その検討の文脈によって異なっています。

概ね（1）と（3）は社会的孤立や排除といった制度の「はざま支援」を課題としています。その意味では地域福祉の政策化を直接的に扱ったものではありませんが,「地域社会のセーフティネット」への対応を検討する政策的な背景があります。(2) と (4) はそれらの課題を含みつつ，小地域福祉の推進や地域力の強化といった「地域支援」の新たな政策化プログラムを求めていることがわかります。(2) の検討会報告を受けて，地域福祉政策としては,「安心生活創造事業」が導入され，(4) を受けては,「地域力強化推進事業」(2017年度〜) が導入されています。なお，(4) については，相談支援の包括化を目標としている「多機関協働による包括的支援体制整備事業」(2016年度〜，以下多機関協働事業と略す) を推進していることから，(1) と (3) の「はざま支援」への対応を含んだ取組みということができます。

こうした認識のもとに，以下，生活困窮者自立支援制度の導入の前後に分けて，地域福祉関連の政策化を整理しておきます。さらに，2017年12月の厚生労働省3局長通知「地域共生社会の実現に向けた地域福祉の推進について」(以下,「2017年通知」と略す) が示す運営方針について検討します。

1.2　2000年から生活困窮者自立支援制度の導入以前まで

2000年の社会福祉法の改正施行により「地域福祉の推進」が法的に規定され，2003年度からの市町村地域福祉計画の導入を契機として，自治体は，社会福祉協議会との協働関係の実績をもとに地域福祉行政の形成を視野に入れ，地域福祉の計画的な推進に取り組むことが課題となりました。それまでは，1990年の社会福祉8法改正を背景として,「地域の特性に応じた福祉 (特に高齢者保健福祉) の推進」を図るための事業および「ふれあいのまちづくり事業」[2)] (1991年度〜) に代表される「地域福祉の総合的推進」のために，社会福祉協議会への補助金が創設されていました。「ふれあいのまちづくり事業」は，当時の代表的な地域福祉プログラムといえます。1992年度には，厚生省社会・援護局に地域福祉課が設置されました。

表2-1の (1) の報告における指摘事項への対応を含め，2001年度以降「ふれあいのまちづくり事業」等を包含していた「地域福祉推進事業」は，2005年度の地域福祉関連の予算において，地域福祉推進以外の事業とともに「セーフティネット支援対策事業」に統合されます。実施主体は，基本的に地方自治体となります。セーフティネット支援対策等事業費補助金のなかには，地域福

祉推進以外にも，生活福祉資金貸付事業，ホームレス対策事業が含まれ，その目的は「地方自治体が生活保護受給世帯のほか，地域社会の支えを必要とする要援護世帯に対する自立支援プログラムの策定や自立・就労に向けた様々な支援サービスを一体的に実施し，地域社会のセーフティネット機能を強化することを目的とする」ものとされました。

このように，地域福祉と地域社会のセーフティネット機能との接点を模索するようなプログラムが展望される状況でしたが，両者の関係について明確な整理がついている段階ではありませんでした。(3) の2013年報告において，ようやく両者の関係づけに一定の成果が生み出されました。(1) の2000年報告から15年近くの時間が必要であったということができます。

(2) の報告を受け，地域福祉課は試行錯誤しながら地域福祉プログラムの開発に取り組むことになります。その1つの回答が「安心生活創造事業」(2009年度～) です。従来の国庫補助とは異なり10分の10の補助で市町村負担はないことから，市町村による積極的な「手上げ方式」の採用といえるものです。「地域福祉推進等特別事業」(2007年度～) による地域福祉コーディネーターの配置を継続するものです。財源確保としては，安定的な地域の自主財源確保に取り組むことから，税金，保険料，自己負担とは異なる「第4のポケット」としてのファンドを確保することを求めています。(1) で提起された「地域社会のセーフティネット」としては，ひとりぐらし高齢者に焦点を当てたプログラムといえるものでした。

1.3　生活困窮者自立支援制度の導入以降

表2-1の (3) の特別部会の報告を受けて，生活困窮者自立支援制度 (2015年度) が導入されます。これによる1つの変化は，地域福祉関係予算の組み換えが行われたことです。「地域における生活困窮者支援等のための共助の基盤づくり事業」として，それまでの地域福祉関連予算である，①安心生活創造事業 (2009年度新規)，②地域福祉推進等特別支援事業 (2007年度新規，従来は地域福祉推進事業〔2001年度新規〕)，③生涯現役活躍支援事業 (2014年度新規) が，包括化されています。生活困窮者自立支援制度と地域福祉が関連づけられながら，地域福祉の財源が確保されるという関係にあります[3]。

表2–1の検討作業の動向に，生活困窮者自立支援制度という制度福祉を位置づけている理由としては，同制度の目標として，「支える・支えられる」という一方的な関係ではなく，「相互に支え合う」地域を構築するという地域づくりが設定されていることがあります。筆者は，これを地域福祉の展開と捉え，「制度福祉と地域福祉との協働」としてのプログラムを含んだ制度導入と位置づけ，協働のためのプログラム開発に地域福祉行政として取り組む必要があると考えています。生活困窮者の地域での問題把握や社会参加のための地域社会の受け皿づくりなどを，地域福祉行政としてどのようにバックアップするのかが問われることになりました。後の2017年の「地域福祉計画ガイドライン」では，「生活困窮者のような各分野横断的に関係する相談者に対応できる体制」を地域福祉計画に盛り込むことを求めています。とくに経済的な困窮のみならず社会的孤立状態への対応や，複合化する課題に対する相談支援体制の整備を計画上の課題としています。

しかし，こうした期待やガイドラインが自動的に実行されるわけではありません。自治体の担当行政部署に主体性が形成されている必要があります。たとえば，生活困窮者自立支援事業において，「制度福祉と地域福祉との協働」に自治体が着手するには，制度導入以前に既存の実践のなかで，その模索がなされてきた成果があることが前提となります。

政策環境の変化としては，2016年4月の社会福祉法の改正・施行を受けて，生活困窮者への支援を含め，社会福祉法人による地域貢献のプログラムとして地域福祉のイノベーションが進行しています。言いかえれば，入所を中核とする施設福祉を担ってきた社会福祉法人が，入所の対極にあるといえる地域福祉に関する自主的な事業を開発することが求められるようになったのです。当然，法人のなかにそれを推進する人材を配置することが求められ，その人材育成を新たに手掛けることになります。そうした社会福祉法人における自主的な事業展開も，ある意味で制度福祉と地域福祉の協働とみることができます。

2018年の生活困窮者自立支援法の改正においては，包括的な相談支援の実現や，また「早期」「予防」の視点に立った自立支援の強化など，より柔軟に活動ができる環境の整備をめざすことで，地域福祉との協働をさらに推進しようとしています。このように，2017年の社会福祉法改正により登場した「包括的な支援の体制整備」の基盤として，はざまの問題への対応を図るとともに，生活困窮者自立支援制度は，包括的な支援の重要な担い手ということになりました。

(4) の報告については，項を改めて論じますが，地域福祉関連政策においては，大きな転換を図るもので，同報告を受けた2017年の社会福祉法の改正は，包括的支援体制の整備を進めるうえでの法的な根拠を提供したといえます。そして，現在の「地域共生社会に向けた包括的支援と多様な参加・協働の推進に関する検討会」の「最終とりまとめ」のなかで，市町村が柔軟に包括的な支援体制を構築することを可能にする財源を恒常的に確保することがめざされています。「国の財政支援については，……制度別に設けられた財政支援の一体的な実施を促進する」という認識が示されています（第**3**章で詳述）。

2　包括的支援体制をめぐる政策と自治体の運用課題――「2017年通知」をもとに

「地域福祉と包括的支援体制」との関係をどのように捉えるのか，以下では「2017年通知」を素材に考えてみます。「2017年通知」は，2018年4月施行の社会福祉法改正における第106条の3第2項の規定に基づき告示された「社会福祉法改正に基づく市町村における包括的な支援体制の整備に関する指針（平成29年厚生労働省告示第356号）」の周知徹底のために，都道府県・政令指定都市・中核市に出されたものです。同通知は，総頁数が52頁に及ぶものです。自治体の行政，とくに地域福祉行政はどのように受け止めることができるのでしょうか。

古都賢一は，「地域福祉に現れる自治体運営」に対して，国の役割を次のように指摘しています。「国は，法令やこれに基づく通知などにより運用方法を示す場合，制度が目指す理念と運用実務との差異を認識した上で行う必要がある。世に示す運用方法が実態，運用実務と著しく乖離しないようにしなければ目指す政策効果が得られないからである」（古都 2019a：104頁）。こうした国の政策化および普及上の課題とともに，筆者としては制度福祉の運用における「加工の自由」を含む，自治体によるボトムアップの取組みを地域福祉研究の

図2-1　2017年通知にみる政策構造

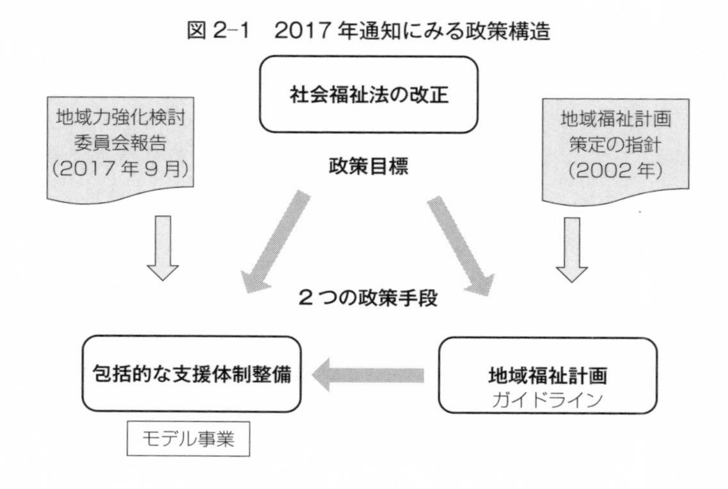

対象にしてきました。古都は，同論文で国の役割とともに，自治体が有すべき専門性と総合性に言及しており，自治体への期待をにじませています。

「2017年通知」の内容は，①社会福祉法の改正の趣旨，②市町村における包括的な支援体制の整備，③市町村地域福祉計画，都道府県地域福祉支援計画の策定ガイドライン，という3つのパートから構成されています（図2-1）。図2-1では，法改正がめざす政策目標を2つの政策手段（ツール）によって達成するという構図として整理してみました。2つの政策手段の背景や根拠として「地域力強化検討会報告」（表2-1（4）の報告）と「地域福祉計画策定の指針」が位置づけられています。そして，2つのツールの関係については，ベクトルを挿入しています。計画策定のガイドラインにおいては，「包括的な支援体制の整備」の内容を計画項目として盛り込むことが示され，また，策定のプロセスを活用しながら支援体制の整備を関係者の総意と創意工夫により具体化し展開することが期待されています。

さて，「包括的な支援体制整備」とは，どのような政策手段なのでしょうか。どのような地域福祉推進のプログラムを想定しているのでしょうか。社会福祉法の第106条の3第1項の規定に沿って簡略化して示すと，表2-2のようになります。先に紹介したモデル事業としての「多機関協働事業」は，第106条の3第1項第3号に関連したもので，法改正の施行に1年先行して実施されてい

表 2-2　社会福祉法第 106 条の 3 第 1 項の「包括的な支援体制の整備」のプログラム

	「通知」における解説	
第 1 号	「住民に身近な圏域」において，地域住民等が主体的に地域生活課題を把握し解決を試みることができる環境の整備	① 地域住民の活動参加の促進者の支援 ② 地域住民の相互交流の拠点整備 ③ 地域住民等に対する研修実施
第 2 号	「住民に身近な圏域」において，地域生活課題に関する相談を包括的に受け止める体制の整備	① 相談を包括的に受け止める場の整備 ② 相談を包括的に受け止める場の周知 ③ 連携による地域生活課題の早期把握 ④ 上記場のバックアップ体制の構築
第 3 号	多機関の協働による包括的な相談支援体制の構築	① 支援関係機関によるチーム支援 ② 協働の中核を担う機能 ③ 支援に関する協議および検討の場 ④ 支援を必要とする者の早期把握 ⑤ 地域住民等との連携

るものです。もう 1 つのモデル事業である「地域力強化推進事業」は同項第 1 号に関連しており，第 2 号はどちらのモデル事業からも接近可能な位置づけとみられます。第 1 号の内容は，地域住民等を主体としていることから，これまでの第 4 条の規定の段階と比較すると，プログラムの内容がより明確となっています。そして，それらの活動をバックアップするプログラムとしての位置づけが，第 2 号および第 3 号に含まれています。法律での規定としては踏み込んだものとなり，それを説明する「2017 年通知」はかなり詳細なプログラム性をもった内容となっています。

2節　地域福祉行政の範囲を越えるマネジャーの役割

1　推進段階に応じた地域福祉マネジメント

1.1　段階別のマネジメントの枠組み

国の地域福祉関連政策の展開が反映された自治体の地域福祉の推進方法は，図 2-2 のような 4 つの推進段階別に類型化できます。そして，そのⅠ～Ⅳの推進段階の進展は，同時に地域福祉マネジメント業務の拡がりと結びついています。ここでは，この図を，地域福祉の推進方法における「段階別マネジメン

図 2-2　段階別の地域福祉マネジメント

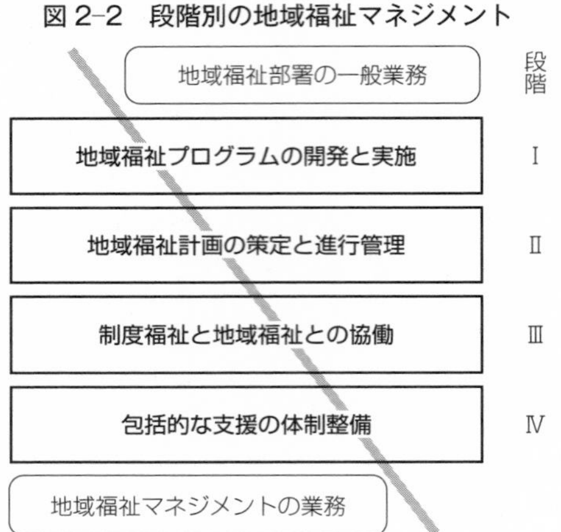

ト」としておきます。

つまり，地域福祉マネジメントの基本機能で用いた，A：地域福祉プログラムとB：地域福祉計画が段階ⅠとⅡに対応し，C：地域福祉行政の形成が段階ⅢとⅣに対応しているとみることができます。

図 2-2 の新たな枠組みを提案する目的は，求められる地域福祉行政の展開の段階別に，地域福祉マネジメントの業務の分類を明らかにすることにあります。まず，地域福祉行政の仕事を，行政における地域福祉部署に配置された職員の一般業務によって対応できるものと，マネジャーによって担われる地域福祉マネジメントの業務に区別できます。以下では，地域福祉行政を担う行政部署上の代名詞として「地域福祉課」を便宜的に用いておくことにします。その場合，マネジャーとして，たとえば地域福祉課長あるいは地域福祉係長が想定されます。ただし，多様な主体との協働によるマネジメントとして，他の主体のマネジャーが協力している場合もあります。

地域福祉課として担わなければならない業務を，国の新たな政策展開への対応を含め，4段階（Ⅰ～Ⅳ）に分類してみると，地域福祉マネジメント業務のウェイトの変化を明らかにすることができます。地域福祉の推進ツールとして，もっとも一般的な**地域福祉プログラムの開発と実施**（Ⅰ）では，地域福祉プログラムの実施について，通常の所掌する事務の範囲やそれを担う職員の業務で対応することはできますが，プログラムの開発となると，マネジャーによる判断が生じてくることになります。

そして，地域福祉プログラムを総合的に進める役割をもつ**地域福祉計画の策定と進行管理**（Ⅱ）においては，計画に盛り込む地域福祉の範囲の判断も含め，より裁量的で創造的な対応が図られるマネジメント業務が増えることになります。また，進行管理・評価の継続的な実施を担う「評価の組織化」というマネジメント力が強く求められます。ただし，段階のⅠとⅡは，これまでの地域福祉行政の主要な内容です。

これらに加えて前節で触れた新たな地域福祉に関連する政策展開の結果，**制度福祉と地域福祉との協働**（Ⅲ）では，制度福祉を運用する他の部署との庁内連携をマネジメントすることも含め，制度福祉から求められるさまざまな運用ルールに対して，地域福祉のもつ自由裁量的な機能をどのように発揮するのか，段階Ⅱよりも高いマネジメント力が求められます。そして，制度福祉との協働の積み重ねのなかで，地域福祉行政は**包括的な支援の体制整備**（Ⅳ）でのより容易な接近性やより高い包括性を視野に入れた，体制（条件）整備プログラムに着手することが求められ，行政組織改革や職員を含む多様な人材育成といった幅広いマネジメント力が必要となります。

1.2　地域福祉行政の範囲を越えたマネジャーの役割

段階Ⅲ・Ⅳにおいて求められている地域福祉マネジメント業務を，地域福祉部署の守備範囲に取り込むのか，他の行政部署との連携として推進するのか，民間の多様な主体との連携によって実現するのか，地域福祉マネジャー（たとえば地域福祉課長）は判断を求められます。ただし，地域福祉課長が地域福祉行政の事務分掌の範囲を越えたマネジメント業務を担うためには，「裁量の正当性」が認められていることが必要となります。たとえば，他の行政部署との連携を主導する業務では，地域福祉マネジメントの業務として正当性をもつとの共通認識が，他部署の課長との間で成立していることが前提となります。

段階Ⅲの「制度福祉と地域福祉との協働」において，制度福祉そのものの運用を担う部署を地域福祉課が必ずしも担うわけでなく，段階Ⅳの相談支援を包括化する部署が地域福祉課となるとも限りません。しかし，それらの他部署との調整や連携をマネジメントする役割を，地域福祉課長などのマネジャーが担うことは当然といえます。ここでは，行政部署のマネジャーを想定していますが，行政以外の中間支援組織や社会福祉協議会のマネジャーが主導性を発揮する場合も想定できます。

こうした地域福祉マネジャーによるマネジメントのイメージを，本書の出発点における重要な仮説として示しておきます。求められている地域福祉マネジメントの内実は，以下の**2**を通して明らかにします。図2-2は，今日の地域福祉行政を考えるうえで，また本書の理解を進めるうえで，一種の羅針盤の役割を果たす図なのです。また，第Ⅲ部の自治体事例のマネジメントのプロセス分析枠組みの役割をも果たします。

2　包括的な支援体制の整備と自治体の運用条件

2.1　地域福祉行政の組織整備の脆弱性

1節**2**の古都の指摘にもどると，「2017年通知」の内容（運営方法）は，提示されている「包括的な支援体制の整備」における市町村行政の課題に限定したとしても，市町村職員がプログラムレベルの「運営実務」を具体化するうえで，大きな苦労が伴います。そして，図2-1の地域福祉計画の策定に取り組む際に，包括的な支援体制の整備に関するプログラムを計画項目に含めようとすると，これまでの地域福祉行政の守備範囲を越えることから，実務面での負荷が高まるといえます。

自治体側の状況からその理由を整理すると，次の点が指摘できます。第1に，政策手段として提示されている2つのツール（包括的な支援の体制整備と地域福祉計画）を総合的に受け止める行政部署，たとえば地域福祉課が十分な人材の配置のもとに形成されているわけではないためです。地域福祉計画はすでに策定済みだとしても，同計画を通して，地域福祉行政の組織整備の強化が図られているとは必ずしもいえません。また，現行の地域福祉計画の守備範囲は，包括的な支援体制をカバーするものとはいえない状況にあります。ただし，2017年の社会福祉法改正により，地域福祉計画が上位計画として位置づけられるという変化によって，同計画が包括的な支援に関する項目を盛り込むことを可能にするようなガイドラインの性格づけとなっています。詳細は，第**3**章**2**節で触れます。

第2の理由は，表2–2にあるように「包括的な支援体制の整備」において3つのレベル（第1号～第3号）での整備が求められており，「住民に身近な圏域」（第1号）での住民の活動環境や相談体制の整備については，社会福祉協議会に依拠してきた長い歴史があるため，そのノウハウが行政のなかに蓄積されているわけではないからです。また，行政として，住民自らが問題解決の手段とできるような活動環境や相談体制の整備を社会福祉協議会に求めてきたわけではありません。もちろん行政としては社会福祉協議会への人件費補助を通して，地域福祉の推進の責任を果たしてきたことを認めたうえでの課題ということになります。

国はこうした状況を克服するために，「包括的な支援体制の整備」のためのモデル事業への自治体参加を求めています。2016年度から実施されている多機関協働事業がそれにあたるもので，さらに2017年度からは「地域力強化推進事業」というモデル事業が加わっています。同地域力強化のプログラムは，文字どおり地域福祉推進の事業であり，「相談支援包括化推進員」はそれを専門職としてバックアップする位置に置かれていることから，一体的な取組みをモデル事業として義務づけています。多機関協働のモデル事業は，地域福祉の推進の条件（体制）整備のモデル事業とみなすことができます。2018年度の時点で，151の自治体がモデル事業を活用しながら，体制の構築の検討と実践を進めています。しかし，モデル事業の期間を過ぎた後，恒常的な財政確保が維持されるかどうかわからない状況では，自治体としては不安が伴い，モデル事業への参加に躊躇があります。

2.2　補助・モデル事業の活用と地域福祉プログラムの導入

「包括的な支援体制の整備」のためのモデル事業に限定する形で，自治体参加の取組みを把握する方法は，断面的な見方となります。1つは，表2–1で示した報告の（1）から（4）を系統的に捉えてきたように，モデル事業においても同様の系統性があります。また，参加する自治体側からみても，系統的にモデル事業に取り組むことで成果を相乗化させてきた経験は，マネジメントの側

表2-3　3つの補助・モデル事業と地域福祉行政の形成との関係

	補助・モデル事業の例	地域福祉の推進との関係	地域福祉の組織整備との関係	補助率
報告(2)	安心生活創造事業	小地域福祉の推進をめざしたプログラムに相当	地域福祉コーディネーターの配置	10/10 2009-13
報告(3)	生活困窮者自立支援促進事業(制度導入モデル事業)	制度福祉と地域福祉の協働としての活用，地域福祉計画に盛り込む可能性	制度福祉を担当する部署と地域福祉担当部署との連携	10/10 2013-14
報告(4)	多機関協働事業の体制整備構築モデル事業	地域力強化と一体的となることで地域福祉の推進を担う	相談部門との連携体制の整備と地域力強化のプログラム開発の課題	3/4 2016-

（注）　補助・モデル事業の実施は，自治体の希望による手上げ方式である。

面からも貴重なものといえます。それゆえ，以下では，表2-1に紹介した報告（2）～（4）に関連して導入された補助・モデル事業について，地域福祉の推進と地域福祉の体制整備との関連からみておきます（表2-3）。

①「安心生活創造事業」――介護保険制度の補完プログラム

2009年度から導入された「安心生活創造事業」は，地域福祉そのものの推進に関する補助（モデル）事業であり，小地域福祉の推進をめざしたプログラムに相当します。従来の地域福祉の推進に関するプログラムであり，求められているプログラム要件の開発のために，地域資源等のアセスメントが課題となります。また，地域福祉推進の補助型のモデル事業として一般化をめざしたプログラムといえます。地域福祉の政策上の原理では，第1に地域生活のニーズのうち何を地域福祉プログラムの対象とするのかを明確にすること，第2には地域福祉プログラムの「地域」では，住んでいる「場所」に着目し，小地域といったゾーンを設定し，そこでの漏れを防ぐこと，などを求めています。

政策の文脈の理解としては，ひとりぐらし高齢者を漏れなく把握することで，介護保険制度の普及後に残された対象を支援対象とするという，地域福祉の守備範囲の拡充を模索する補完プログラムといえます。また，2003年から導入されている地域福祉計画に対して，導入すべき地域福祉プログラムを例示することが想定されたとみることもできます。しかし，この方向での地域福祉の推進は，結果的には地域福祉コーディネーターが配置される組織，たとえば社会福祉協議会による地域福祉活動の支援の水準に依拠することとなり，行政担当職員，さらにはマネジャーによる業務の明確化にまで及ぶ地域福祉行政の形成といった効果には限界があったといえます。

② 生活困窮者自立支援促進事業――制度のはざまの支援プログラム

ひとりぐらし高齢者を漏れなく把握するのに対して，既存制度のはざまの問題への接近と対象拡充が図られたのが，2015年度に導入された生活困窮者自立支援制度です。そのモデル事業が「生活困窮者自立支援促進事業」あるいは「生活困窮者自立支援制度施行円滑化特別対策事業」です。個々の支援に関する事業としての自立相談支援をはじめ，家計相談支援，就労準備支援，子どもの学習支援などのプログラムが試行されました。

これらのプログラムに対して，地域福祉行政による係わり方（制度福祉と地域福祉との協働）は，1つは制度運用を所管する部署と地域福祉の担当部署との連携であり，もう1つは地域社会への参加の受け皿としての地域福祉活動の展開や，コミュニティソーシャルワーカーなどの地域福祉担当職員の協力などです。たとえば，第Ⅲ部で紹介する地域福祉部署のマネジャーが主導した自治体において，庁内連携のためのプロジェクトチームの組織化や生活困窮者自立支援をめぐる連携のためのガイドラインの作成などの具体的な成果を生み出しています。

とくに，生活困窮者自立支援の所管として生活保護部署を選択した自治体と比較すると，政策・企画機能をもつ部署や地域福祉部署が所管した場合において，成果を生み出す傾向が強く現れました（平野・奥田 2016）。なお，詳細は3節および第4章で触れています。ただし，自治体が地域福祉行政の形成の視点からこれらの条件整備プログラムを選択した割合は，必ずしも高くない状況にあります。結果として，地域福祉課に生活困窮者自立支援の事務分掌を確保した自治体は，まだ少ない状況にあります。

③ 相談支援の包括化の多機関協働事業

2016年度に始まり，現在も継続している多機関協働事業は，「相談支援の包括化」を目的とした事業です。そのために「相談支援包括化推進員」という包括化に向けたマネジメントを担う人材が，「相談支援包括化推進会議」の場を活用して，「相談支援の包括化」を推進するためのマネジメントを展開するという仕掛けを用います。マネジメント機能を担うという意味では，この「相談支援包括化推進員」もマネジャー層が担うのが適切であると判断しています。

多機関協働事業による「相談支援の包括化」は，多種多様な相談部門を包括的な相談支援部門に一元化する（ことを直接めざした）ものではないと理解できますが，ややもすると，総合相談窓口を設置することと理解されています。「相談支援の包括化」という点では，必ずしもそれ自体が地域福祉行政とはいえないわけですが，対象別の相談部門の横断化や，相談のはざまの支援機能を高めるという点で，地域福祉行政に求められる機能を発揮するものといえます。さらに，多機関協働事業が，文字どおり地域福祉のプログラムである「地域力強化推進事業」のプログラム開発とともに実施されることで，地域での相談機能を高めることや，困窮者の地域社会での活動参加を促進するということが期待されます。このように相談支援の包括化と，結果としての生活困窮者等の地域社会での包摂との連動が，どのように確保されるのか，地域福祉マネジメント力の発揮が求められている領域です。

3節　「段階別マネジメント」の試行錯誤にみる類型化

以下では，「段階別マネジメント」における段階Ⅲ・Ⅳについて，具体的な内容を補足することで，第Ⅱ部以降の自治体の事例研究の分析枠組みとして活用できるようにします（表終-1を参照）。

1　制度福祉と地域福祉との協働（段階Ⅲ）——条件整備の行政課題への対応

2017年社会福祉法の改正の主眼ともいえる規定は，同法第4条の2の地域生活課題の解決といえます。このことによって地域福祉プログラムの範囲が大幅に拡大することになりました。そして，同法第6条の2において，国および地方公共団体の責務に触れ，包括的な支援体制の整備との関連では，同法第106条の3第1項において，市町村の責務を具体化し，地域福祉を推進するうえでの公的責任を明確にしています。この点について，「2017年通知」の解説では，「地域の力と公的な支援体制とがあいまって，地域生活課題を解決して

図 2-3 制度福祉と地域福祉との協働の構造

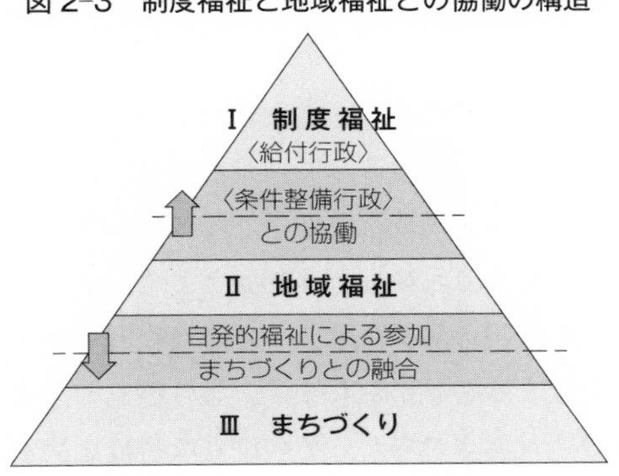

いくための体制整備をおこなっていくこと」と明記されています。一方の「公的な支援体制」の例として，生活困窮者自立支援制度などがあり，他方の「地域の力」という表現には，「従来の地域福祉」の領域と「地域づくり」の領域の2つが含まれています。

こうした関係を，これまで触れてきた「制度福祉と地域福祉との協働」として筆者は整理しています。図2-3を用いて，その協働関係を整理しておきます。Ⅰ制度福祉に分類されるものは，これまでの〈給付行政〉（たとえば，生活保護制度の生活扶助や生活困窮者自立支援制度の住宅確保給付金，介護保険制度の介護給付）と，その運用を補完・促進する役割をもつ〈条件整備行政〉の2つとして整理できます。条件整備行政は，生活困窮者自立支援制度を例にすれば，①制度を所管する部署の設置，②自立相談支援に関する相談員の配置，③事業の運営方法についての協議会あるいは事業の計画を策定する委員会などの整備，④生活保護部署や税・保険料の滞納整理部署等との庁内連携，⑤家計改善事業や就労準備支援事業を担う受託機関との庁外連携の仕組み，などを含みます。

このように生活困窮者自立支援制度は，給付行政としての性格をもつ部分は少なく，「枠組み法」といわれるように条件整備行政としての性格を強くもっています。この条件整備行政との協働に，Ⅱ地域福祉（行政）が踏み出すかどうかは，自治体の判断といえます。が，地域福祉マネジメントの展開領域であり，地域福祉行政の一環として選択されている例もみられます。

プログラムのレベルでは，任意事業としての「子ども学習支援」や「子ども食堂」などへの地域福祉活動による支援（図2-3の上向きのベクトル）や，地域づくりとの融合として，就労準備のための地元企業の協力や農家が社会参加の一環として就農機会を提供すること（図2-3の下向きのベクトル），などが取組み事例としてあります。また，制度としての生活困窮者自立支援事業と，Ⅲまちづくりとを媒介する役割を，地域福祉が果たしている場合もみられます。これらの自発的な活動は，制度導入後も，非制度としての取組みが継続されることになります。そのため，所管部署を越えて多様な実践者との連携を恒常的に模索する協議の場を用意する必要があります。条件整備の③に位置づけた生活困窮者自立支援事業の運営協議の場が，そのような機能を果たすためのマネジメントとして重要となります。

「地域づくり」との連携を推進するための政策も導入されています。「地域づくりに資する事業の一体的な実施」として，2017年3月31日付けの厚生労働省通知のなかで，介護保険制度の「地域支援事業」，障害者総合支援事業の「地域生活支援事業」，子ども・子育て支援制度の「地域子育て支援拠点事業」などの諸事業の連携による一体的な実施を可能にしています。

図2-3の制度福祉と地域福祉との協働の結果として，制度福祉の「給付行政」の改善等の波及効果が期待されます。この波及効果が明確になると，制度福祉と地域福祉との協働を，地域福祉行政が積極的に担うという行政上の重要な理由となりえます。制度福祉の所管行政組織と地域福祉の所管とが，小さな自治体では社会福祉課や福祉課といった課レベルで包含されている場合もありますが，一定規模以上の自治体では両者が一致するとは限りません。生活困窮者自立支援事業は，保護や援護といった部署が担当している場合が多くみられます。地域福祉部門が所管している例は多くない状況です。たとえば，兵庫県芦屋市，長野県茅野市，山口県周南市，愛知県岡崎市などがあり，それらの地域福祉課は企画機能を兼ね備えています。それらが組織（課）を越えて，庁内連携を進め，地域福祉の推進として結実するためには，地域福祉課におけるマネジャーの役割が重要となります。第**9**章では，芦屋市におけるマネジャーの取組みの事例研究を試みています。

地域福祉行政が制度福祉の条件整備行政との協働およびまちづくりとの融合をどのように推進するのか，段階Ⅲにおける地域福祉マネジメントとして重要な取組みであるということができます。

2 多機関協働事業における条件整備のマネジメント（段階Ⅳ）

2.1 多機関協働事業におけるモデル事業の３つのタイプ

多機関協働事業は，相談支援の包括化を軸に展開されるモデル事業であり，段階Ⅳの条件整備プログラムに相当しています。段階Ⅲの制度福祉と地域福祉との協働の実績を基盤として取り組むことになります。以下では，筆者が同モデル事業の２年間にわたる評価作業に係わって得た知見を紹介します[4)]。多機関協働事業の実際を分析すると（図 2-4），「地域包括ケアタイプ」「生活困窮タイプ」「地域福祉タイプ」の３つのタイプに整理できます。

「地域包括ケアタイプ」は，地域包括ケアのこれまでの実績をベースとした多機関の協働事業で，どちらかというと生活困窮者自立支援との関連が弱く，地域的な展開という点で地域福祉との連携が重視されるタイプとなっています。調査対象自治体では三重県伊賀市の例が該当しています。

「生活困窮タイプ」では，地域福祉をベースに生活困窮者自立支援のセーフティネットの形成を図った富山県氷見市の例が該当しています。これまでの社会福祉協議会による地域福祉の基盤をもとに，生活困窮者自立支援を中心とした地域のセーフティネットを構築することを目的とした多機関協働事業の選択に該当しています。福祉行政部門のなかに社会福祉協議会スタッフが入り，地域福祉行政に求められる機能を担っています。

「地域福祉タイプ」の代表的な事例としては，地域福祉拠点（居場所＋相談機能）が圏域単位（最終的には 15 地区）で設定され，包括化推進員を拠点に配置するという選択をした東京都江戸川区の例があてはまります。背景には，江戸川区における地域福祉行政を展開するための社会福祉協議会の組織基盤や相談支援の強化を目的とする要素が含まれ，拠点機能としては生活困窮者支援の性格（子ども食堂等）を付与しています。氷見市のような全市的な課題への集約というよりは，各拠点をベースとした区独自の「地域支援会議」の場を通して，地域住民や専門職の組織化を展望することに力点が置かれています。

地域力強化推進事業のプログラム選択においても，これらのタイプは影響を

図 2-4　多機関協働事業における３つのタイプ

介護保険重視　身近な地域　生活困窮重視

地域包括ケアタイプ　地域福祉タイプ　生活困窮タイプ

与えることになります。「地域包括ケアタイプ」であれば生活支援コーディネーターの活用も含め，生活支援体制整備における協議体機能の強化と地域力強化のプログラムは重なることになります。「生活困窮タイプ」であれば，生活困窮者や社会的孤立者の地域での発見力を高めることになります。「地域福祉タイプ」は，これまで述べてきた文脈でいうと，2つの制度福祉（介護保険制度・生活困窮者自立支援制度）のどちらとの協働を重視するかによって，地域力強化のウェイトが異なることになります。

2.2　モデル事業の累積の結果としての多機関協働

生活困窮者自立支援事業を所管している部署は，生活保護課が多く地域福祉課は必ずしも多くありません。が，しかし，地域福祉の実績を活用することを通して，地域福祉行政との関連性をマネジャーは多く見出してきました。その1つは，地域福祉関連のモデル事業の段階的な活用の結果，多機関協働へと展開している取組みのなかに見出されるマネジメントです。たとえば，モデル実施の氷見市での本モデル事業への経過を分析すると，国のモデル事業の段階的な活用が確認されています。2010年度からの「安心生活創造事業」を活用するなかで，地域福祉の組織基盤の強化を図り，第3次地域福祉計画の策定（2013年度）に生かすとともに，同年には「生活困窮者自立支援促進モデル事業」に取り組み，そして2016年度に多機関協働事業の指定を受けています。先行する「安心生活創造事業」では，専門職のネットワーク，総合相談支援の仕組みづくりなどの試行錯誤がなされる条件が確保され，生活困窮者自立支援促進支援モデル事業での「ふくし相談サポートセンター」の機能強化を可能にしました。本モデル事業のなかで，それらを総括する「セーフティネット活性化会議」の運営がなされました。このように，国の各種モデル事業を活用することで，地域福祉プログラムの内容を段階的に発展させてきた基盤があるからこそ，多機関協働事業に取り組むことが可能となっています。このような展開は，第 7 章に登場する高知県中土佐町においても同様に見られます。

もう 1 つは，上記の展開とも関連していますが，国のモデル事業を絶えずボトムアップ型として活用できる背景に，独自の地域福祉計画の策定の実績が基盤となっていることがあります。図 2-1 のように，「地域福祉の推進」を政策目標とすると，「地域福祉計画（ガイドライン）」と「包括的な支援体制の整備」は，2 つの政策手段という関係になります。「包括的な支援体制の整備」が地域福祉プログラムといえるかどうかは別としても，「包括的な支援体制の整備」に向けて，国の政策化が進むなかで，自治体独自の地域福祉計画の策定実績が，国の制度運用の「加工の自由」を支える条件となります。先の氷見市の展開においても，第 3 次地域福祉計画の策定の経験が，氷見市によるモデル事業を加工するうえでの条件となっていることが推測できます。調査研究報告では，地域福祉計画の実施をめざすなかでモデル事業に取り組んでいる事例が紹介されているとともに，そのような内在的な背景をもつモデル事業の活用の重要性が指摘されています。

地域福祉計画のこうした機能については，第 7 章に登場する高知県中土佐町の事例において，地域福祉計画の進行管理の場が「加工の自由」のための協議の場として機能している点を見出すことができます。

注

1)　2000 年以降の地域福祉政策の展開を扱った文献としては，次のものがあります。平野（2019），平野（2014a），平野（2010），平野（2008）。

2)　ふれあいのまちづくり事業とは，市町村社会福祉協議会に対する「大型補助金」で，A 型と B 型があり，A 型の場合 1 年で 1500 万円の補助がなされました。A 型では，①コーディネーターの配置，②まちづくり推進会の設置，③ふれあい福祉センターの設置，④地域生活支援事業，⑤住民参加による地域福祉事業，⑥福祉施設協働事業の 6 つを行うこととされていました。とくに，「地域福祉活動コーディネーター」の設置が必須とされ，人件費がついたことが大きな特徴といえます。当時は，地域福祉の推進となると社会福祉協議会の基盤を強化することに政策の対象が向いていました。市町村行政は地域福祉を直接的に推進する立場にはなく，あくまで社会福祉協議会を支援するという関係にとどまっていました。

3）生活困窮者自立支援制度を行財政計画の視点から扱ったものに，神野・山本（隆）・山本（恵）編（2019）があります。貧困プログラムという名称を用いて，プログラムの開発や内容を扱っている点においても興味深いです。

4）日本総合研究所（2017，2018）の調査研究を取りまとめる有識者委員会の委員長を，筆者が務めました。

第3章

地域福祉マネジメント現場への接近

自治体事例研究の分析視点と事例配置

はじめに

第Ⅰ部の概念・枠組みの整理から第Ⅱ・Ⅲ部の事例研究への橋渡しの役割を，第3章が果たします。1節は，概念・枠組みの補足として，参加支援と権利擁護支援の政策化に触れるために，地域共生社会推進検討会の各種「とりまとめ」に触れています。2節では，地域福祉マネジメントの基本機能別に，事例研究の分析の視点・課題を整理するとともに，地域福祉マネジメントの段階（Ⅲ・Ⅳ）における事例研究の配置を示します。介護保険制度の生活支援体制整備事業，生活困窮者自立支援制度，成年後見制度利用促進法の３つの制度福祉とともに，モデル事業の多機関協働・地域力強化推進事業を取り上げます。3節では，第Ⅱ・Ⅲ部における事例研究のフィールドワークとフィードバックを解説します。

1節　*地域福祉行政に期待される参加支援と権利擁護支援*

1　拡大する厚生労働省社会・援護局地域福祉課の守備範囲

第2章に示した地域福祉関連政策の展開の結果，厚生労働省社会・援護局地域福祉課の組織機構は，設置された1992年度から大幅に拡充されました。現

表3-1　厚生労働省社会・援護局地域福祉課の事務分掌

厚生労働省社会・援護局地域福祉課の事務分掌
① 地域における社会福祉の増進に関する企画および立案並びに調整に関すること
② 社会福祉に関する事業（社会福祉事業を除く）の発達，改善および調整に関すること
③ 社会福祉に関する事業に係る福祉サービスの利用者の支援に関すること
④ 生活福祉資金の貸付事業に関すること
⑤ 公営住宅に関すること
⑥ 地方改善事業に関すること
⑦ 社会福祉法第89条第1項に規定する基本方針の策定に関すること
⑧ 地域における社会福祉に係る計画に関すること
⑨ 消費生活協同組合の事業に関すること
⑩ 生計の途がなく，一定の住居を持たない者で，野外において生活しているものの保護および更生に関すること
⑪ 生活困窮者の自立支援に関する企画および立案ならびに調整に関すること

（出所）厚生労働省社会・援護局地域福祉課調べ。

在の地域福祉課は，狭義の地域福祉を担っている本課および「消費生活協同組合室」に加えて，「生活困窮者自立支援室」（2013年4月設置），さらに「成年後見制度利用促進室」（2017年4月設置）を抱え，スタッフ数48名という大所帯となっています（2018年度）。厚生労働省内に「我が事，丸ごと」地域共生社会実現本部が設置（2016年7月）されるとともに，その事務局的な役割を地域福祉課が担うため，2019年4月には文字どおり地域共生社会の実現に向けた包括的な支援体制の構築のための取組みの推進等の事務を担う「地域共生社会推進室」が設置されています。

表3-1で，地域福祉課が担う分掌事務（2018年度現在）として，11項目を列挙しています。社会福祉法の第1条における「利用者の利益の保護」は③に，「社会福祉事業の健全な発達」は②および⑦に対応しています。「地域福祉（地域における社会福祉）の推進」については，①と⑧を中心に，広義には④～⑥，⑩が含まれます。それぞれ，「消費生活協同組合室」は⑨，「生活困窮者自立支援室」は⑪，さらに「成年後見制度利用促進室」は①の事務分掌に対応しています。包括的な支援の体制整備に関連する2016年度の多機関協働事業のモデル事業および2017年度からモデル実施の「地域力強化推進事業」については，①に位置づけられています。

2　新たな事業としての「包括的支援」——「2019年最終とりまとめ」における提起

地域福祉課の「地域共生社会推進室」は，社会福祉法改正（2020年）に向けて，包括的な支援体制の構築を進めるために，属性ごとの縦割りを越えて，地域ごとの多様な体制整備を支援するための柔軟な財政支援を展望して，「地域共生社会に向けた包括的支援と多様な参加・協働の推進に関する検討会」を立ち上げています。そこでは，2016年度より「地域共生社会」の実現に向けた地域づくりの強化を図るモデル事業の実施状況やモデル事業実施自治体におけるニーズ等を踏まえた検討がなされ，2019年8月に「中間とりまとめ」（「2019年中間とりまとめ」），12月に「最終とりまとめ」（「2019年最終とりまとめ」）がなされました。

その射程は，幅広い政策分野との連携を念頭に置きつつも，主には福祉政策領域における地域共生社会の在り方に限定されています。「2019年最終とりまとめ」の内容を，地域福祉マネジメントとの関連で集約すると次の3点となります。第1は，3つの支援，①断らない相談支援，②参加支援，③地域づくりに向けた支援，の一体的な運営のもとに，包括的な支援体制をめざす政策を進めることです。第2は，自治体の裁量性を前提とした，介護，障害，子ども，生活困窮等の各制度の一体的な執行を目指す財政支援であり，第3は，地域づくりへと展開するためのコーディネート機能を担う人材育成です。以下，「2019年中間とりまとめ」の方向づけも含め，上記3点について説明を加えておきます。

2.1　3つの支援の一体的な運営

3つの支援の一体的な運営とは，「断らない相談支援」（本人・世帯の属性にかかわらず受け止める相談支援）と社会とのつながりも視野に入れた「参加支援」[1)]（本人・世帯の状態に合わせ，地域資源を生かしながら，就労支援，居住支援などを提供することで社会とのつながりを回復する支援）や「地域づくりに向けた支援」（地域社会からの孤立を防ぐとともに，地域における多世代の交流や多様な活躍の機会と役割を生み出す支援）との相互作用が実現する制度設計を意味しています。

「2019年最終とりまとめ」では，その相互作用を次のように整理しています。一方では，「地域づくりに向けた支援」を通じて，地域で人と人とのつながりができることで，個人や世帯が抱える課題に対する住民の気づきが生まれ，「断らない相談支援」へ早期につながりやすくなる。他方では，「断らない相談支援」で浮かび上がったニーズについて，「参加支援」を通じて，既存の地域資源を活用し，社会参加の機会や一時的な住まいの確保などオーダーメイドの支援が実現する，という具体的な効果が期待されるとしています。

地域福祉マネジメントの作用という観点からは，この一体的な運営のカギとなるのが，3つの支援の中間的な位置にあって両方の支援を結びつける役割を果たす「参加支援」であると考えます。なぜなら，断らない相談支援が，寄り添う形をとるとすれば，何らかの社会への帰属意識が生まれる参加の場（岩田 2008）とともに，継続されることになりますし，地域づくりにおける居場所等の場づくりは，同時に参加支援の場の確保に通じるものだからです。

これまで生活困窮者自立支援において，出口支援の充実が求められてきました。包括的な支援における地域社会への包摂の支援については，「2019年最終とりまとめ」で「参加支援」という用語を用いて整理されています。国の政策用語として参加支援という名称がはじめて用いられ，縦割りを克服した多様な社会とのつながりや参加を支援することで，社会的孤立など関係性の貧困，課題の複合化・複雑化への対応を図ることがめざされています。地域福祉にこれまでも求められてきた支援と重なる部分が多く含まれます。その意味では，「参加支援」が地域福祉の政策化の用語として採用されたことを評価しています。

地域づくりに向けた支援のなかでは，まちづくりなどの広範な領域の関係者が相互の接点を広げ，地域を構成する多様な主体が出会い，学びあうことのできる「プラットフォーム」の構築とコーディネート機能を提案しています。この点も，これまでの地域福祉の推進の延長線上にあるものといえます[2)]。課題は，こうした提起を自治体の福祉行政がどのような組織体制のもとで受け止め，実行に移していくかが課題となります。その点で，体制（条件）整備プログラムとしての扱い方が問われており，どうすれば地域福祉行政の形成としてそれが進むかを検討することが必要になります。そのためにこそ，地域福祉マネジメントという概念・方法が必要となると考えています。

2.2　自治体の裁量性を前提にした財政支援

本書が「加工の自由」として強調している自治体の裁量性に関して，「2019年中間とりまとめ」の段階から，次のように認識されています。相談機関等の支援体制に対して「個別制度がそれぞれ補助する形」をとっている現行の制度環境のもとで，包括的な支援体制を市町村において構築しづらい環境となっています。モデル事業として取り組まれてきた多機関協働事業が柔軟性や余白のある事業設計であったことを踏まえて，包括的な支援体制の構築においては，「自治体内で分野横断的な議論を行い，試行錯誤を重ねることができるプロセスの柔軟性が重要」であり，「自治体の裁量の幅を確保できる」制度設計を展望するとしています。

それを踏まえて，新たな事業の導入を具体的に示す「2019年最終とりまとめ」では，「圏域の設定や会議体の設置等は，市町村が裁量を発揮しやすい仕組みとする必要がある」と指摘し，国の財政支援においては，「市町村が柔軟に包括的な支援体制を構築することを可能とするために，一本の補助要綱に基づく申請などにより，制度別に設けられた財政支援の一体的な実施を促進する必要がある」と方向性を示しています。

プロセスの柔軟性については，「市町村における包括的な支援体制の構築の際のプロセスと留意すべき点」という項を設け，以下のような留意点に触れています。その内容は，地域福祉マネジメントの機能①～⑥に合致したものとなっています。第1に，庁内の組織体制の構築において，職員の自主性の向上をめざし，柔軟で相互の連携を図りやすい体制に変えていく（①開発の主体化，④人材育成・組織の整備），第2に，地域住民や関係機関等と共に地域のニーズや人材，地域資源の状況等を把握し，見える化したうえで分析を行うこと（②実践のアセスメント），第3に，地域住民や関係機関等と議論をし，域内における包括的な支援体制の整備について考え方等をまとめ，共通認識をもちながら取組みを進めるべき（③協働の合意形成），第4に，事業実施後も，地域住民や関係機関等と振り返りや議論を繰り返し行いつつ，事業の実施状況等を定期的に分析・評価し，改善していく必要（⑥進行管理・評価）に触れられています。

このように，自治体の裁量に根差した地域福祉マネジメントは，新たな事業の実施として選択されている手上げ方式に対応できる条件ともいえます。介護，障害，子ども，生活困窮等の各制度における関連事業に係る補助の一体的な執行における庁内・庁外を含めて合意形成を図る方法として機能することが必要です。その意味では，制度の運用を重視するアドミニストレーションから自由な加工を目指すマネジメントへの転換が必要であり，地域共生社会推進のための福祉政策の新たなアプローチのなかに，この自治体の裁量性を重視した自治体マネジメントを積極的に取り入れる必要があるといえます。

2.3　地域づくりのコーディネート機能

「2019年中間とりまとめ」では，新たな事業の具体策として期待される機能として「全世代対応のコーディネート機能」が挙げられていました。「最終とりまとめ」では，「地域づくりのコーディネート機能」の名称に変更されています。介護，障害，子ども，生活困窮等の各制度補助の一体的な執行の根拠としてのコーディネート機能というよりは，もともと制度の対象別に進むわけではない地域づくりの視点から，断らない相談支援や参加支援との連携，住民と専門職との協働，まちづくりや地域産業との連携等をコーディネートする機能に力点が移ったといえます。

ただし，地域づくりのコーディネート機能の整理において，これまでの地域支援を担ってきた人材との関係が明確になっているとはいえません。個別支援をベースとした地域支援を担うコミュニティソーシャルワーカー，地域支援に特化しているコミュニティワーカー，圏域での配置が進む生活支援コーディネーターとの関係が十分には触れられていません。さらに多機関協働事業のなかで，導入された「相談支援包括化推進員」も，ある種相談支援と出口の参加支援を結びつける役割を期待されています。とくに，前章で分類した「地域福祉タイプ」では，そのような機能が発揮される可能性が高いといえます。

そして，コーディネートする役割を，「福祉に関する専門的な知識等が必ずしも求められるものではなく，地域のことをよく知っている住民やまちづくり関係の活動を行っているNPOなどがそれぞれの主体として強みを生かし，その機能を分担し合うことも考えられる」との指摘も含め，自治体の自由裁量を前提とした人材の養成や配置がなされることが重要となります。そのためにも，各々の自治体のなかで，既存の地域福祉関連の人材配置の状況とその効果を把握しておく必要があります。

3　行政に求められる「権利擁護支援」の計画的推進

3.1　権利擁護支援をめぐる政策動向

2016年4月「成年後見制度の利用の促進に関する法律」（以下「利用促進法」と略す）が制定され，同法に基づき，2017年3月「成年後見制度利用促進基本計画」（以下「国の基本計画」と略す）が策定されました。その背景には，成年後見制度の利用実績が増加していないことがあります。また，成年後見制度の利用が，利用者の最善の利益に結びついていない，また利用者の意思が尊重されたものになっていない，などの課題もあります。

それを受けて，各市町村に成年後見制度利用促進に関する市町村計画（以下「成年後見制度利用促進計画」と略す）の策定が（同法第14条第1項），都道府県には広域的な見地から市町村に対し成年後見人等となる人材の育成，必要な助言その他の援助を行うことが（同法第15条），それぞれ求められています。2017年度から地域福祉課成年後見制度利用促進室が，「成年後見制度の利用促進に関する企画及び立案並びに調整に関すること」を所掌事務として担うことになりました。その取組みも包括的な支援の体制整備の重要なものと位置づけられます。

利用促進室は，地域福祉の視点をもった成年後見制度利用促進計画（以下，利用促進計画）の策定を誘導するため，利用促進計画の策定を求め，2018年度には交付税に策定費用を盛り込み，2019年度からは計画策定のモデル事業への財政補助を行っています。一般的に，市町村は地域福祉計画のなかに組み込む方法を選択しようとする傾向にあります。その地域福祉計画の国のガイドラインでは，「市民後見人等の育成や活動支援，判断能力に不安がある者への金銭管理，身元保証人など，地域づくりの観点も踏まえた権利擁護の在り方」を計画に位置づけることを示しています。ただし，利用促進計画を地域福祉計画に盛り込むとしても，地域福祉施策として自治体によってどこまでの条件整備が可能となるかについては多くの課題を残しています。

その背景には，権利擁護支援を進めるための行政組織において，これまでの実務部門の対応を越えて，企画・計画機能を発揮する部門の形成が不十分なことがあります。その結果，2019年9月現在，促進計画の策定率は7.3％にとどまっています。実務部門においても，高齢者福祉と障害者福祉の2部門に分かれている現状があります。促進計画を所管するとなると，2部門においてどこまで主導性を発揮できるのか，心もとない状況です。そこで，都道府県や市町村において，権利擁護支援のための行政における体制整備を，地域福祉行政の形成として捉えることも1つの判断であると考えています。

第1章で都道府県の地域福祉計画の担当部署を整理しましたが，その部署と「市町村に対し成年後見人等となる人材の育成，必要な助言等」に関する担当課がどの程度一致しているかを確認しておきましょう[3)]。都道府県行政において地域福祉計画と成年後見制度の運用（権利擁護支援）の担当部署が一致するのは，47都道府県のなかで19都道府県（40.4％）です。地域福祉課の名称を用いているのは，大阪府をはじめとして10道府県で，その他保健福祉・健康福祉課等が9府県です。もちろん，課を単位に把握していますので，当然ながら課のなかの担当が一致しているわけではありません。地域福祉計画と成年後見制度の運用（権利擁護支援）の担当部署が一致していないのは，残りの28都道府県（59.6％）です。成年後見制度の運用（権利擁護支援）の担当部署では，高齢者系は，地域包括ケア推進室等8，高齢者福祉課等16，合計24都道府県，全体の51.1％です。その他が，障害者福祉2，地域福祉1，社会福祉1の合計4都道府県（8.5％）です。

3.2　地域福祉行政における権利擁護支援の位置

自治体における地域福祉行政をどのように形成していくのか。その行政部門としての共通した使命や理念としてどのようなことが考えられるのでしょうか。その点では，権利擁護支援は，その地域福祉行政における重要な使命を表す支援概念ということができます。さらに本書で扱う包括的な支援のキー概念ということもできます。成年後見制度利用促進法の第1条では，「認知症，知的障害その他の精神上の障害があることにより財産の管理又は日常生活等に支障がある者を社会全体で支え合うことが，高齢社会における喫緊の課題であり，かつ，共生社会の実現に資すること」を視野に入れています。これは，地域福祉行政の権利擁護支援を位置づける課題設定といえます。

地域福祉行政としては，これまでの社会福祉協議会が取り組んできた「日常生活自立支援事業」や地域福祉活動としての虐待や社会的孤立などの予防的活動は，成年後見制度の利用促進を包含した権利擁護支援として展開することが求められています。権利擁護支援は，第**2**章において示した制度福祉と地域福祉との協働（段階Ⅲ）における支援プログラムであるとともに，包括的支援の体制整備（段階Ⅳ）に関する中核的な位置を占める可能性をもつプログラムにあたります。

支援のなかでも，とくに意思の表明や訴えが困難な判断能力の乏しい人が，社会的に孤立し，場合によっては排除されていることに，地域福祉行政はどのように向き合うことになるのか，積極的に意思決定支援の内容を盛り込んだ同促進計画への自治体の係わり方が試されています（第**6**章）。

2節　*段階別地域福祉マネジメント（Ⅲ・Ⅳ）への接近*

前節では，「2019年最終とりまとめ」が求めるマネジメント上の課題を整理してきました。参加支援を含む3つの支援の一体的な運営や，自治体の裁量性を確保した財政支援など，第Ⅱ部・第Ⅲ部の事例研究のなかでも扱うことになるテーマといえます。本節では，地域福祉マネジメントの基本機能①～⑥に沿って，第Ⅱ部・第Ⅲ部の自治体事例の分析の視点・課題を整理し，リアリティのある地域福祉マネジメントを抽出することをめざします。国の地域福祉の政策化の文脈のなかで，「加工の自由」を実現するためのマネジメントであることから，政策関連の文章，たとえば「2017年通知」や地域共生社会推進検討会による「2019年中間・最終とりまとめ」などを用いて，分析の視点・課題を整理しておきます。

地域福祉マネジメントの基本機能のプログラムの開発（①，②）と運営の条件整備（③，④）を最初に取り上げます（表3-2）。B：計画の場のマネジメント

表３-２　地域福祉マネジメントの作用に関する分析の視点・課題

マネジメント機能の分類		分析の視点あるいは分析の課題
プログラムの開発	①開発の主体化	ｉ）制度の規制基準やモデル事業の要綱に反しないかぎりでの「加工の自由」 ii）国のモデル等事業の活用に対して，先行する地域福祉計画による方向づけ iii）介護保険制度の地域志向の各制度化段階における自治体の主体化の発揮 iv）成年後見制度利用促進における企画・調整機能の必要性の認識
	②実践のアセスメント	ｖ）地域福祉行政における企画や調整の業務や各種支援センターの運営に関するアセスメント vi）小地域福祉組織等による事業化を視野に入れた，地域の実践のアセスメント
運営の条件整備	③協働の合意形成	ｉ）事業の実施の事前・事後におけるプロセス主体の合意形式 ii）地域づくりなどの他分野の組織文化を踏まえた組織間連携の合意形成 iii）公私協働の委託契約において，創造的にプログラムを変えるなどの裁量性の担保
	④人材育成・組織の整備	iv）生活困窮者支援における相談支援と地域社会による参加支援との連携における組織の整備 ｖ）体制整備のプログラムにおける弾力的で，軌道修正が可能な運用 vi）生活支援コーディネーターの配置と育成支援と他の人材配置・育成の取組みとの整合・一体化 vii）多機関協働事業における「相談支援包括化推進員」の人材配置・育成の取組み

（⑤⑥）については，地域福祉計画の位置づけが，2017年社会福祉改正によって大きく変化しているので，別途詳細な検討を行っています。

1　事例研究の分析の視点と論点

1.1　プログラムの開発をめぐる分析の視点・課題

「プログラムの開発」における①**開発の主体化**では，まず，i)制度福祉の運用として求められる規制基準や，モデル事業の要綱に反しないかぎりでの「加工の自由」をめざす自治体行政の主体化がカギとなります。第２章のモデル事業の分析で明らかになったように，生活困窮者自立支援制度への「加工の自由」も含めた主体的な対応の結果として，その後の多機関協働のモデル事業の選択が実現していました。「2017年通知」のなかでもその一貫性が評価されています。「様々な分野と連携した地域づくりの取組によって，人や資源とのつながりを育み，社会的孤立を予防したり，社会資源の循環をうみだしていくという生活困窮者支援の理念・姿勢は，多機関の協働による包括的な相談支援体制にも共通して貫かれるもの」といった評価です。

①**開発の主体化**を支えているものに，ii）先行する地域福祉計画による方向づけがあることは重要です。独自の方向づけは，国のモデル事業の実施や制度福祉の導入のあり方に対して，「加工の自由」を打ち出すうえで重要な根拠となります。多機関協働事業の調査においては，地域福祉計画における項目と一致するなかでモデル事業が選択され，モデル事業の活用を通して行政が主体的にプログラム開発の契機としていることが把握されています（日本総合研究所 2017，2018）。

iii）地域福祉行政と接点が乏しいと考えられる介護保険制度に関連しては，どのような協働空間を設定できるのかが，問われることになります。介護保険制度のなかで地域志向が段階を追って導入される過程で，どのように自治体の主体化が試みられてきたのか，認知症高齢者を対象とする地域支援などの制度活用についても分析の対象にする必要があります（第**5**章）。

iv）成年後見制度利用促進においては，①開発の主体化において，これまで触れてきた実務担当部署を越えて企画機能をもつ地域福祉行政として展開可能かどうかの検討が求められます（第**6**章）。

次に，②**実践のアセスメント**ですが，新たな制度福祉の導入や多機関協働のモデル事業では，v）アセスメントの対象として，組織に関するアセスメントが不可欠になります。対象となるのは，地域福祉を担う行政部署における企画や調整機能の整備状況です。「制度福祉と地域福祉との協働」では，導入される制度福祉の担当部署との庁内連携の課題のアセスメントと，その結果を踏まえた働きかけが必要となります（第**9**章）。多機関協働のモデル事業（1年間）の成果を踏まえた「2017年通知」の記述には，「庁内外の連携体制の構築や情報共有の仕組みづくりは，自治体が組織体制の見直しを含めた体制整備に着手している」実践が紹介されています[4)]。この点では，成年後見制度利用促進においては，担当部署とともに，実際の支援業務を担う既存の成年後見センターの組織運営が分析課題となります（第**6**章）。

これまでの対象別に福祉行政を制度化してきた「給付行政」では，地域生活課題（社会福祉法第4条の改正）を解決することに制約があることから，地域住民による課題の発見や支援活動への参加といった「地域力の強化」が求められています。相談支援の包括化をめざす多機関協働事業とが地域力強化推進事業とセットになった支援体制の整備が模索されるのは，そのためです。「地域力の強化」は，自発的地域福祉の支援という点ではこれまでも行政課題（社会福祉協議会への補助金や委託事業の根拠）でもあったものです。vi）地域に蓄積されている実践のアセスメントをリードするマネジメントとともに，生活支援体制整備では，地域運営組織や小地域福祉組織等による事業化への支援といった，地域への分権化がよりいっそう必要となります（第4章）。

第Ⅱ部では，段階Ⅲ・Ⅳに配置されている第4～6章をもとに，制度福祉の観点（生活困窮者自立支援制度，介護保険制度，成年後見制度利用促進制度）から地域福祉による協働を扱います。そのため，地域福祉プログラムの範囲は，段階Ⅰの地域福祉プログラムから拡がることになります。図1-3の「基本機能」の図を用いて，それぞれの章での事例研究の共通枠組みに基づく成果を示すことになります。

1.2　運営の条件整備をめぐる分析の視点・課題

③協働の合意形成に関連しては，まず，「2019年最終とりまとめ」では，i）事業の実施の事前・事後におけるプロセス重視の記載に触れておきます。「地域住民や関係機関等と議論をし，域内における包括的な支援体制の整備について考え方等をまとめ，共通認識を持ちながら取組を進めるべき」とし，そして「事業実施後も，地域住民や関係機関等と振り返りや議論を繰り返し行いつつ，事業の実施状況等を定期的に分析・評価し，改善していく必要がある」と，一貫した合意形成を強調しています。

福祉関係の多様な主体との協働と，地域づくり，まちづくりの主体との融合とにおける合意形成については，事例分析の視点として次の2つを加えておきます。1つは，「働く場や参加する場の創出に向けた取組を充実させるとともに，福祉の領域を超えた地域づくりを推進していくことが求められる」との「2017年通知」の記述に着目できます。もう1つに，「これまであまり関係してこなかった他分野や福祉分野との間に新たな取組やつながりが生まれ，さらには共に地域をつくる存在として協働していくこと，……他分野と連携していく際には，連携先にも独自の文化や考え方があることを配慮しながら，関係性を深めていくこと」を同通知は示しています。

ii)地域づくりなどの他分野との組織間連携のマネジメントには，連携相手の組織文化の理解が不可欠であることを強調しています（第5章，第8章）。第1章で触れた桑子（2016）が提起している「事業のプロジェクト」と「合意形成のプロジェクト」の区分は，こうした他分野との連携において，示唆的な枠組みといえます。他分野の組織文化の理解のための「合意形成のプロジェクト」のマネジメントは不可欠な取組みであり，組織文化にこだわる結果ともいえる「前例踏襲主義」を行政リスクとして回避するマネジメントが重要性をもちます。

公私の③**協働の合意形成**は，行政からの委託契約のなかに現れます。そこで，2つに，公私協働（たとえば社会福祉協議会委託）による地域福祉プログラムにおいて，あらかじめ決められた委託内容についての厳格化を行政が求めるのではなく，iii)行政は取り組むプログラムが創造的に変化するなどの裁量性を担保した委託契約を，視野に入れることが必要です。これによって，プログラムの評価も新たな共同作業の場の組織化に波及することになります。その結果，行政がこれまで行ってきた委託プログラムの一方的な評価方式を修正することにつながります。

④**人材育成・組織の整備**に関しては，iv)生活困窮者自立支援制度では，相談支援と地域社会が参加する出口プログラム（参加支援）との連携のための組織整備に関するマネジメントが分析の対象として重要です（第5章）。多機関協働事業が，生活困窮者自立相談支援の強化から相談支援の包括化が重視される傾向に対して，地域福祉行政の課題に引き寄せ，地域社会が包摂的な機能を発揮できるための参加支援プログラムに力点を置くことが求められます。これらの点は，「2019年最終とりまとめ」で強調されている一体的な実施の内実に整合するものです。

組織整備への取組みは，補助・モデル事業での「加工の自由」を含む実験的な体制づくりとして取り組まれる場合がありますが，本格的実施に向けた評価の主体や場を組織することが重要といえます。「2019年中間とりまとめ」では，多機関協働事業の取組みに対して，「一度整備した体制についても，振り返りや関係者間の議論を行うことで，試行錯誤しながら改善したり軌道修正する」ことが強調されています。v)体制整備といったプログラムを弾力的で軌道修正可能な形で運用することは，本書がめざす地域福祉のマネジメントそのものです。このような弾力的な運用実務が展開できる地域福祉行政の形成をめざす必要があります。

人材育成の整備については，第Ⅱ部では，v)生活支援体制整備を扱う段階で，生活支援コーディネーターと，コミュニティソーシャルワーカーやコミュニティワーカーとの兼務や育成課題，そして想定されている「地域づくりのコーディネート機能」を担う人材との関連について，分析の対象にする必要があります（第4章）。

vi)「自分の部署の役割を離れて，包括的な支援体制の構築にむけてどのような取組みが求められるか等を職員が主体的に考えていく」ことが可能となる職員育成を，「2019年最終とりまとめ」は強調しています。第Ⅲ部では，多機関協働事業における「相談支援包括化推進員」は，自分の部署の役割を離れたマネジメント業務をめざす必要があります（第7章）。

2　地域福祉計画の「上位計画化」をめぐる分析上の論点

「計画の場のマネジメント」については，これまで部分的には触れてきた「上位計画化」という環境の変化があることから，事例研究に向けて，これまでの分析の視点・課題よりは，分析上の論点を示しておくことにします。なお，その前段で，前著（平野 2008）のなかで試みた地域福祉計画における条件整備プログラムの整理に立ち返っておきます。2008年の出版段階から，上位計画化とは異なる提起を行っていたからです。本書の書き出しに示した2つのキーワード，「加工の自由」と「条件整備」のプログラム開発に関連させると，前項の**1**では「加工の自由」を，本項の**2**では「条件整備」を担うという分担ともなっています。

図 3-1　地域福祉計画の構成――社会福祉制度の関係から

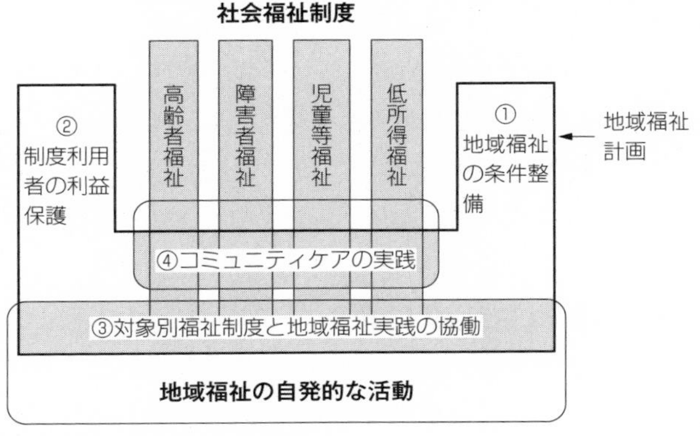

（出所）　平野（2008：149 頁）。

2.1　条件整備プログラムの計画項目

これまで触れてきた「条件整備プログラム」を「地域福祉計画」の項目分類として，どのように位置づけ，盛り込むのかの検討が必要となります。地域福祉計画の項目分類として，図 3-1 は，対象別の福祉制度との関係から文字どおりの「地域福祉プログラム」として③，④を，「条件整備プログラム」として②の利用者の利益の保護（権利擁護や苦情処理などが含まれます）と，①に相当する地域福祉プログラムの運営を円滑に進める条件整備を含めています。ただし，本書で用いている地域福祉プログラムは，「条件整備プログラム」を含んだ広義の内容として用いています。

前著での「地域福祉プログラム」については，③対象別福祉制度と地域福祉実践の協働として成立するものと，各社会福祉制度に属するものであるが地域福祉の推進として関連性をもつ④コミュニティケアの実践を含めています。③対象別福祉制度と地域福祉実践の協働には，制度に含まれない地域福祉活動の一部が加わることになります。制度的な位置づけのない地域福祉活動が，専門的で制度的な支援をもった実践と協働することによって，新たな地域福祉の資源やプログラムを生み出すことを，計画的に推進するための項目となります。なお，図 3-1 は，生活困窮者自立支援法が成立していない段階での整理ですが，生活困窮者自立支援事業は低所得福祉に分類することになります。

③地域福祉に関連するコミュニティケアの実践としては，高齢者福祉の分野でいえば地域密着型サービスの運営会議や地域交流スペースの活用などが含まれます。また，2018年度から制度化された「共生型サービス」の拠点を，地域福祉の拠点としてどのように機能させて運営していくのかも，計画上の課題ということができます。この点については，第1章3節において触れたように，その方向にはうまく進んでいない状況にあります。

2.2　地域福祉計画の上位計画化の罠

社会福祉法第107条の改正により，地域福祉計画は「地域における高齢者の福祉，障害者の福祉，児童の福祉その他の福祉に関し，共通して取り組むべき事項」を盛り込むことが求められています。それを受けたガイドラインとしては，地域の課題や資源の状況等に応じて，各福祉分野が連携して事業を行うことにより，それぞれの事業の効果，効率性や対象者の生活の質をいっそう高めることができるよう，創意工夫ある取組みが重要であるとして，16事項にわたる内容を列挙しています。

たとえば，①さまざまな課題を抱える者の就労や活躍の場の確保等を目的とした，福祉以外のさまざまな分野との連携に関する事項や，③制度の狭間の問題への対応のあり方，④生活困窮者のような分野横断的に関係する相談者に対応できる体制，⑤共生型サービスなどの分野横断的な福祉サービス等の展開，⑨市民後見人等の育成や活動支援，判断能力に不安がある者の金銭管理，身元保証など，地域づくりの観点も踏まえた権利擁護のあり方，認知症，知的障害，精神障害などにより判断能力が不十分な者への権利擁護支援のための地域連携ネットワークの構築やその中核となる機関のあり方，などです。

地域福祉計画において共通して取り組むべき事項を盛り込むことが，地域福祉計画の上位計画化の目的や手段と考えるのは正しくありません。その理由や懸念については，以下の通りです。

上記の①③④の計画については，制度本来の目的とともに支援の拡がりを創り出す「地域づくり」への接近が求められることから，地域の主体的な参加や実験的な取組みが重要な役割を果たします。その意味では，地域福祉との親和性は高く，生活困窮者自立支援制度は地域福祉が協働する制度福祉の代表的な事業ということができます。しかし，ガイドライン上の処理としては，地域福祉との協働内容として盛り込むことが提示されているのではなく，制度福祉としての計画的推進が求められることになります。その結果，これまでの自由な地域福祉計画の内容とは異なり，制度福祉の運用が優先されるという「ガイドラインの罠」ともいえる設計主義に従うことで自治体の裁量性を失うことになります。

つまり，本来地域福祉に期待されている制度福祉との協働を自治体ベースでうまく盛り込むという加工ができないことになってしまいます。地域福祉計画のなかで，制度福祉に相当する内容が計画項目として縦割りに並んでしまい，総合的とはいえますが，協働的で相乗効果が作用するという計画の体系化に結びつかない結果を招きかねません。地域福祉計画が，地域福祉行政にどこまでの守備範囲を与えることになるのかという検討課題を提起しているともいえます。第**2**章で述べましたが，地域福祉行政の守備範囲を大きくとらえすぎるのではなく，むしろ地域福祉マネジメントの機能や守備範囲を広くとらえる必要があると考えています。いいかえれば，こうした「ガイドラインの罠」から解放する役割を内に含んだ方法として，地域福祉マネジメントの役割を提起しているのです。

さらに，同法第107条1項第5号を受けて，計画策定ガイドラインにおいては，「包括的な支援体制の整備」の内容を計画項目として盛り込む事項に位置づけています（図2-1）。共通して取り組むべき事項と，この「包括的な支援体制の整備」の事項とを結合させて理解するとき，上位計画化による「包括的な支援体制」の整備計画としての性格が，地域福祉計画において強くなります。筆者は，これまでの地域福祉の実績，累積のあり様からすると，上位計画化による包括化ではなく，すでに第**1**章で触れた「地域福祉の容器」化による包括的な支援体制の条件整備をめざすべきだと考えています。そのような視点から，図3-1を組み立てています。この論点については，自治体の実際の取組みを踏まえながら，第Ⅲ部のなかで扱うことにします。

なお，上位計画化を担う行政組織上の懸念として，地域福祉関連部署における実務部門と企画・計画部門の分離を助長することになる点を指摘できます。上位計画化は企画部門の純化を生み出し，相談等の課題に関連した情報収集機能をもつ実務部門との距離が生まれ，課題を組み込んだ計画化に課題を残すことに結びつきます。たとえば，相談支援の業務が継続するような権利擁護行政においては，実務と企画・計画との分離は，計画が名目的・形式的なものにとどまる危険性があります。

2.3　単独計画化という視点

制度福祉の導入に関連したモデル事業を本格実施する際には，同事業の単独計画を策定するのか，地域福祉計画のなかに盛り込むかの行政判断が課題となります。生活困窮者自立支援事業の計画や成年後見制度利用促進計画については，都市自治体において単独計画が必要ではないかと考えています[5)]。具体的取組み事例を踏まえながら，第**5**章と第**6**章で示すことになりますが，担当部署と他の部署との連携が不可欠な分野であり，組織面で改革を伴うことになります。その結果，長期的な視点での事業運用上の条件整備のプログラムが必要となります。単独計画を選択することがそれらに寄与すると判断しています。

たとえば，成年後見制度利用促進計画では，地域福祉計画のなかで成年後見制度利用促進あるいは権利擁護支援といったこれまで行政主体が明確にされてこなかった内容を取り入れることで，どこまで権利擁護支援における行政の主体形成が図られるか，多くの課題が残ることが想像されます。これに対して単独計画の実施を選択することによって，①開発の主体化に関するマネジメント力の向上が促進され，新たな地域福祉行政の形成に結びつくといえます。新たな制度福祉が導入されると，既存の行政部署はその所管をはじめ，連携する業務の負荷についてどちらかといえば消極的になる傾向にあります。もちろん，地域福祉計画に権利擁護支援を持ち込むことで，地域福祉行政による権利擁護支援の全面的な展開を展望する方法もあります。その意味では，地域福祉計画に権利擁護支援を取り入れることを否定しているのではなく，権利擁護支援の仕組みづくりそのものを単独計画化によって強化しつつ，地域福祉行政との連携を展望することを選択するのが妥当であるという判断です。

表 3-3　段階Ⅲ・Ⅳにおける地域福祉マネジメントの事例配置と分析の重点

段階別の地域福祉マネジメント ＼ 地域福祉マネジメントの機能		Ⅲ　制度福祉と地域福祉との協働			
				Ⅳ　包括的支援の体制整備	
		生活支援体制整備事業（介護保険制度）	生活困窮者自立支援制度	成年後見制度利用促進法	多機関協働・地域力強化推進事業
事例研究の配置（部・章）		第Ⅱ部 第4章	第Ⅱ部 第5章	第Ⅱ部 第6章	第Ⅲ部 第7～9章
プログラムの開発	①開発の主体化	◎	○	◎	◎
	②実践のアセスメント	○	○	◎	◎
運営の条件整備	③協働の合意形成	○	◎	○	○
	④人材育成・組織の整備	◎	◎	○	◎
計画の場のマネジメント	⑤計画化の協議	—	◎	◎	○
	⑥計画の進行管理・評価	—	◎	○	◎

（注）基本機能における分析の重点を示す記号として◎を用いています。

3　事例研究にみるマネジメントプロセス

地域福祉マネジメントの基本機能を整理した図 1-3 の 3 つの領域，6 つの機能（第 **1** 章）と，地域福祉行政によるマネジメント業務の拡充が求められる段階Ⅲ・Ⅳ（第 **2** 章）とをクロスすることでできたマトリックスが，表 3-3 です。6 つの章（第 **4** ～ **9** 章）における事例研究の配置と事例研究における基本機能の分析上の力点（◎の表記）を示しています。つまり，表 3-3 は，第Ⅱ部・第Ⅲ部の事例研究において，筆者が力点を置く分析の視点を紹介するとともに，6 つの章で展開される個々の事例研究を通して，地域福祉マネジメントの方法をどう抽出しようとしているかを示すものです。

表 3-3 を通して，第Ⅰ部と第Ⅱ・Ⅲ部の橋渡しのイメージを提供することから，3 点にわたって補足を加えておきます。第 1 は，段階Ⅲの制度福祉と地域福祉との協働の枠のなかに，段階Ⅳの包括的支援の体制整備が配置されているという包含関係についてです。すでに，第 **2** 章で説明していますが，図 2-2 は，

地域福祉関連政策として，包括的支援の体制整備がⅠからⅣへの段階を通して進展するという仮説を示す枠組みです。それゆえ，事例研究の対象のすべてにおいて，段階Ⅲが対象となっているということになります。包括的支援の体制整備にまで射程が及んでいるのが，第**6**章の権利擁護支援と第**7**～**9**章の3つの自治体の事例研究ということになります。とくに，第Ⅲ部の3つの事例研究では，段階Ⅱの地域福祉計画における目標の設定や手段の選択，段階Ⅲでの手段における制度福祉との協働の活用など，マネジメントプロセスの分析を試みています。

第2に，第Ⅱ部で展開される3つの制度福祉において，段階Ⅲの制度福祉と地域福祉との協働のマネジメント機能の，分析上の比重の置き方が異なります。図3-3の◎の表記に関連して，3つのマネジメント機能を取り上げると，以下のような重点の違いがあります。①開発の主体化では，地域福祉行政や部署との協働が，介護保険制度の生活支援体制整備と成年後見制度利用促進において，制度福祉の所管部署から接近しづらい傾向を示すことから，地域福祉部署サイドでの主体化を重視しています。④人材育成・組織の整備では，生活支援体制整備では，生活支援コーディネーターの人材育成が地域福祉との協働において決定的な意味をもつことになります。生活困窮者自立支援制度では，地域福祉部署との連携が，すでに触れたように参加支援としてきわめて重要となっています。⑤計画化の協議に力点をおいている生活困窮者自立支援制度と成年後見制度利用促進に関連しては，単体計画を選択している事例研究の対象を選定しています。

第3に，第Ⅲ部の事例研究では，多機関協働事業と地域力強化推進事業の両方あるいはどちらかを受託しているとともに，3つの制度福祉における地域福祉との協働を模索している自治体を選択しています。また分析の重点として，④人材育成・組織の整備に関連して，地域福祉行政そのものの形成を扱うとともに，その形成から展開へと進めるための⑥計画の進行管理・評価を取り上げています。

3節　地域福祉マネジメント現場のフィールドワークとフィードバック

1　地域福祉マネジメント現場のフィールドワーク

1.1　双方向性をめざすフィールドワーク

前著（平野 2008）の出版以降のおよそ10年間のフィールドワークでの「観察」成果によって，本書は成立しています。地域福祉マネジメント現場のフィールドワークは，参与観察にとどまるものもあれば，積極的な関与をめざし，アクション・リサーチとしての性格をもつものも含まれます。地域福祉マネジメントを観察するためのフィールドの組織化は，現場のマネジャーたちにとってメリットを提供する必要があり，筆者自らが地域福祉行政の形成や地域福祉マネジメントに関するアドバイスをするなど，「関与」を伴っています。このフィールドワークの方法が，筆者の地域福祉研究のスタイルであるといえます[6)]。

「関与」という用語は，一方通行的なニュアンスがありますが，フィールドワークの過程は同時に受け入れ自治体においては新たな場（フィールド）の形成，すなわち外部からの第三者が触媒的に関わることで，連携や協力関係に良い刺激となるという好条件を与えています。その意味では，双方向的な関係を生み出す効果をもたらしています。むしろ，双方向的な関係がマネジメントの観察の前提であり，筆者の関与そのものがマネジメントの構成要素となっているという見方も成立します。

地域福祉行政がプログラム開発において主体化され，また地域福祉課としての行政機構が整備されている場合には，フィールドワークの対象が明確であり，事業の実績も整備されており把握することは容易となります。当然，地域福祉計画の策定や進行管理の場を観察することもできます。しかしそのなかで，マネジャーが取り組んでいるマネジメントのすべてが把握されるわけでありません。地域福祉計画等の策定委員会および進行管理の会議の責任者として参加し，その場を通して観察するとともに，事前の打ち合わせや議論のなかでマネジメントを見出す必要があります。そして，計画が進行するなかでは，地域福祉マネジメントの観察・関与は，策定委員会の場よりも計画の進行管理の場によって，よりマネジメントの動態を把握することができます。

この進行管理というマネジメントの場は，地域福祉計画の現場にとどまりません。新規の制度福祉が導入されるなかで，制度の本格実施に先行するモデル事業の実施における進行管理と，同事業が実際に運用を始めるなかで見直しを含めた進行管理（たとえば運営協議会）という場にも，地域福祉マネジメントの必要性が求められています。なぜなら，制度福祉と地域福祉の協働によって事業自体が運営されることが近年多くなる傾向にあり，メゾの現場であったとしてもマクロの政策からの影響が大きく，これまでみてきた「加工の自由」との関係でマネジメントの質が問われることになります。本書の事例研究では，生活困窮者自立支援制度のモデル事業やその独自計画化，その後の運営協議会への参加を通しての「観察」において多くの成果を得ています。

1.2　人材育成の研修現場もフィールドに

地域福祉マネジメントの機能において，人材育成は重要な位置を占めています。それゆえ，地域福祉の人材育成研修の筆者あるいは大学への依頼は，1つのフィールドワークの場となりました。一方向による研修を一歩進め行政と大学研究チームとの共同研究プロジェクトという形式となっているものもあります。地域福祉マネジメントとの関連では，先の計画策定や事業の進行管理というきわめて具体的な課題の処理というよりは，組織上の課題の解決を含めたマネジャー養成の人材マネジメントの方法の共同開発の目的をもっています。

それゆえ，一方向による研修事業としての制約を克服する点から，「研究会（事業）」として実施することを選択しています[7)]。フィールドワークの観点からすると，一方向としての研修では現場の情報収集の機能が弱くなり，観察者としての役割を確保できないからです。むしろ，「研究会（事業）」として，現場からの応用問題の提出を前提とした相互作用を確保するように，その場をマネジメントした結果としてたどり着いた方法ともいえます。ただ，研究成果が現場にどのようにフィードバックされるかは，公式の委員会ではない研究会という形式上，参加者の自律的な判断に依拠している状況にとどまります。

筆者は双方向性が確保される「研究会（事業）」を，積極的に組織してきました。そしてその協働空間に参加する現場の参加者が中間マネジャーとなることを意図的にめざしました。実際のフィールドに関与する機会が多く得られるわけではなく，むしろこうした共同研究作業を1つのフィールドワークの現場として位置づけ，「メタ現場」と呼んできました。以下にその成果が事例研究として生かされているのは，高知県と滋賀県での「研究会事業」ということになります。

2　制度福祉と地域福祉との協働を生み出すマネジメント（第Ⅱ部）

2.1　制度福祉と地域福祉との協働の現場への接近

まず最初に，制度福祉と地域福祉との協働における地域福祉の位置づけについて考えてみます。地域福祉は自発的福祉として，制度福祉と対立せずに，社会福祉のなかで常に存在してきました。社会福祉が制度化を進め制度福祉としての性格を帯びるなかで，地域福祉は自発的福祉としてその制度化に先行する役割と，制度化から取り残された問題領域での自発的な解決をめざす役割を担ってきました。

制度福祉と地域福祉との協働を考えるうえで，社会福祉のなかに存在する制度福祉と地域福祉との関係だけでなく，地域福祉のなかに制度福祉が存在するという見方も必要です。第2章でも触れた古都賢一は，地域福祉システムのなかに，制度福祉を配置しています（図3-2)。地域福祉システム（筆者の用語では，地域福祉の容器）の図は，一方で各種制度福祉が生まれるための一種の土壌を地域福祉がつくりだしていることを示し，他方，制度福祉が運用されるなかで，そのはざまの問題に地域福祉が対応することを示しているとみることができます。また，この楕円が1つの地域空間を表しているとみると，各制度の円は制度が運用される際に，制度福祉の機能を高める役割，あるいは補完する役割を地域福祉システムが果たしていると理解することもできます。そのように考えると，制度福祉と地域福祉との協働関係をもう少しダイナミックに捉えることができます。

図3-2　地域福祉のシステム

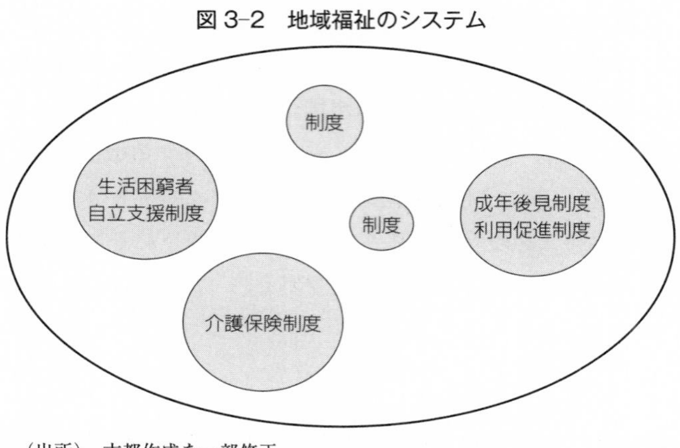

（出所）古都作成を一部修正。

図3-2の3つの制度福祉（生活困窮者自立支援制度，介護保険制度，成年後見制度利用促進制度）は，地域福祉システムのなかに存在していますが，それは，自治体の地域福祉行政がそれぞれの制度福祉を包含していることを意味しているわけではありません。第Ⅱ部では，制度福祉の機能がより高められ，効果を生み出すための地域福祉のマネジメントを追究します。しかし，それは現場での観察だけではみえてこない部分も多く含むように思われます。

また，制度福祉と地域福祉との協働の観察において，制度福祉が導入された以降にのみ目を向けるのは間違いです。地域福祉による自発的な福祉が先行し，制度が生み出される土壌を形成している段階や，制度の導入段階での試行錯誤としての地域福祉に着目することで，地域福祉が担うマネジメントの特性がよりよく分析できると考えます。

制度に先行する，あるいは導入段階の時期に，いくつかの自治体の取組みに筆者が参加できたことが，第Ⅱ部の協働のマネジメントの事例研究の条件となっています。第**4**章から第**6**章で紹介する3つの制度福祉において，観察にとどまらない関与を可能とするようなフィールドワークのチャンスが与えられました。関与は同時にフィードバックを求められることになり，事例研究にとどまらない緊張関係のなかでのマネジメントの観察でもありました。

2.2　3つの制度福祉の事例研究

第4章では，介護保険制度における地域密着型サービス等の権限移譲，さらには生活支援体制整備を取り上げ，制度福祉と地域福祉との協働のマネジメントを分析します。また，宮城県の取組み事例をもとに，被災地復興と生活支援体制整備，さらには地域福祉行政への展開を検討します。なお，第1章で触れた「共生型サービス」の導入とサービスにおける横断化の困難さにも触れます。その意味では，共生支援という新たな領域を扱っているともいえます[8)]。タイトルとしては，介護保険制度と地域福祉との協働空間のマネジメントを意図しています。

第5章では，「参加支援」を担う地域福祉行政の展開として，生活困窮者自立支援の独自計画の策定の取組み，同事業の運営協議会のマネジメント，庁内連携の運営などを扱います。マネジメントの把握自治体としては，釧路市，大津市，東近江市，となります。そのほか，滋賀県下のモデル事業の分析も含んでいます。

第6章では，権利擁護支援の計画化と地域福祉をテーマに，成年後見制度利用促進計画策定の事例分析を通して，地域福祉行政がどのように権利擁護支援を担うことができるのか，権利擁護センターの運営をどのようにマネジメントすることで，地域全体の権利擁護の意識の醸成が促進されるのかを検討します。また，広域における権利擁護支援のネットワークの形成や広域での権利擁護行政の展開のためのマネジメントに触れます。比較対象自治体としては，愛知県の2つの広域として，尾張東部圏域（5市1町）と知多圏域（5市5町）を取り上げています。その他，都道府県を含む自治体調査の結果を含んでいます。

3　地域福祉行政がめざす包括的な支援体制（第Ⅲ部）

3.1　地域福祉行政組織の3つのタイプ

第Ⅲ部では，段階Ⅳの包括的な支援の体制整備を扱うとともに，3つの章において3つの自治体に焦点を置いた事例研究の成果を取り上げます。まず，3つの自治体の地域福祉行政の業務を代表すると考えられる地域福祉計画の所管を紹介すると，高知県中土佐町では社会福祉課，滋賀県東近江市では健康福祉

表3-4　3自治体における所管の相異

	地域福祉計画	生活困窮者自立支援	生活支援体制整備	権利擁護支援
中土佐町 取組みの順序	社会福祉課 ①	社会福祉課 ②	社会福祉課 ③	社会福祉課 ④
東近江市 取組みの順序	健康福祉政策課 ①	福祉総合支援課 ③	長寿社会課 ③	長寿社会課 ②
芦屋市 取組みの順序	地域福祉課 ②	地域福祉課 ③	地域福祉課 ③	地域福祉課 ①

政策課，兵庫県芦屋市では地域福祉課となっています（表3-4）。小規模の町村での社会福祉課，福祉政策的な機能をもつ課，文字どおり地域福祉課の3つは，概ね全国的な状況を反映しているといえます。

他の生活困窮者自立支援制度と権利擁護支援の担当部署を追加してみると，表3-4のようになります。この点からも，典型的なタイプとして現れています。つまり，小規模自治体では，福祉関連が社会福祉課で一括して担われていることもあって，3つの業務は同じ課長のもとで扱われています。市部の自治体では，芦屋市のように地域福祉課として統合されている場合と東近江市のように多くが異なる場合とに区別されます。なお，表3-4の番号は，対応されている時間的な順序を表しています。権利擁護支援への着手に大きな違いがみられます。

3.2　3自治体が選択する地域福祉マネジメント

第7章では，「多機関協働事業」による地域福祉行政の形成（高知県中土佐町）を扱います。第8章では，参加支援のまちづくりをめざす地域福祉マネジメント（滋賀県東近江市）をテーマにしています。第9章では，行政改革を視野に入れた地域福祉マネジメント（兵庫県芦屋市）として，まとめの位置に置いています。メゾ領域でのマネジメント機能を発揮するためには，行政組織レベルでの条件整備が不可欠であるという視点から，それぞれのテーマに沿って分析を行っています。

芦屋市では地域福祉課そのものが主管課として企画調整機能をもちつつ，しかし現場での新たな課題を把握することができるための「トータルサポート機能」をもち，企画面と実際の問題解決の両面での庁内連携の仕組みをもっています。また，人材育成のためのプロジェクトを実施するなど，人材マネジメントを展開しています。地域福祉行政の形成という観点と地域福祉マネジメントとの関係を総合的に扱う芦屋市では，地域福祉課を分析することになります。

小規模自治体として，包括化推進員を地域福祉マネジャーとして育成しているのが中土佐町です。地域福祉計画の進行管理の場のマネジメントの質が高く，町であるにもかかわらず，生活困窮者自立支援や権利擁護支援のプログラムを総合的に展開するとともに，それらの進行管理を地域福祉計画の進行管理の場で行っています。第**7**章での事例研究です。

表3-4に示したように，3つの部署が異なっている東近江市では，福祉行政の庁内連携を，課を跨いで実施することの困難さをどのように克服するのか，さらにはまちづくりとの協働を視野に入れた自治体による地域福祉マネジメントの課題を扱っています。

第Ⅲ部の3つの自治体を総括する視点として，「地域福祉の容器」の形成を持ち出しています。第**1**章で提示した本書を貫く2つのキー概念，「加工の自由」と「条件整備」ですが，後者の条件整備（プログラム）の内容は，前著において「地域福祉の容器」の構成要素として位置づけうるものです。その理解を進めると，第Ⅲ部は，地域福祉マネジメントを媒介にして，2つのキー概念を結びつけて，地域福祉行政の役割として，「地域福祉の容器」の形成を展望しようとするものです。自治体事例を扱いながら，「地域福祉の容器」のリアリティを認識できるような分析としたいものです。

地域福祉マネジメントは現場のフィールドワークの成果を踏まえて，現場へのフィードバックとともに，地域福祉のメゾ研究へのフィードバックを展望しています。「地域福祉の容器」のリアリティへの接近は，地域福祉のメゾ研究にあって，楽しみながら取り組むことのできるテーマであるとともに，実証の困難性を伴うテーマであると理解しています。

注

1)　筆者は，参加支援とは異なって，参加保障という名称で同様の問題を論じてきました（平野 2012c）。

2)　このような問題意識から論じた文献として，以下のものがあります。平野・藤井(2013)。また，研究委員会として『地域づくり（部署）と福祉（部署）連携のためのガイドブック』(CLC）を2018年に発行しています。

3)　厚生労働省社会・援護局地域福祉課成年後見制度利用促進室調べのデータを用いています。

4)　「2017年通知」の文章のなかで記述されている多機関協働事業の評価や留意点のなかから，地域福祉マネジメントをイメージできるものを選んで引用しています。

5)　成年後見制度利用促進計画の単独計画の意義については，日本福祉大学（2019）があります。

6)　研究スタイルについては，朴・平野（2013）のなかで，明確にしています。また，フィールドワークと同様に，「メタ現場」という研究方法をも活用しています。この点については，朴・平野・穂坂（2013)。なお，フィールドワークについての方法については，平野ほか（2017）において，言及しています。

7)　「研究会事業」という取組みについては，以下のものを参照してください。朴・平野(2010a)。奥田・谷口（2011)。

8)　山崎（2017）のなかで，共生支援の概念を提示し，自立支援とは異なり，社会的孤立というリスクへの支援として，位置づけています。

第II部

新たな支援理念を支える地域福祉マネジメント

第4章

介護保険行政と地域福祉行政における マネジメントの比較

はじめに

1節では，介護保険行政の分野での地域マネジメントと地域福祉マネジメントとの比較検討を行います。それを踏まえて，介護保険制度と地域福祉との連携・協働の焦点領域を設定します。2節では，焦点領域における生活支援体制整備と認知症ケアにおける人材育成のマネジメントを扱います。3節では，地域共生社会の実現に求められる介護保険制度と地域福祉との協働領域をめぐる論点を整理します。

1節　*介護保険制度と地域福祉との協働のマネジメント*

1　地域包括ケアシステムと地域マネジメント

まず最初に，介護保険行政における市区町村への権限の移譲の経過をみてみましょう。2000年の制度導入においても市町村特別給付や保健福祉事業さらには基準該当などの仕組みが用意されていましたが，2006年に導入された「地域密着型サービス」では，指定権限が市町村に位置づけられ，市町村の独自報酬の設定も認められました。同時期には，地域支援事業も導入され，地域包括支援センターの設置によって，いわゆる自治体のマネジメント領域が増えることになりました。その後，2015年には，介護予防・日常生活支援総合事業の開始により，軽度者向けのサービスの基準や報酬等について，市町村の裁量で決定できるようになりました。地域支援事業に4つの新規事業（在宅医療・介護連携推進事業，生活支援体制整備事業，認知症総合支援事業，介護予防・日常生活支援総合事業）が導入される大幅な変更により，さらに裁量性が高まるとともに，生活支援体制整備事業ではこれまでの介護保険行政にはなかった「地域づくり」が求められるという課題も加わりました。2018年には居宅介護支援事業者の指定権限の移譲，そして保険者機能強化推進交付金の導入によって，保険者が評価項目によって到達点を評価するインセンティブが与えられる環境ができました。

これらのプロセスは，同時に介護保険行政において，これまでの制度運用に関連する「三大業務」（保険料徴収，要介護認定，給付管理）とは異なる「地域マネジメント」の強化を求めることになります。地域包括ケア研究会は，「2015年度報告書」において，「地域マネジメント」概念を積極的に提示し，その内容を次のように定義します。「地域の実態把握・課題分析を通じて，地域における共通の目標を設定し，関係者間で共有するとともに，その達成に向けた具体的な計画を作成・実行し，評価と計画の見直しを繰り返し行うことで，目標達成に向けた活動を継続的に改善する取組」（4～5頁）です。地域包括ケアシステムの構築における工程管理と言いかえることができるともしています。

同報告書は，地域マネジメントの視点として，次の3点を指摘します。1つ目は，定義にあるように，「目標の設定」と評価のための「指標の設定」です。2つ目は，生活支援体制整備事業および介護予防・日常生活支援総合事業が開始されたことを受けて，自助・互助の促進のための地域マネジメントの重視です。3つ目は，指定権限の行使を用いたサービス供給の管理です。

介護保険行政による地域マネジメントの構造を示すために，本章で用いている地域福祉マネジメントの基本機能の構造図を援用し，地域福祉マネジメントの位置に地域マネジメントを当てはめると，図4-1のようになります。Aのプログラムには，地域支援事業による条件整備プログラムが，Bの計画には，介護保険事業計画（地域包括ケア計画）が，そしてCの行政の位置には，地域包括ケア推進行政の形成が位置づけられます。①～⑥の基本機能の内容はこれらにそのまま当てはめることができます。

図4-1　地域マネジメントの基本機能

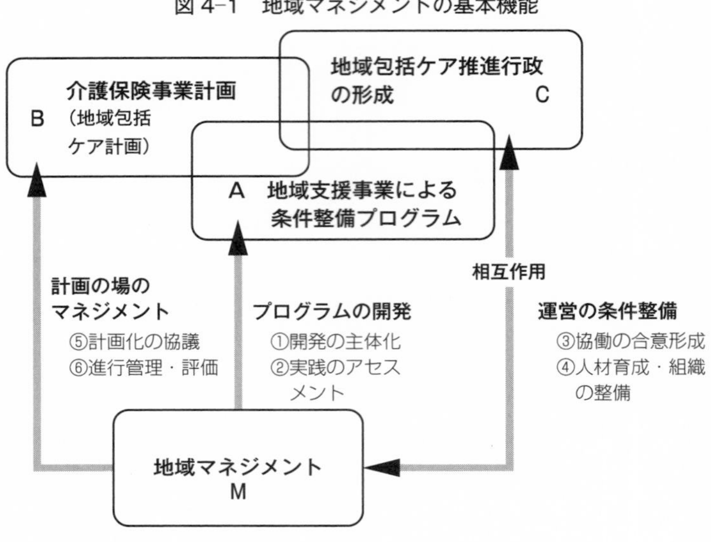

地域包括ケア研究会の「2016年度報告書」では，各種の協議の場づくりの取組みに触れています。Bに相当する計画策定の場（介護保険事業計画）は別として，サービス提供体制構築の場（サービス事業者協議会），ケアの課題を積み上げげる場（地域ケア実務者会議・代表者会議），地域づくりの場（生活支援体制整備事業における協議体）は，Aの条件整備プログラムと捉えることができます。

図4-2で，その構造をみてみましょう。地域生活を支えるには多種多様な立場や利害の異なる関係者が数多く関わっています。できるだけ円滑に地域生活支援を進めるためには，関係者の目的意識の共有が欠かせません。そこで，各種協議会，各種計画の策定委員会，地域ケア会議，サービス事業者協議会，協議体などの「場」を活用して，関係者間での目標の共有を進め，具体的な取組みに向けた話し合いを進めていくことが必要といえます。これらの「場」は「目標達成に向かうための場」として，地域のなかに多種多様なものがすでに設置されています。したがって，市町村は，関係者の積極的・主体的な関わりを損なわないよう配慮して既存の「場」を運営していけば，地域マネジメントのために新しい「場」をつくる必要はないとされています。

では，こうした多様な場をマネジメントする人材をどのように想定している

図 4-2　協議の場づくりの構造

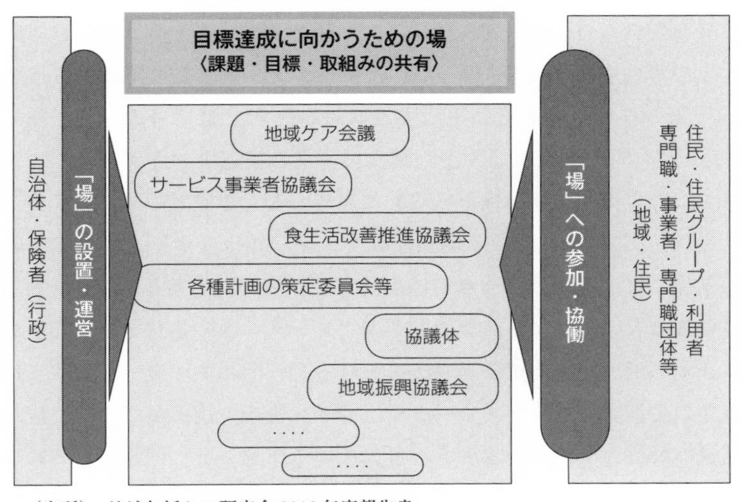

（出所）　地域包括ケア研究会 2016 年度報告書。

のでしょうか。「2016 年度報告書」では，管理職レベルでの「地域包括ケア推進マネジャー」といった専従職員の配置が提案されています（34 頁）。かかるマネジャーの役割は，行政内部だけでも複数の部局との協働が必要であり，所掌事務を越えた視点からシステムづくりに関わるキープレーヤーです。なお，留意点として，地域包括ケアシステムに関するすべての業務が当該部局に集中し，かえって他部局との連携が希薄になることが懸念されます。あくまで関連する部局を横串でつなぐような組織の形成が必要という指摘です。

2　地域マネジメントの強化か，地域福祉マネジメントの強化か

2.1　地域支援事業における地域マネジメントの強み

2015，2016 年度報告書以後の地域包括ケア研究会等での研究事業では，地域包括ケアシステムの構築のための地域マネジメントの機能強化が検討されます。地域マネジメントの機能を地域支援事業の連動性に求めるというものです（三菱 UFJ リサーチ＆コンサルティング 2019）。つまり，地域支援事業の 4 つの新規事業である，①在宅医療・介護連携推進事業，②生活支援体制整備事業，③

認知症総合支援事業，④介護予防・日常生活支援総合事業のそれぞれは，地域包括ケアシステムの構成要素の強化に深く係わっています。具体的に対応関係を示すと，専門職による多職種連携（①），地域の多様な主体による地域づくり（②），認知症の人とともに生活する取組み（③），軽度者の介護予防・生活支援の取組み（④）となります。地域支援事業の推進をマネジメントすることによって，各事業間の連動性を戦略的に高めることを提案しています。

たとえば，「各地域における認知症カフェや認知症サポーター養成講座は，住民の参加による取組という点では生活支援体制整備事業と地続き」（6頁）になっていることに着目する，複数事業のマネジメントの強化を求めています。また，在宅医療・介護連携推進事業におけるコーディネーター，生活支援体制整備事業の生活支援コーディネーター，認知症総合支援事業での認知症地域支援推進員の配置とそれらの連携も不可欠なマネジメントと位置づけています。こうしたコーディネート機能を担う人材の人件費対応も含め，介護保険行政におけるマネジメントを強化するためには，地域支援事業の財源が確保されることが必要といえます。

しかし，本章では，これらの地域マネジメントの対象領域において，地域福祉マネジメントの機能が有効に作用することもありうる点に焦点をあてて論じてみます。先ほどの例示にあった認知症カフェの活動と生活支援体制整備での協議体の取組みは，文字どおり地域福祉と地続きです。生活支援コーディネーターの多くは，地域福祉を担ってきた社会福祉協議会に委託されています。市町村全体をカバーする第1層の生活支援コーディネーターの42.7％は，社会福祉協議会の地域包括支援センター運営部門でない部署に配置されています。日常生活圏等に配置される第2層の生活支援コーディネーターの受託機関別配置人数の28.5％は，社会福祉協議会の同様の部門に配置されています（NTTデータ経営研究所 2019）。地域づくりを担う生活支援コーディネーターと地域における諸組織やメンバーが参加する協議体に関連して，先行した基盤づくりを担ってきたのが地域福祉であるといえます。

2.2　地域福祉マネジメントのターゲット

こうした地域福祉の実績をもとに，地域包括ケアの推進のどの領域で，介護

図 4-3　介護保険制度と地域福祉との協働領域

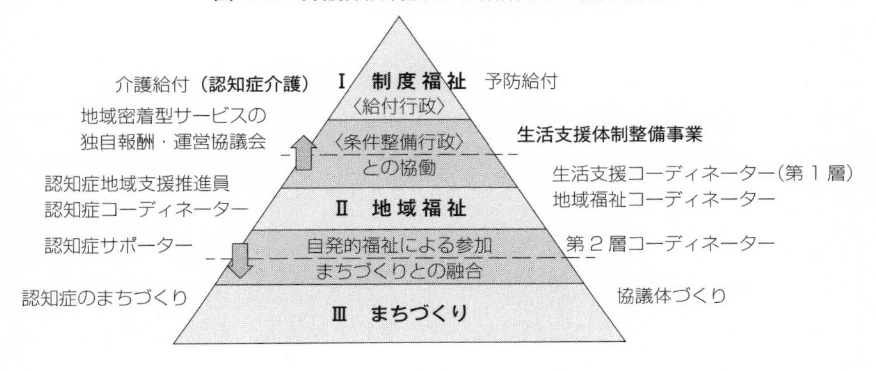

保険制度と地域福祉が協働できる事業となりうるのでしょうか。先に示した生活支援体制整備事業の領域とともに，認知症介護における地域づくり・まちづくりの領域において，地域福祉実践の優位性を発揮できるのではないかと思われます。そこで，第 2 章の図 2-3 の制度福祉と地域福祉との協働の構造図に，それらの領域を当てはめてみます（図 4-3)。

図 4-3 は，Ⅰ. 制度福祉とⅡ. 地域福祉さらにはⅢ. まちづくりの 3 つの層（点線での区分）の協働・融合関係を，生活支援体制整備の事業（プログラム）と認知症の人とともに生きるまちづくりのプログラムのそれぞれにおいて，5 つの段階に分けて配置してみたものです。

まず，図の右側の生活支援体制整備事業では，給付行政における予防給付からの転換を，生活支援サービスの体制整備構築することから，そのツールとして生活支援コーディネーターが協議体づくりに取り組みます。身近な地域での支え合い活動の普及においては第 2 層のコーディネーターが，地域住民が担うことも含め配置されていきます。その身近な地域での協議体の取組みには，既存のまちづくりの担い手なども参加することが想定されます（図の下向きのベクトル)。これらのコーディネーターには，社会福祉協議会での実績をもつ地域支援を担うコミュニティワーカー，個別支援から地域支援に接近するコミュニティソーシャルワーカー，あるいは両者を総称する地域福祉コーディネーターなどが兼務する場合，地域福祉での実践知が活用されます。

とくにまちづくりへの波及をめざすために，コミュニティワーカーが兼務として担うことや専任としての採用，研修上のカリキュラムとして「地域支援（コミュニティワーク）」の採用などが注目されます。地域支援の援助技術としてのコミュニティワークと生活支援コーディネーターの養成との関係については，2節で宮城県の生活支援コーディネーター養成研修をもとに詳述します。

もう1つの図の左側が，認知症介護の領域です。認知症介護におけるグループホームや小規模多機能型居宅介護サービスでは，支援の包括性を考慮して介護給付のなかでも包括払いでの対応がとられています。その条件整備においては，小規模で閉じられた環境のなかでのケアとなることから，外部の目や外部との関係を取り入れるために，地域交流の施設整備の助成や運営推進会議の設置，第三者評価の義務づけ，などが図られています。地域密着型サービス拠点に併設されている「地域交流スペース」を独自に支援している自治体もみられます。すでにみたように，地域密着型サービスでは，自治体の独自施策の展開に道を開いています。まだまだその活用は進んでいませんが，市町村の独自報酬の設定や公募制の導入により，事業者の参入を管理することが可能となっています。

個別支援ではなく地域支援として活動できる職種として，認知症介護では，認知症地域支援推進員や，福岡県大牟田市にみられる認知症コーディネーターが想定できます。また，まちづくりの取組みとの接点における人材としては，認知症サポーターの養成が取り組まれており，地域の見守り等の活動に従事しています。認知症サポーターの養成は年々増加傾向にありますが，その活動領域をうまく提供できていないことが課題となっています。認知症地域支援推進員や認知症コーディネーターといった専門職による，認知症サポーターの活動フィールドの開拓が求められています。こうした活動フィールドの開拓には，地域福祉における地域支援の手法が活用されることになります。

認知症施策推進のキーワードとして「共生」が設定され，「住み慣れた地域の中で尊厳が守られ，自分らしく暮らし続けることができる社会を目指す」（認知症施策推進大綱：3頁）ことであり，大牟田市では，「認知症の人とともに暮らすまちづくり宣言」が，2005年1月になされています。大牟田市にみられる認知症コーディネーターの養成には，認知症介護に関わる事業者に対して，研修期間は2年間と長く，講義，実践実習，課題学習などを含め406時間にも及んでいます。こうした大牟田市の先験的取組みについては，2節で取り上げます。

2節　2種類のコーディネーターの養成カリキュラム——地域福祉との協働の人材マネジメント

1　生活支援コーディネーター養成——宮城県の養成カリキュラム

2016年度の厚生労働省老人保健事業推進費等補助金の助成を受け，都道府県における「生活支援コーディネーター事業」に関する支援内容を分析したところ，①生活支援コーディネーターの養成研修の重層化，②アドバイザー派遣による支援，③生活支援コーディネーターの連絡会等の支援や既存の地域福祉支援の活用，の3点に着目しました。その結果，それぞれ①宮城県，②埼玉県，③高知県を対象に，ヒアリング調査を実施しました。ここでは，生活支援コーディネーターの養成研修の重層化を進めている宮城県について，現在の取組み状況も含め紹介します。

図4-4にあるように，宮城県における生活支援コーディネーターの研修体系の特徴の1つは，基本研修が3段階の重層的な研修となっていることです。その背景には，東日本大震災における被災者支援員の研修と支援における経験を基盤にした，独自のプログラムと研修用テキストを開発してきたことがあります。この3段階の研修1～3すべてを必修として，養成研修の修了とみなしています。コーディネーター任用者は，合計で4.5日間（非専門職は，研修1-2の受講も必要なため，6.5日間）の研修となります。なお，実践講座が，研修1と研修3の修了者を対象に用意されている点も研修の重層化に対応しています。

第2の特徴としては，研修の受講は生活支援コーディネーターやその候補者のみならず，関心のある専門職・一般住民の誰にでも可能にしている点です。これには，生活支援コーディネーターが地域で活動を行うに際して，協働相手として想定される専門職や住民も一緒に受講することによって，チームによる地域づくりを促進していこうというねらいが込められています。地域住民のな

図 4-4　2019 年度宮城県生活支援コーディネーター養成研修の体系図

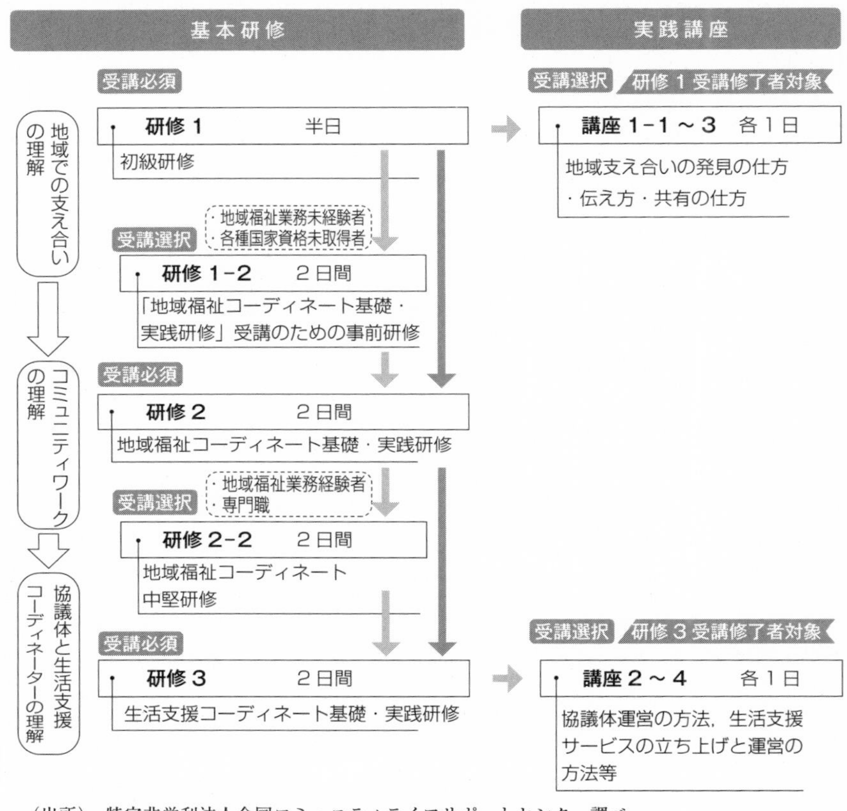

（出所）特定非営利法人全国コミュニティライフサポートセンター調べ。

かに，生活支援コーディネーターと同等の研修を受け，コーディネーターの役割や活動に深い理解をもつ人がいることは，地域のなかで活動を展開していくコーディネーターの孤立を防ぎ，頼れる協働相手を確保する意味でも重要であるといえます。

第 3 の特徴は，研修 2 として「地域福祉コーディネート基礎・実践研修」が用意され，生活支援コーディネーターの活動の基盤となるコミュニティワークの理解と技術を中心に学ぶ講義（座学）とグループ演習形式が用意されていることです。介護保険制度における生活支援コーディネーターの人材養成であるとしても，その活動方法において，地域福祉の実践知が必要であるとの判断から確保されているものです。

こうした判断には，国の政策意図の正確な認識があったといえます。つまり，生活支援コーディネーターは，厳密に表現すると「生活支援サービスの体制整備コーディネーター」であると考え，体制整備というプログラムを担う業務であり，個別支援のコーディネートとは異なる方法を担う人材として位置づけられています。体制整備というプログラムとしては，地域支援（コミュニティワーク）による「協議体」づくりが用意されているという認識です。その意味では，生活支援コーディネーターは，地域支援を担う地域福祉人材としての性格をもちます。人材育成は地域福祉の基盤強化としての機能をもつ点で，介護保険行政を地域福祉から支えるという地域福祉マネジメントとして位置づけることができるのです。こうした認識は，2015年10月に設置された「宮城県地域支え合い・生活支援推進連絡会議」における運営委員会での議論を通して形成されたといえます。同委員会および連絡会は，介護保険制度と地域福祉を結びつける重要なプラットフォームの機能を担っています。

これらの特徴的な研修カリキュラムを宮城県が選択する背景には，東日本大震災の被災者支援員の研修時から，見守りや安否確認・生活相談などの個別支援にとどまらず，地域コミュニティづくりや住民同士のつながり支援などの，地域支援の視点を積極的に取り入れた研修を実施してきたことがあります。そして，そのための研修教材の開発にも精力的に取り組んだ実績があります。

被災者支援員は福祉に縁がなかった一般の被災住民が雇用されたケースがほとんどで，福祉的な相談員として養成するためのノウハウが，宮城県には蓄積されました。それゆえ，今回のコーディネーター研修でも，福祉関係職にこだわらず，一般住民をも受け入れて研修を行うことが可能と判断されています。こうした研修プログラムの充実によって，被災者支援員として活動していた一般住民の一部は，復興過程において仮設住宅やサポートセンターが閉鎖されるなかで，生活支援コーディネーターとして働く機会を得ています。自治体にとっては有力な人材を確保することが可能となっています。

2　認知症コーディネーター養成——福岡県大牟田市の人材マネジメント

2.1　地域認知症ケアコミュニティ推進事業によるプログラム

2001年11月に大牟田市介護サービス事業者協議会の専門部会として，「大牟田市認知症ライフサポート研究会」が発足しています。基本理念を「認知症の人が，ひとりの個人として尊重され，その人らしく地域で暮らせること」としています。2002年には，大牟田市の施策として「地域認知症ケアコミュニティ推進事業」が位置づけられ，介護保険事業計画や地域福祉計画にその成果と実践課題を反映させながら，「認知症をきっかけに，子どもも障害を抱える人も，高齢者も，全ての人が支えあえる『まちづくり』」をめざしています。

それをリードする人材として，デンマークで実施されている「認知症コーディネーター」を模倣し，その養成研修に2002年から取り組んでいます。その研修内容としては，「ケア現場や地域で認知症の人の尊厳を支え，本人や家族を中心に地域づくりをしていく人材」の養成と定義されています。「地域認知症ケアコミュニティ推進事業」が，地域づくりめざしたプログラムであることから，認知症コーディネーターは地域づくりの人材として位置づけられています。

「地域認知症ケアコミュニティ推進事業」のプログラム内容は，図4–5にみられるように，大きく3つに分かれています。1つ目は，「認知症の当事者・住民の視点，力の重視，協働」として認知症介護意識実態調査を基軸に，これまで行政と事業所協議会が協働して生み出してきた，はやめ南人情ネットワーク日曜茶話会，子どもたちと学ぶ認知症絵本教室，認知症SOSネットワーク模擬訓練などが含まれています。2つ目は，「核となる人材・チームの育成と地域への配置」として，認知症ケア実践塾，認知症コーディネーター養成研修，もの忘れ相談医登録制度，地域認知症サポートチームなどがあります。3つ目は，「地域とともにある拠点づくりと生きたネットワーク」として，介護予防拠点・地域交流施設，地域の小規模多機能サービス拠点づくり，ほっと・安心ネットワークのプログラムがあり，介護事業者が担う拠点づくりを通して認知症コーディネーターが地域づくりに取り組むことを推進しています。1つ目と3つ目のプログラムは，いずれも地域福祉活動に相当するものといえます。

図 4-5 「地域認知症ケアコミュニティ推進事業」のプログラム内容（大牟田市）

		14	15	16	17	18	19	20	21	22	23	24	25	26	27	28	29
当事者・住民の視点、力の重視、協働	認知症介護意識実態調査	全世帯◎			全世帯◎			全世帯◎			抽出◎			抽出◎			抽出◎
	はやめ南人情ネットワーク日曜茶話会			平成16年度から年6回開催。地域みんなで巻き寿司づくり，学生や子供たちが企画するそうめん流しなど →													
	子どもたちと学ぶ認知症絵本教室			小学校2校 中学校2校 →										小学校20校 中学校11校			
	認知症 SOS ネットワーク模擬訓練			駿馬南1校区 →							全校24校区			全ての校区で訓練実施			
	認知症介護家族「つどい・語らう会」						随時開催 →		月1回開催 →								
	本人ネットワーク支援「ぼやき・つぶやき・元気になる会」								月1回開催 →								
	認知症カフェ												1カ所 →			8カ所	
	DLB サポートネット													2カ月に1回 →			
核となる人材・チームの育成と地域への配置	認知症ケア実践塾	→															
	認知症コーディネーター養成研修		1期生	2期生	3期生	4期生	5期生	6期生	7期生	8期生	9期生	10期生	11期生	12期生	13期生	14期生 115名修了	
	もの忘れ相談医登録制度		もの忘れ相談医ワークショップ →				もの忘れ相談医(50人)＋認知症サポート医(3人)＋認知症疾患医療センター(2人) →										
	もの忘れ予防・相談健診					もの忘れ相談医＋地域包括支援センター＋認知症コーディネーター養成研修修了生・受講生 →											
	認知症予防教室“ほのぼの会”					1カ所 1カ所 →										6カ所	
	地域認知症サポートチーム	もの忘れ相談医(5人)＋認知症サポート医(3人)＋認知症疾患医療センター(2人)＋認知症コーディネーター(6人)＋認知症地域支援推進員(2人) →															
地域とともにある拠点づくりと生きたネットワーク	介護予防拠点・地域交流施設			0カ所 →												45カ所	
	地域の小規模多機能サービス拠点づくり			小規模0カ所		GH13カ所 →								GH19カ所 小規模25カ所			
	ほっと・安心ネットワーク	高齢者等 SOS ネットワーク（警察署）＋生活支援ネット（医療・福祉・介護）＋地域支援ネット（地域）＋周辺自治体（広域） →															

（注） DLB：レビー小体型認知症，GH：グループホーム，小規模：小規模多機能型居宅介護。

2.2　認知症コーディネーターの研修カリキュラム

地域づくりに取り組む認知症コーディネーターの研修カリキュラムとして，研修期間は2年間と長く，講義，実践実習，課題学習などを含め406時間にも及んでいます。到達目標には，①パーソンセンタードケアの理解と理念の醸成，②権利擁護と日々のアドボケート，③課題分析と適切な医療とケア・生活支援，とともに，④協働の町づくりの推進が設定されています。全カリキュラム（A～H）は，Aの導入，B～Eの認知症のケア・理念，F～Hの実践・現場の学習によって構成されています。

地域福祉に関連する④協働の町づくりの推進を担うカリキュラムは，F：実践学習～大牟田市における地域認知症ケアコミュニティ推進事業として組み立てられ，もっとも多い時間配分となっています。その内容は，i)大牟田市における認知症ケアの取組みを通して，多職種協働，地域協働，多分野協働のあり方と地域づくり，ii)認知症コーディネーターが求められる役割の実際，iii)地域認知症ケアコミュニティ推進事業の実践や課題の理解となっています。つまり，地域認知症ケアコミュニティ推進事業の継承と発展をめざす事業者の育成をめざしているのです。修了生のなかには，事業所で認知症カフェの運営や住民の自治協議体の事務局を担う者もおり，地域福祉の推進に実績を上げていることが報告されています。

このような介護事業者の地域づくりの人材養成は，鹿児島県霧島市でも取り組まれています。2011年に行政と民間との協議で立ち上がった「霧島市地域密着型サービス事業所連合会」が，霧島市と共同した「地域包括ケア・ライフサポートワーカー」の育成に2012年度から取り組み，現在は141名の研修修了生が誕生しています。ライフサポートワーカーの研修を受講し，認定を受けることで，地域包括ケアシステムの構築および地域共生社会の実現に向け，自主的かつ自立的に取り組むことに結びついています。たとえば，身近な地域の福祉・生活相談援助や認知症になっても安心して暮らし続けられる地域づくりなどに取り組む成果が報告されています。

地域密着型サービス，なかでも小規模多機能型居宅介護サービスが，地域づくりと結びつくのは，運営推進会議や利用者家族との交流場所を提供するからです。そして，地域に密着するケアを展開するなかで，高齢者だけではなく，子育て世代，幼児から青少年を含め，多世代の交流を図る場所としての役割などにも，事業者は気づきはじめています。それゆえ，多機能のなかに，文字どおりの地域福祉の拠点としての機能を兼ね備えているといえます。地域包括ケア研究会の2018年度報告書では，地域との親和性の高い拠点として小規模多機能型居宅介護サービスを評価し，地域包括支援センターには難しいより小地域の地域社会との連続性への期待が示されています。

地域福祉行政としては，認知症介護を通したまちづくりと協働するためのマネジメントの強化が求められており，そのための重要なツールとして地域支援を担うことができる人材育成が注目されているといえます。

3節　*介護保険制度と地域福祉との協働のマネジメント*
――いくつかの論点から

地域包括ケアの強化か，地域福祉との協働の強化か，の論点をめぐって，以下では3つのテーマを取り上げて論じます。1つは，家族介護者の支援をめぐる課題，2つは，地域支援の財源の一体化をめぐる課題，最後は，共生型サービスをめぐる課題です。

1　家族介護者支援における地域福祉の役割

介護の社会化をめざして出発した介護保険制度において，課題となっている家族介護者支援をどう位置づけるかは難しい問題です。地域包括ケアのなかでの支援か，地域福祉による地域支援か，という論点として整理することもできます。地域福祉による家族介護者の支援は，介護者のつどいや介護者の当事者組織づくりなど，コミュニティワークとしての実績もみられるところです（平野 1994)。今日的な課題としては，介護離職の防止であり，介護者本人の人生の支援といった，介護者としての役割に固定しての支援という狭い支援から拡がりをみせています。

筆者は，「介護者本人の人生の支援」をサブタイトルとした『市町村・地域包括支援センターによる家族介護者支援マニュアル』の作成を，2017年度の厚生労働省の研究事業として担当しました。文字どおり地域包括ケアのなかでの支援を扱ったものです。家族介護者支援の総合的展開の考え方として，①介護者アセスメントの導入（介護者本人のクライエントしての支援），②多様な専門職の支援ネットワークの形成（要介護者本人と介護者本人へのチームアプローチ），③地域づくり・まちづくりの視点（介護者本人を地域から孤立させない包摂支援），④介護離職防止への接近（介護者本人の仕事の継続支援）という4つを示しました。

①と②は，地域包括ケアの強化として対応可能ですが，③地域づくり・まちづくりの視点や，④介護離職防止への接近となると，やや限界があることも検討作業のなかで認識しました。その意味では，③④の課題に向けての介護保険制度と地域福祉との協働のマネジメントを強める必要があります。家族介護者への「参加支援」を就労継続も含め，多様なレベルで考えることです。

研究事業での検討は，介護者本人を地域から孤立させない取組みを行っている自治体等の事例収集として，要介護認定を受けたがサービスを受けていない人およびその家族への対応事例から開始しました。支援の必要な人・家族を発見することへの挑戦，たとえば見守り支援員・訪問相談員の配置・派遣や，生活支援コーディネーターによる介護者支援の地域づくりの取組み，認知症カフェを発展させたケアラーズカフェの取組みなどが見出されました。これらの取組みに対して，地域福祉による地域支援は協力できる条件をもっているといえます。

また，介護離職防止への接近のための自治体施策については，同研究事業のなかで実際のフィールドで，模擬的な企画会議をどう運営するのかを実験的に実施することを試みました。施策化のための企画会議においてダブルケアの事例を扱うなかで，自治体行政から地域包括ケア課，子育て支援課に加えて，地域福祉課の参加，そして生活支援コーディネーターやケアマネジャーの参加も確保されました。会議を通じて，就労先へのコンタクトの取り方等，行政としてのアプローチの難しさが明らかとなりました。また，地域でのインフォーマルな支援において，地域福祉課の対応が求められ自治体における地域福祉行政の守備範囲が問われる場面でもありました。

2　参加支援・地域づくりという新たなアプローチ――地域支援の財源確保

生活支援コーディネーターの配置をめぐって，全国的な動向としては，社会福祉協議会の地域包括支援センター以外の部署で，多くの配置が進んでいます。先行する地域福祉活動の実績のうえに，生活支援体制整備を組み立てるとの判断からです。しかし，その配置部署および専任・兼任の組み合わせたタイプは，都道府県によって大きく異なります。

都道府県下での市町村社会福祉協議会のコミュニティワーカーの配置は，兵庫県や大阪府下で高い割合を占めています。いま，兵庫県下の自治体での生活支援コーディネーターの配置部署および専任・兼任を組み合わせたタイプを整理すると，表4-1のように，きわめて多様なタイプに分かれました。

第1は，第1層が直営での配置となっている場合が一定の割合でみられるものの（小規模の自治体に多い），第2層では，社会福祉協議会の地域福祉等の部署に配置されている場合が多くみられています。第2に，社会福祉協議会の地域福祉等の担当部署に配置されている場合には，既存のコミュニティワーカーとの兼任が多いということです。第2層の配置エリアの範囲によっては多数の生活支援コーディネーターの配置が求められることになりますが，その数を専任で確保することは財政的にも困難といえます。

社会福祉協議会のコミュニティワーカーの配置は，基本的には市町村の独自財源によって補助されている例が多く，兼任の場合には，その財源の一部に地域支援事業費が投入されることになります。その際，独自財源での地域福祉業務と地域支援事業による業務とを明確に区別することは財政運営上必要なことです。地域共生社会推進検討会の「2019最終とりまとめ」（第3章参照）では，介護だけではなく，他の福祉分野での地域支援に関する事業費を一括したブロック補助として，総合的に地域支援に用いることができるような制度改正がめざされています。この点に新たな福祉政策アプローチの糸口を見出すとの政策判断があるようです。介護保険制度と地域福祉との協働という枠組みを越えて，地域支援の人材の人件費をどのように自治体が確保するのか，一括したブロック補助の場合の所管をどのようにするのか，地域福祉行政の形成，地域福

表4-1　兵庫県下の生活支援コーディネーターの配置組織タイプ

第1層		第2層	自治体数
行政	行　政	行政	1
		社協　地域　専任	2
		社協　地域　兼任	**5**
	包　括	社協　地域　専任	1
		社協　地域　兼任	**6**
		なし	3
社協	社協　包括	社協　地域　専任	1
		社協　地域　兼任	—
		社協　包括　専任	1
		なし	1
	社協　地域	社協　包括	1
		社協　地域　専任	**4**
		社協　地域　兼任	**5**
		その他　包括	2
		なし	**4**
行政・社協	行政　社協	社協　地域　兼務	1
	行政包括　社協	なし	1
他の包括		その他　包括	1
な　し		社協　地域　専任	1

（注）包括：地域包括支援センター，社協：社会福祉協議会，地域：地域福祉等の担当部署。
（出所）兵庫県社会福祉協議会調べ。

祉マネジメントの観点から重要な判断が求められています。

3　対象横断型のサービス提供のビジョン――共生型ケアへの注目

2015年9月に出された「新たな時代に対応した福祉の提供ビジョン」は，全世代型のサービス提供を提案しています。そこで想定されているサービスのモデルは，共生型ケアです。都道府県における地域福祉政策として展開されてきた共生型ケアのプログラムについては第1章で触れましたが，国の主導による制度化は，2018年度にスタートした「共生型サービス」として介護保険制度と障害者総合支援制度のそれぞれのなかで，他の制度の報酬を提供できるような仕組みとして導入されることになりました。「共生型サービス」という新たな制度が登場したわけではありません。その普及は，必ずしも順調ではない状況です。

その理由の1つに，共生型サービスの普及をどの行政部署が所管するかという問題があります。申請の手続きでは，介護保険制度の通所介護の事業所が，生活介護の実施を申請する場合は，障害福祉行政ということなります。生活介護を実施している障害の事業所が介護保険の通所介護を申請する場合には介護行政となります。報酬がそれぞれの制度から支給されることも含めて，そのような対応となっています。ただし，その共生型サービスそのもののあり方や普及をめざす場合にどの部署の所管となるかは，明確ではありません。地域福祉行政はそのことにどう関わるか，自治体の判断に委ねられている現状です。

「2019 最初とりまとめ」では，この共生型サービスは扱われませんでした。共生型サービスあるいはこれまでの共生型ケアが，相談支援の包括化や参加支援にどのように関わるか，国においての判断がなされているわけではありません。

介護保険制度と地域福祉の協働のマネジメントは，地域ケア制度と地域福祉の協働のマネジメントとしても読み替える必要があるようです。全世代型のサービス提供の提示は，地域ケアの実体化にすぐに効果を生み出すものではありませんが，方向性としては地域福祉行政の形成に重要な契機を与えています。地域福祉をベースに包括的支援を構想するか，地域包括ケアの実績を踏まえながら全世代型へとシフトするか，二者択一というよりは，地域における実績の成果を踏まえた選択ということになります。

筆者がフィールドワークとしている高知県や東日本大震災の被災地においては，地域福祉をベースにした包括的支援を選択することが求められていると判断しています。その理由としては，地域ケアを担う介護事業所等の資源が十分に形成されていないという地域事情があります。つまり，それだけのケアの市場が形成されていないということです。障害者の分野においては，よりその傾向を強くもっています。その点を踏まえると，地域住民の支え合いのみを重視する地域福祉行政の強化に対して留意が必要となります。「地域づくり」の強調は，同時に地域特性を踏まえた地域福祉の展開を基盤にすることを求めています。

第5章

生活困窮者自立支援制度の機能を高める地域福祉マネジメント

はじめに

1節では，「制度福祉と地域福祉との協働」（段階Ⅲ）から生活困窮者の自立支援を扱ううえで，３つの段階区分での事例研究の位置づけを説明します。導入以前の段階として，生活困窮者自立支援制度に含まれるプログラムが生まれる土壌を形成してきた北海道釧路市を取り上げています。2節では，導入に際してのモデル事業の段階として，担当部署の組織マネジメントの動向を滋賀県下の事例をもとに紹介します。3節は，新たな福祉政策アプローチとして求められている「参加支援」の段階に焦点をあて，地域福祉行政が取り組むべきプロジェクトマネジメントに触れます。

1節　*生活困窮者自立支援制度の導入と地域福祉の土壌*

1　社会的孤立への地域福祉の働きかけと生活困窮者自立支援制度

本章が扱う制度福祉は，生活困窮者自立支援制度（困窮者支援制度と略す）です。生活困窮者自立支援法（2018年度改正・施行）は，第2条の基本理念において「生活困窮者に対する自立の支援は，生活困窮者の尊厳の保持を図りつつ，生活困窮者の就労の状況，心身の状況，地域社会からの孤立の状況その他の状況に応じて，包括的かつ早期に行われなければならない。」と規定しています。地域社会からの孤立への対応を積極的に位置づけ，早期に支援することが求められています。

制度福祉と地域福祉との協働関係の観点からすると，地域福祉が困窮者支援制度において，協働による有効性を発揮するのは，「地域社会からの孤立の状態」への対応ということができます。予防的な支援をはじめ，すでに経済的な困窮状態にあるとともに社会的な孤立状況であることで，困窮状態の改善がより困難となっていることへの支援を含め，地域社会のなかでの支援ネットワークの形成等，地域福祉の貢献は少なくありません。国が本制度に給付行政とは異なる地域づくりの考え方を導入しているのは，こうした地域福祉による支援実績を評価してのことです。

困窮者支援制度の導入以前に，この社会的孤立の問題への対応として地域福祉はどのように土壌づくりに貢献しえたのでしょうか。その制度設計にも影響を与えたといわれる北海道釧路市の実践が注目されます。筆者は，その時期の釧路市の実践を観察する機会に恵まれ，行政とNPOとの協働関係を事例研究としてまとめています（平野・日置 2013）。

制度の導入に際して，第**2**章で触れたようにモデル事業が2年間にわたって実施されました。筆者はその間，滋賀県下でのフィールドワークの機会を与えられ，それぞれの自治体担当者と，事業の委託先である社会福祉協議会の担当者との合同の研究事業を担いました。その成果を踏まえながら，事例研究のフィールドワーク対象の自治体（大津市，東近江市）では，事業の運営にも関与しました。本章**2**節では，その結果をもとに，2つの時期（制度の導入，運用の進展）における生活困窮者自立支援事業の「運営の条件整備」について論じます。**3**節に，今後の課題として，政策用語となった「参加支援」のプログラム開発をどう進めるのか，2つの自治体の事例をもとに地域福祉マネジメントのあり方に引き寄せて論じます。

制度導入以前，導入の試行錯誤，制度の本格運用の3つの段階を貫くマネジメントの基本機能を整理するために，まず，釧路市の事例研究のなかで，困窮者支援制度におけるマネジメントと，地域福祉のA：プログラム，B：計画，C：行政との関係を整理し，**2**節以降の共通枠組みとして採用します。それによって，取り上げる事例は異なるとしても，3つの段階を貫く制度福祉との協働のマネジメントの役割を見出すことができます。

2　制度化に先行する地域福祉の実験――北海道釧路市

2.1　生活保護受給世帯の社会的孤立への接近

釧路市では生活保護率がきわめて高く，国による生活保護における自立支援プログラムの導入（2007年）に際してそれを積極的に活用することで，自立支援の新たな取組みに本格的に挑戦しました。当時，生活保護の自立支援プログラムに含まれる社会生活自立の支援プログラムは，社会的孤立への対応をめざしたプログラムとして設定されていましたが，その実施割合（2008年度）は，経済的自立に関するもの46.1%や，日常生活自立に関するもの44.9%に比較すると，わずか289件（9%）にとどまっています。その背景には，行政が個別の社会関係の支援に取り組むことが困難な状況があるとともに，支援プログラムに地域社会の参加を得ることに躊躇があり，その実践の積み上げが弱いことが挙げられます。釧路市では，この社会生活自立をめざすプログラムに生活福祉事務所とNPO法人（地域生活ネットワークサロン）との共同で取り組み，成果を上げました。

同NPO法人は，当時「コミュニティハウス冬月荘」という拠点を立ち上げ，「居住」機能をはじめ，「集う」機能と「仕事づくり」機能をもつ新たなタイプの実験的な事業の運営を開始しました。その事業に生活福祉事務所は，中学生の学習支援を依頼します。そこでスタートするのが，中学3年生の「高校行こう会」という居場所機能を含んだ学習支援のプロジェクトです。

他方，生活福祉事務所では2004年度にワーキング・グループ会議を設け，2006年度からの自立支援プログラム（国の事業に先行）の実施への提言を受けました。また2011年度にそれらの事業の評価をめぐって，第2次ワーキング・グループ会議を開催しています。同NPOの代表は，当初のワーキング会議に参加し，地域づくり型の自立支援プログラムを提案しています。このように，生活福祉事務所が取り組む実験事業とNPO法人が取り組む実験事業の相互乗り入れによって，それぞれの立場から実験事業をマネジメントするということで，それぞれの内容が充実しました。

生活保護母子家庭の中学3年生の「高校行こう会」の取組みは，生活福祉事務所による社会生活自立支援プログラムのあり方を問い直すものでした。その理由は，拠点である「コミュニティハウス冬月荘」で展開されるプログラムが単線型の支援ではなく，複線型あるいは多機能型の支援であったことにあります。「コミュニティハウス冬月荘」の拠点機能では，6室を抱える「居住」機能をもち，生活保護受給者等の安定した生活拠点を形成し，「集う」機能のなかで展開されるさまざまな日中活動への参加を誘導しています。その「集う」機能のなかでは，中学校3年生の学習支援が取り組まれました。また，生活保護受給者が学習講師を担うといった役割づくりも展開されるなど，「集う」機能のなかで多様な社会関係が確保されています。中学生への受験勉強の支援という学習面だけではなく，日々の送迎，給食の提供の生活支援や，ミーティングやゲストを呼んだ行事などの精神面での支援も行う総合的な居場所づくりとなっています。また，「仕事づくり」機能として，厨房を活用した文字通りの就労訓練がなされています。同時に，託児や配食サービスなど地域のニーズに応じた仕事をつくりだす条件ともなっています。

2.2　地域福祉としての土壌づくり――「循環型地域福祉」の提唱

図5-1は，地域福祉マネジメントの基本機能の枠組みを修正し，先に紹介した釧路市の取組みを浮き上がらせる形で，A，B，CとMの要素を設定しています。生活福祉事務所（C）が，NPO法人などが参加するワーキング・グループ会議（B）を設置し，そこからの提案を受け，2006年度から新たな社会生活自立支援プログラム（A）を実験的に実施します。この過程を通して，地域のNPOと保護行政が社会生活自立支援プログラムの開発と運営において連携するための「公・民によるマネジメント（M）」が展開されたといえます。

こうした公・民によるマネジメント（M）をもつに至った背景には，ワーキング・グループ会議のなかで，地域のNPO法人から，これまでの生活保護行政に自尊感情の醸成やエンパワーメントの支援が欠けていることへの問題提起がなされたことがあります。社会生活自立支援において，新たな地域づくりの発想が必要であることが確認されたことで，「釧路方式」といわれる中間的な

図5-1　社会生活自立支援プログラムの開発・運営マネジメント

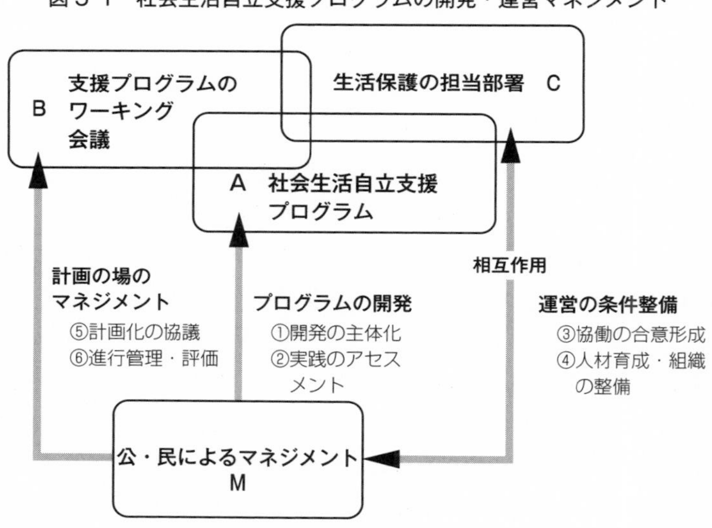

就労の地域的な展開が実現し，就職までは至らなくても，多くの人たちが何らかの活動の場に参加することを積極的に評価しようとする「釧路の三角形[1)]」の支援プログラム（A）が実現したといえます。

他方，地域福祉のプログラムでは，「コミュニティハウス冬月荘」に地域福祉コーディネーターと就労支援ワーカーが配置されることで，新たな地域福祉の拠点事業を実施することができました。その取組みの成果は，「支援を受ける人」対「支援をする人」という固定的な関係を打破し，支援する職員や大人も，支援プロセスを通してエンパワーメントされる参加者相互の支援の連鎖が実現するという「役立ち」の循環です。同NPO法人では，これを「循環型地域福祉」と名づけています。この考え方は，今日の地域共生社会の理念を，先行して示すものといえます。

2節　生活困窮者自立支援事業の運営のための条件整備

1　生活困窮者自立促進支援モデル事業をめぐる成果

1.1　モデル事業実施時点での担当部署およびその変更

困窮者支援制度の導入において実施されたモデル事業の実態を，滋賀県下の都市自治体の取組みから整理しておきます[2)]。滋賀県内の13市のモデル事業の実施体制とその後の本格実施における変化を具体的にみるなかで，モデル事業の意義がみえてきます。表5–1では，担当部署についてモデル事業段階と本格実施段階との比較，モデル事業への参加，必須事業の自立相談支援事業の実施体制等，任意事業（就労準備事業，家計相談支援事業，一時生活支援事業，子どもの学習支援事業）の実施の有無と運営形態（直営・委託）について，比較したものです。

最初に，モデル事業における主管部署では，「生活保護を担当する課が所管する自治体」が8カ所（61.5%），「福祉政策系の課が主管する自治体」が3カ所（23.1%：米原市，大津市，東近江市），「その他」が1カ所（7.7%：野洲市），「未定」が1カ所（守山市）となっていました。なお，全国的な動向としては，主管部局が生活保護部署となっているところが73%と高くなっています。生活保護部署が主な担当課となっている理由としては，「新制度に一番密接に関わる業務を行っている」「生活相談全般が寄せられる窓口である」といった生活保護との関連を重視する理由のほかに，「県からの通知が生保担当部局であったため」といった，国や県からの流れによって担当課が決定されている実態も明らかとなりました。

一方，政策系を担当する課が主管課となっている理由については，課を跨いだ庁内の連携体制の構築が必要であり，それを行うのに適切な部署であることや，地域包括支援センターでの総合相談体制として仕組みを構築するといった理由がみられました。以下で詳細の取組み状況を示すことになる大津市では，2013年度のモデル事業では生活保護を所管する社会福祉課が担当していまし

表 5-1　滋賀県下都市自治体によるモデル事業の取組み状況

自治体名		彦根市	長浜市	草津市	栗東市	甲賀市	高島市
担当課	モデル	社会福祉課	社会福祉課	社会福祉課	社会福祉課	生活支援課	社会福祉課
	本格実施	社会福祉課	社会福祉課	社会福祉課	社会福祉課	生活支援課	社会福祉課
モデル事業	2013						
	2014	●		●	●	●	●
	2014円滑化	●					●
自立相談支援	実施体制	直営	直営	直営	直営	直営	委託：社協
	相談窓口	市役所（社会福祉課）	市役所（社会福祉課）	市役所（くらしのサポートセンター）	市役所（社会福祉課）	市役所（生活支援課）	社協
住宅確保給付金		直営	直営	直営	直営	直営	直営
任意事業＊	就労準備支援	◎ 直営		◎ 委託：労協センター事業団			
	家計相談支援			モデルのみ実施	◎ 委託：社協	○ 委託：社協	● 委託：社協
	一時生活支援	○ 直営		◎ 直営		○ 直営	
	子どもの学習支援	○ 直営	○ 直営	◎ 直営	◎ 委託：社協	○ 直営	（検討中）

（注）　＊任意事業の実施状況は，●は2013年モデル事業から，◎は2014年モデル事業から，
（出所）　平野・奥田（2016）の表を一部修正。

近江八幡市	湖南市	米原市	大津市	東近江市	野洲市	守山市
社会福祉課	社会福祉課地域生活支援担当	福祉支援課	福祉政策課	健康福祉政策課	市民部市民生活相談課	未定
福祉政策援護課	健康福祉部住民生活相談室	福祉支援課	福祉政策課	福祉総合支援課	市民部市民生活相談課	健康福祉政策課生活支援相談室
			●	●	●	
●			●	●	●	
●	●	●	●	●	●	●
直営	直営	直営	直営＋委託：社協	直営＋委託:働き・暮らし応援センター	直営	直営
市役所(福祉暮らし仕事相談室)	市役所(住民総合相談室)	市役所(生活支援課)	①市役所(社会福祉課) ②社協 ③NPO大津夜まわりの会	①市役所(福祉総合支援課) ②働き・暮らし応援センター	市役所内(市民生活相談課)	市役所内(生活支援相談室)
直営	直営	直営	直営	直営	直営	直営
◎ 委託：働き・暮らし応援センター		○ 委託：社協	○ 委託：おおつ「障害者の生活と労働」協議会			○ 委託：就労ネットワーク滋賀
◎ 委託：社協	○ 委託：社協	○ 委託：社協	モデルのみ実施	● 委託：社協	● 直営	○ 委託：社協
			● 委託：民間法人			
○ 直営	(検討中)	(検討中)	● 委託：社協	● 委託：社協	○ 直営＋委託：反貧困ネットワーク滋賀・びわ湖あおぞら会	○ 直営

○は2015年本格実施より開始。

たが，2014年度には福祉政策課に変更となっています。その理由を「庁内体制の構築を行うにあたって，政策部門の担当課が適任であるため」としています。

「その他」に該当する野洲市では「市民部市民生活相談課」が所管しており，その理由としては，消費者行政を中心に多重債務支援に力を入れ，その流れからパーソナルサポート事業，そしてモデル事業へとつながっていることによります。その成果は，「野洲市市民相談総合推進委員会設置要綱」を策定し，関係各課が問題の解決のためにネットワークを組み具体的対策がとれる場を設置することに結びついています。2015年4月からは「野洲市債権管理条例」を制定し，滞納情報を一元的に管理し，支援のきっかけにする体制も整備されています。

1.2　本格実施の段階の変更

本格実施後，担当課に変化がみられた市は，近江八幡市，東近江市，湖南市の3市となっています。近江八幡市は，福祉分野が本庁舎と別棟（本庁舎と別敷地）にあり，生活保護担当（社会福祉課）と福祉総合相談（地域包括支援課，企画機能をもつ）のどちらが担当するかを検討した結果，モデル事業で担当となっていた生活保護担当の課（本庁舎）から福祉施策援護課（社会福祉課からの名称変更）に変更しています。そして，同課は，企画・総務と生活保護を併せもつ課で，「福祉暮らし仕事相談室」を設ける形となっています。

東近江市は，モデル事業では政策担当課が担い各課の調整役を務めてきましたが，本格実施に移行するなかでは，自立相談の窓口をもつ福祉総合支援課（いきいき支援課からの名称変更）が所管する形となっています（その経緯は，第8章で詳述）。湖南市は，健康福祉部のなかに「住民生活相談室」を設置し，そこで生活困窮者支援と消費生活相談を併せもった窓口を設置するという判断を行っています。

モデル事業当初から所管が変更されている自治体も含め，政策系の部署が同制度の実施を担う点に注目してください。生活保護の部署において企画・政策機能が十分でないことが変更の理由の1つです。大津市の場合には，社会福祉協議会において先行する地域福祉の実績に注目するなかで，生活保護の部署から政策系の部署に変更されている経緯があります。モデル事業を実施するなかで，困窮者支援事業がこれまでの給付中心の業務では対応できないことから判断されたと推察されます。また，野洲市のように福祉以外の他の部署に先行する実績がある場合には，庁内連携を進めるために独自の行政部署による対応を選択している点も注目されます。

困窮者支援制度の根幹を担う自立相談支援事業については，滋賀県では大半で直営が選択されています。その傾向は，全国で約8割近くにおいて委託が進んだのと大きく異なります。大津市，高島市（行政と社会福祉協議会の共同事務局），そして東近江市（事業の一部）においては，社会福祉協議会と社会福祉法人に委託されています。大津市の委託の判断については，以下にその経緯を紹介しておきます。

1.3　モデル事業の成果——大津市でのモデル事業の評価

大津市は，東近江市，野洲市と並んでモデル事業を重視している自治体といえます。筆者はそのモデル事業の評価に参加する機会を得るなかで，大津市が選択すべき生活困窮者自立支援事業（困窮者支援事業と略す）のあり方をプロジェクトチームのメンバーとともに提案することができました。

モデル事業では，社会福祉協議会が自立相談支援と家計相談，子どもの学習支援事業を，地域福祉型のプログラムとして試みました。そのモデル事業の過程を踏まえたプロジェクトチームの提言（表5-2）では，これまで社会福祉協議会が地域福祉として取り組んできた実績をもとに（内発型・地域福祉型の学区社協活動），国が想定しているモデル事業の範囲を越えて実験的に取り組んだ成果（循環型をめざした当事者参加，寺子屋プロジェクトなど）を本格実施することが提案されています。文字どおり地域福祉が耕してきた土壌のうえに事業が組み立てられるという，モデル事業の活用といっていいものです。表5-2のような5つのめざすべきタイプとその取組み項目が，そのことを物語っています。

その結果，大津市では，社会福祉協議会が同事業の中核機関として位置づけられ，行政の生活福祉課（住宅確保給付金）をはじめ，ホームレス支援の実績をもつ「大津夜まわりの会」（自立相談支援・一時生活支援）と「おおつ『障害者と生活と労働』協議会」（就労準備支援事業）などの参加を得ながら，ネットワー

表5-2　大津市のモデル事業の取組みからの生活困窮者自立支援事業のあり方の提言

タイプ	取組みの内容・項目
内発型	子ども学習支援としては，中3学習会や「寺小屋プロジェクト」などをすでに実施してきた。この取組みを活かし広げる。
循環型	当事者の力を活かす取組みを実施する。生活困窮者の当事者が集まれる当事者サロン(ふわりサロン)を開催するなかで，チラシづくりやPR活動の意見を出してもらった。今後も「当事者の力を借りる方法」を常に検討する。
地域福祉型	「弱さの情報公開」を心がける。市や社協でできないことは，地域に助けてもらう。小地域での学区社協活動に生活困窮者支援のための「生活支援物資」を集めてもらい，生活困窮者に提供している。学区社協に法外援護資金を設けてもらい，小額の貸付をしてもらっている。今後は，小中学生の長期休暇の宿題支援として寺小屋プロジェクトを提案する。
柔らかステップ型	市役所のフロアに大津ハローワークを開設。生活困窮者用に活用する。その人にあった就労支援の多様な活動の場を確保するため，ボランティア活動，福祉事業所，観光事業，お寺とも連携していく。
ネットワーク型	市内の相談機関の連絡会を活用する。地域住民を巻き込んだ地域ケア会議の活用を図る。毎月実施している相談機関連絡会(28団体・機関)や精神保健福祉部会(25団体・機関)を活用する。専門職が共同して取り組むことで，成功体験を積み重ねていく。

ク型の事業運営体制を整備しました。

釧路市にみた先行する段階（図5-1）の次の段階であるモデル事業に取り組んだ大津市の事例を整理しておくと，図5-2のようになります。生活保護部署から福祉政策課への所管の変更（C）がなされたこともあり，政策系の部署にとっては実働部隊との連携が必要なことから，モデル事業の検討・評価の取組み（B）を社会福祉協議会との「公・民によるマネジメント（M）」で実施しています。制度が求める必須・任意のプログラムをどのように実施するのか，既存のアセスメント作業が着手され，その結果が表5-2のように整理されました。モデル事業のなかで，これまでの社会福祉協議会が取り組んできたプロジェクト方式が注目され，任意事業の本格実施に向けた基盤（制度福祉と地域福祉との協働）として機能することが評価されています。表5-2にある「寺子屋プロジェクト」や「生活支援物資（プロジェクト）」が，それに相当します。とくに注目すべきは，循環型として実験的に取り組んだ当事者参加のサロン活動（ふわりサロン）が，制度導入以後も継続されることが合意されたことです。それは，公・民マネジメントによる取組みの成果といえます。なお，大津市社会福祉協議会編（2019）において，社会福祉協議会が取り組んできたプロジェクト

図 5-2　生活困窮者自立支援事業導入の合意形成のマネジメント

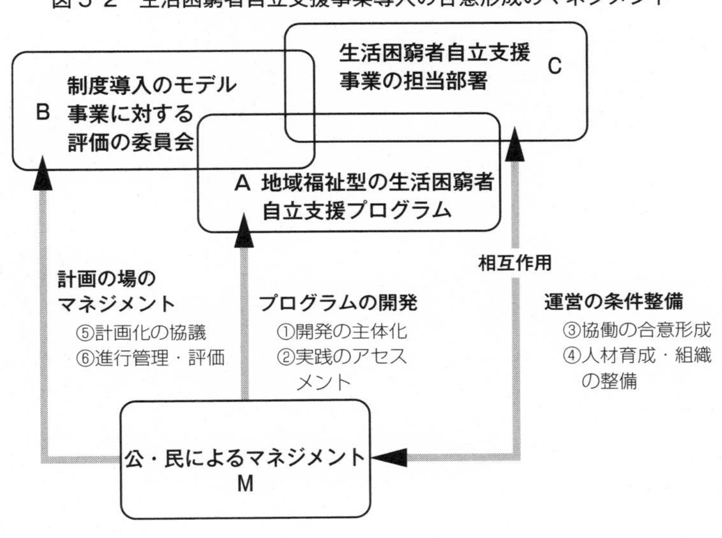

方式の整理がなされ，職員の「気づき段階」から「プロジェクトの企画段階」，そして「プロジェクトの具体化」へと組織的な取組みが展開する方法として定式化されています。

こうした公・民によるマネジメントの経験を，モデル事業以降の本格実施の段階において，どのように継続させるのか。福祉政策課が判断したのは，外部の第三者が参加する「運営協議会」を設置することです。

2　協議や評価の場としての「運営協議会」の設置——計画策定の場の代替

モデル事業の実験的な模索や取組みの評価作業を恒常的に用意すること，つまり事業の進行管理の仕組みをつくることが重要といえます。大津市では，それを同事業の運営協議会の場の組織化として取り組みました。地域福祉マネジメントの基本機能では，地域福祉計画による場のマネジメントが重視されていますが，困窮者支援事業では，一般的に単独の行政計画としての位置づけが困難な状況であり，また地域福祉計画に盛り込むにしても，部分的な協議になっ

図 5-3　大津市における推進体制の整備状況

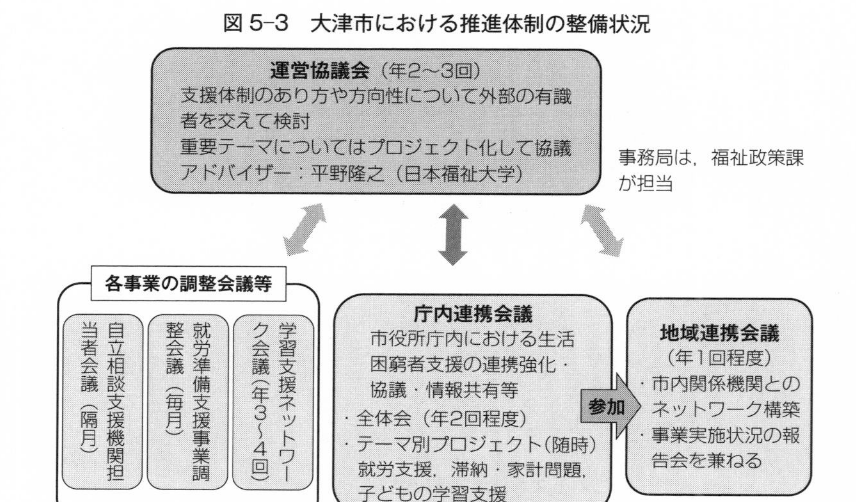

（出所）　大津市社会福祉協議会『平成 30 年度大津市生活困窮者自立支援事業報告書』から作成。

てしまう傾向にあります。むしろ，協議の場としてのマネジメントを扱ううえでは，運営協議会等の場を活用することが有用といえます[3)]。

「運営協議会」の仕組みは，図 5-3 のように３つの会議体を総括する位置にあり，毎年度の事業評価のための報告書の作成をはじめ，庁内連携会議のもとに具体的な課題を解決するためのテーマ別のプロジェクトの立ち上げなどを判断しています。プロジェクトに結びついている内容としては，①滞納問題への対応（家計相談〔改善〕支援のあり方や収納担当部門との連携方法，支援の効果測定），②就労準備支援事業の強化（同事業の利用のための支援，つまり「就労準備の準備」の支援の取組みの評価）などがあります。地域連携会議では，相談の受付シートの統一化やより広い地域の多様な機関との連携をめざすフォーラムの開催などに取り組んでいます。

運営協議会では，「就労準備の準備」という支援内容として自立相談支援の新たな取組みに注目しました。「就労準備の準備」が就労準備支援の期間が限定されていることからの調整期間を意味していることをはじめ，支援プランの作成以前において，釧路市の事例（釧路の三角形）のような多様な中間的なステージが確保され，さしあたりの社会的な役割が与えられるなど，多様な支援の必要性とその資源が蓄積されています。3節で詳述することになりますが，モデル事業のなかで取り組んだ当事者によるサロン活動（ふわりサロン）も，そのような準備のステージの1つの機能を発揮するものということができます。支援プランの作成に結びついていない状況に対して，支援の継続性を確保する仕掛けとして，この「就労準備の準備」という段階を制度運用上の1つの仕組みとしてどう構築していくか，運営協議会からの行政への提案が求められます。こうした制度にのらない支援をどのように運用上の仕組みとして承認していくか，そのための予算のあり方など，地域福祉との協働を確保するためのマネジメントとして重要な取組みといえます。

3節 「参加支援」のプロジェクトマネジメント

1 「参加支援」のプロジェクト化

地域共生社会推進検討会では，これまで困窮者支援事業のなかで「出口支援」といわれてきたプログラムが，制度の制約を越える視点から「参加支援」と表現されるようになっています。「2019年最終とりまとめ」のなかでは，「相談支援と一体として機能し，多様な社会参加に向けた支援の機能を確保すること」を求めています。その社会参加の具体的なイメージには，就労支援，居住支援，学習支援などが例示され，困窮者支援事業の任意事業などの既存制度による支援との連携の必要性が指摘されています。

「参加支援」を事業化する場合に，困窮者支援制度に依拠しすぎると，厳格な制度適用に基づく参加要件が問われることになり，幅広い政策アプローチが生まれることが阻害されます。これまで触れた制度以前を含む3つの段階のなかで共通しているプログラム開発の方法が，プロジェクト方式といえるものであり，地域福祉がもつ自発性・実験性に依拠したものでした。釧路市のNPO法人では，プロジェクトを生み出す過程として，まず「たまり場」があり，そこでの「つぶやき」を「課題として感じる人」（生みの親＝ニーズマスター）の提

図5-4　就労支援のプログラムの参加を支える「ふわりサロン」

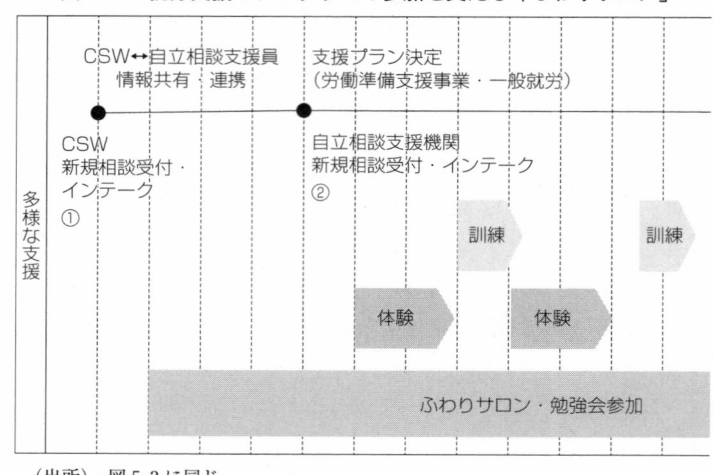

（出所）　図5-3に同じ。

案を，行政と関係者が受け止め，実験事業（プロジェクト）に着手するというプロセスを定式化しています（平野・日置 2013)。大津市の職員の「気づき」から「プロジェクトの企画」そして「プロジェクトの具体化」へという組織的な取組みの定式化にも，同様の職員による「生みの親」の機能が担保されています（大津市社会福祉協議会編 2019)。また，大津市の運営協議会では，テーマ別のプロジェクトを立ち上げ，自発的な活動を評価する作業が取り組まれています。

このように参加支援は，制度福祉と地域福祉との協働のプロジェクトによって条件づけられる要素をもち，絶えず実験性や開発性の強いプログラムとして捉えることが必要です。大津市の困窮者支援事業のなかで注目すべきプロジェクトは，2014年1月よりモデル事業のなかで，ゆるやかな居場所づくりとして始まった当事者サロン「ふわりサロン」です。ふわりサロンは，地域活動・ボランティア活動への参加やイベント等の協力を通じて，まずは気軽に話せる仲間を身近な地域でつくることが「孤立からの脱却」につながるという発想で，月1回取り組まれているものです。

ふわりサロン発足より5年が経過し，毎回，さまざまなメニューを取り入れ，たくさんの人と触れ合う場面をつくることにより，参加者同士が顔見知りにな

——Aさんの事例

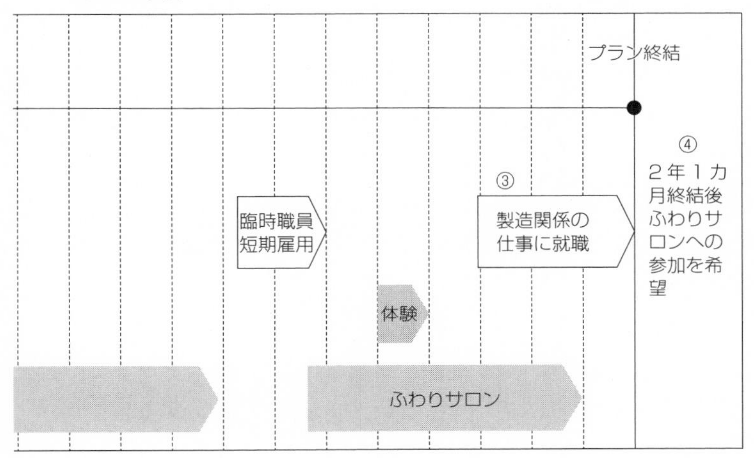

り，言葉を交わす関係性を築けるという効果が明らかになっています。当初，長くひきこもっていたり，コミュニケーションが苦手で人と話すことができなかった人が，第1歩を踏み出すための社会参加の場として機能しています。

ふわりサロンの参加者の典型的な事例を紹介しておきます。20年以上家族以外の人との関わりがなかったAさん（現在40歳代）のふわりサロンとの関係を図示したものが，図5-4です。AさんがCSW（コミュニティソーシャルワーカー）によって把握され，自立相談支援員へと送致されるステージ①，支援プランが作成され，就労体験，就労訓練と経験を積むステージ②，そして短期就業・就労体験を積み重ね一般就労するステージ③，さらには，一般就労を達成した後のステージ④，といった4つのステージのいずれにおいても，ふわりサロンへの参加が必要であったことを示しています。ふわりサロンという相談できる場所があること，就労体験，就労訓練で疲れたとき，仕事の定着に向けての不安なときの息抜きの場所，そして同じ仲間たちの助けに関わりたいときの場として，それぞれのステージにおいて機能しているといえます。支援者にとっても，何気なくフォローの支援を継続していく場として有用です。ふわりサロンへの参加をきっかけに就職活動を開始し元気になっていく姿に，支援者もパワーをもらうといった，相互エンパワーメントの場であるともいえます。

2 「参加支援」のプロジェクトマネジメント

本章における制度福祉と地域福祉との協働の場面として，ふわりサロンの取組みに注目しました。このふわりサロンは，ゆるやかな居場所づくりの参加支援プログラムといえるものです。なぜなら，1つは，居場所を提供するという点で参加の場そのものであり，もう1つは，居場所を通して，各種就労の段階（体験，訓練，短期就労，一般就労）をステップアップする参加支援としての機能をもつといえるからです。

「2019年最終とりまとめ」における参加支援のプログラム化の理解において，困窮者支援事業という制度福祉サイドからの既存資源の活用にとどまることを回避することが求められます。参加支援プログラムあるいは参加支援プロジェクトとしての地域福祉の強化に理解を拡げる必要があります。2020年の社会福祉法の改正による新たな事業化では，財政的支援を伴いながら，自治体の裁量性の高い制度設計が期待されます。本書が提起する「加工の自由」が，新たな政策環境のもとでも，取り組まれる必要があるということです。

本章のまとめとして，困窮者支援事業の担当部署の役割にとどまらず，地域福祉行政の形成にまで視野を広げて，参加支援プログラムを論じることに挑戦しておきます。図5-2の発展形としての図5-5は，それを考えるための仮説的なモデルです。

制度以前（釧路市），モデル事業（大津市）のそれぞれのマネジメントの基本機能図と比較すると，A：プログラムでは，社会生活自立支援から小地域福祉による支援，そして参加支援へと展開しています。またB：協議の場（計画）では，ワーキング会議からモデル事業の評価委員会，そして運営協議会へと変化しています。もっとも特徴的なのが，C：行政組織では，生活保護部署から困窮者支援事業の担当部署，そして地域福祉行政となっています。困窮者支援制度の開発・導入・普及のなかで，同制度福祉と地域福祉との協働を担う地域福祉マネジメントを有効に機能させることによって，その成果が地域福祉行政の形成に結びつくという考え方に立っています。困窮者支援事業の担当部署が，たとえば地域福祉担当部署とは別に形成されているとしても，地域福祉担当部署は地域福祉マネジメントを活用して，「制度福祉と地域福祉との協働」とし

図 5-5 生活困窮者自立支援事業の地域福祉マネジメント

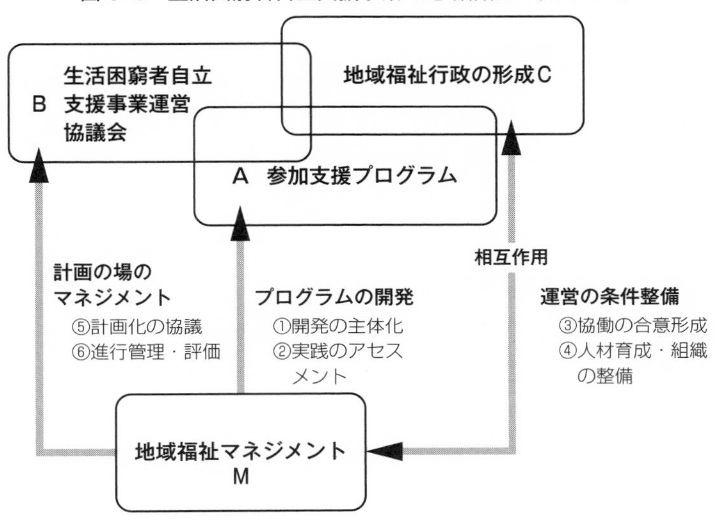

てのプログラムの開発・運営を担うというモデルです。そのための出発点は，困窮者支援事業の運営協議会での課題の把握であり，地域福祉プログラムとしての対応の提案にあります。

つまり，図 5-5 の運営協議会での課題提起（B）→地域福祉による参加支援プログラム（プロジェクト）の開発（A）→地域福祉行政の形成（C）という循環を地域福祉マネジメント（M）が推進するというモデルを想定しています。困窮者支援事業という制度福祉サイドからの既存資源の活用による参加支援プログラムではなく，地域福祉による参加支援プロジェクトへの着手がなされる。そのなかで，そのプロジェクトに参加する利用者そのもののニーズがプログラムの内容を整えることで，参加支援プログラムとして事業化されるというマネジメントプロセスが重要と考えます。こうしたプロセスを可能にするのは制度福祉としての事業ではなく，制度福祉との協働関係で機能する地域福祉の事業ということです。

第 8 章で触れることになりますが，東近江市の「チーム困救」という任意団体は，就労準備事業を発展させる参加支援プログラムを開発しています。地域の企業や団体が手伝ってほしい作業（地域の困りごと）が集まってくる仕掛けをつくり，農業・林業や工業，さらにはサービス業などの地元の企業が参加することにより，就労準備に相当する多種多様な仕事について，それぞれの利用者に対してマッチングするプロジェクトを開発しています。同プロジェクトは，多様な利用者の就労・定着支援に寄与するだけでなく，同時に企業や団体の困りごとを解決することで地域活性化に貢献しています。地域活性化というインパクトにまで参加支援プログラムが拡がるためには，相談支援部署ではなく，地域福祉のマネジャーが各アクター間の合意形成や参加を確保することが重要といえます。

それぞれの自治体において，困窮者支援制度の機能を高めるうえで，地域福祉行政がどのような役割を果たすことができるのか。地域福祉行政を担うマネジャーは，困窮者支援事業の運営状況に関心をもち，参加支援プログラムの開発のための全庁的な連携の仕組み，庁外での新たなプラットフォームの形成をめざす必要があります。以下の第Ⅲ部では，３つの自治体における困窮者支援事業の取組みを紹介しています。

注

1）「釧路の三角形」を簡略化して図式化しておくと，次のような図となります。なお，詳細な図としては，釧路市福祉部生活福祉事務所編集委員会（2009）の35頁を参照して下さい。

図5-6　釧路市の自立支援プログラムのしくみ

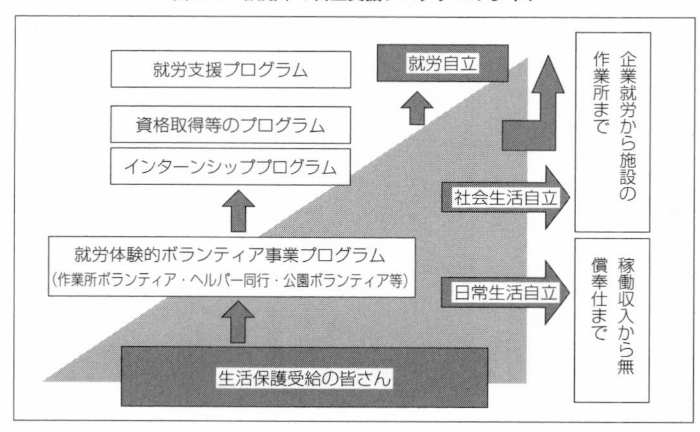

（出所）　平野・原田（2010）

2) 滋賀県社会福祉協議会が組織する形で，2013年7月〜15年1月の間に，合計7回の「社会的孤立・生活困窮者支援に関する実践研究会」を開催するなかで，実施した調査結果をもとにしています（日本福祉大学 2015）。

3) 大津市の「運営協議会」の仕組みは，芦屋市では「推進協議会」，東近江市では「地域生活支援計画運営推進会議」として取り組まれています。こうした「運営協議会」等が，どの程度企画・政策的な要素をもっているかが課題となります。筆者は，それら3カ所にアドバイザー等として参加し，その機能を高める方法を模索しています。

第6章

権利擁護支援の計画策定・進行管理と地域福祉マネジメント

はじめに

３番目の制度福祉として，成年後見制度利用促進法を取り上げます。成年後見制度そのものは民法であり，福祉制度とはいえません。成年後見制度の利用を促進する条件整備としての制度福祉を対象とし，地域福祉との協働を扱います。とくに，条件整備の１つといえる利用促進計画の策定と進行管理を対象とします。1節では，利用促進計画と地域福祉の関係を概説し，2節では，利用促進計画の広域策定の事例研究から，地域福祉マネジメントに結びつく方法を抽出し，権利擁護支援の計画化を通した地域福祉行政への波及を整理します。3節では，包括的な支援体制整備における権利擁護支援の役割について解説します。

1節　*制度福祉と地域福祉との協働から捉える権利擁護支援*

1　成年後見制度利用促進計画と権利擁護支援

2016年の成年後見制度の利用の促進に関する法律（成年後見制度利用促進法）の成立を受けて，国の地域福祉課に配置されている利用促進室は，市町村に対して「成年後見制度利用促進計画」（利用促進計画と略す）の策定を誘導しています。そのなかで，成年後見制度の啓発・相談や受任調整等の利用促進の機能をもった「中核機関」の設置と「地域連携ネットワーク」の形成といった成年後見制度の利用促進を図る条件整備に関する計画を求めています。その根拠となるのが，成年後見制度利用促進法における市町村の努力義務を謳った次の規定です。「市町村は，成年後見制度利用促進基本計画を勘案して，当該市町村区域における成年後見制度の利用の促進に関する施策についての基本的な計画を定めるよう努めるとともに，成年後見制度等実施機関の設立等に係る支援その他の必要な措置を講ずるよう努めるものとする」（第14条第1項）。しかし，2019年9月現在，策定率は7.3%にとどまっています[1)]。

その背景には，市町村において，成年後見制度の利用支援における実務部門はあるものの，企画・計画機能を発揮する部門が未整備という状況があります。さらに，実務は高齢者福祉部署と障害者福祉部署とに分かれており，どちらの部署が計画をリードするかについては，双方に躊躇があるのが現状です[2)]。その点の克服をめざして，国は市町村による利用促進計画の策定に向けて，『地域における成年後見制度利用促進に向けた体制整備の手引き』（2017年），『成年後見制度利用促進に向けた実務のための手引き』（2018年），『市町村成年後見制度利用促進基本計画策定の手引き』（2018年）を提供しています。それらの基本的な策定枠組みは，権利擁護支援のための地域連携ネットワークおよび中核機関の4つの機能（啓発，相談，利用促進，後見人等の支援）の段階的な整備などとなっています。

多くの自治体は，計画策定の単体化（計画内容の単独化による策定）ではなく，地域福祉計画のなかに組み込む方法を選択しようとしています。それを踏まえて，「制度福祉と地域福祉との協働」として，成年後見制度利用促進制度と地域福祉の接点領域の内容を，地域福祉マネジメントの対象（A：プログラム，B：計画，C：行政）として設定することを試みたものが，図6-1です。B：地域福祉計画がどのような役割を果たすことになるかが，さしあたり重要な課題ではありますが，本来は，計画項目としてのA：プログラムの内容をどう設定するのかが，もっとも重要な検討課題です。そして，C：行政担当部署の整備内容が，地域福祉行政の形成に影響を与える点にも関心を置いています。

法律で求められている「成年後見制度等実施機関の設立」とは，いわゆる中

図6-1　成年後見制度利用促進計画と地域福祉の関係

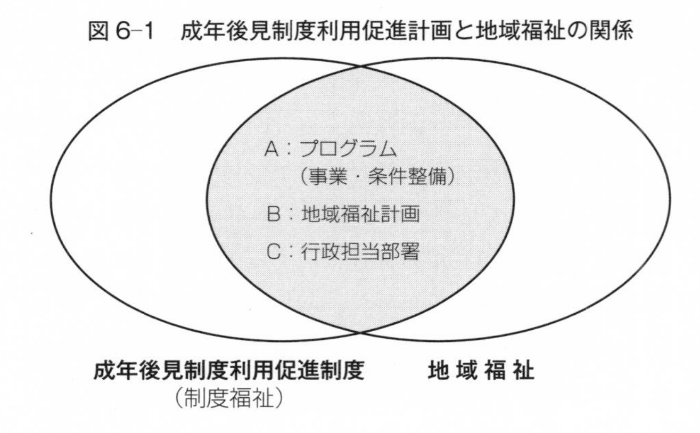

核機関の設置と理解されていますが，法人後見等を担う成年後見センター，あるいは幅広く権利擁護を担うセンターの設置とその事業内容を設定することが，先行すべきと考えます。A：プログラムの部分には，具体的な成年後見制度の利用促進に係る直接的な事業，たとえば利用支援事業の内容や基準づくりが含まれ，条件整備プログラムでいえば，先に触れた成年後見センターや権利擁護センターの整備ということになります。そのセンター整備のなかで，国が求める中核機関の4つの機能や地域連携ネットワークの役割が求められていることになります。

各事業（プログラム）が円滑に推進されるためには，専門的な成年後見センターの立ち上げや運営（委託）の支援に関する業務を行政が担うことが必要となります。これが，図6-1のC：行政担当部署の役割に相当するものです。ただし，センター支援という表現を用いたのは，行政が直営で引き受けるためにはいくつかの課題があると判断しているからです。業務の専門性が高いこと，市町村長申立においては直営でないセンターによる法人後見としての対応が求められること，そしてセンターとの連携を担う相談機関においても民間の機関に委託されている場合が多いことなどが，その理由として挙げられます。実際のセンターの委託・補助の割合は94.4%に達しています。なお，市町村におけるセンターの設置率は25.4%となっており，その3分の1は複数自治体による広域設置となっています（いずれも全国数値で，2019年9月現在のもの）。

2　地域福祉行政と権利擁護支援

地域福祉計画のガイドラインにおいても，「市民後見人等の育成や活動支援，判断能力に不安がある者への金銭管理，身元保証人など，地域づくりの観点も踏まえた権利擁護の在り方」を計画に盛り込む内容として示しています。計画的に推進するために，利用促進計画を地域福祉計画に盛り込むとしても，地域福祉のプログラムとして，ガイドラインで示された「地域づくりの観点も踏まえた権利擁護の在り方」の検討をどこまでできるのか，地域福祉行政としてどこまでの条件整備が可能となるかなど，多くの課題を残しています。もともと，行政の担当として地域福祉部署がどのように関わるのかも合意されていないこともあり，地域福祉計画に盛り込まれた場合，その責任部署としてはどうなるのかといった問題も生じてきます。

現状としては，成年後見制度との関連での「権利擁護支援」における市町村の行政課題には，次のようなものが挙げられます。第1は，成年後見制度を必要とする人が利用できるようにする市町村長申立の役割があります。2000年の民法改正による成年後見制度の成立，それに伴い老人福祉法（第32条），知的障害者福祉法（第28条），精神保健福祉法（第51条の11の2）の改正において市町村長申立が規定されました。しかし，その実績には市町村間で大きな格差がみられます。第2に，同時期に導入された社会福祉協議会が運営する「地域福祉権利擁護事業」（現在は「日常生活自立支援事業」）との連携があります。判断能力が不十分な者に対して，福祉サービスの利用に関する援助等を行うことにより，地域において自立した生活が送れるよう支援する事業として普及することが期待されます。国の財政面での補助が弱く，市町村事業としての支援の手立てが必要となっています。第3に，地域包括支援センターや障害福祉分野の基幹相談支援センターによる権利擁護業務の組み立て，第4に，虐待防止法における市町村申立や成年後見制度の活用などがあります。

地域福祉行政としては，第2の「日常生活自立支援事業」の強化課題（ガイドラインでの判断能力に不安がある者への金銭管理に相当）には直接的な関係をもちうるとしても，他の課題については，対象別福祉の部署との連携を図るという対応が現状のところといえます。地域福祉を推進するうえで，弱い立場の人の権利侵害を防ぎ，判断能力の乏しい人の代弁を強化するという支援理念を確立し，地域生活支援の基盤として重視することを地域福祉行政上の課題として，高い優先度を設定しているという現状ではありません。理念や目標として地域福祉計画に盛り込まれるとしても，そのための具体的なプログラムや組織基盤にまで着手されている現状ではないといえます。本書は，そのような現状の改善の契機として，利用促進計画の策定を位置づける立場をとっています。そのことを明確にするために，地域福祉計画のなかで議論するのではなく，単体での計画策定作業への挑戦を提案しているのです。

3 「基本機能」からみたボトムアップの策定方法

筆者は利用促進計画を地域福祉計画のなかで扱うのではなく，単体での計画策定が重要と考えています。とくに成年後見センターあるいは権利擁護センターが先行して設置され，機能している場合には，単体の計画策定が可能と判断しています。その場合には，既設センターが求められる中核機関としての機能を現状でどこまで担っているのか，その評価が策定の出発点となります。そのように考えると，計画策定の類型化は，既設センターの有無で大きく分ける必要があり，設置率が４分の１に達していることからしても，単体の計画策定は妥当といえます。なお，広域計画を単体の計画として策定する場合，構成市町村は，広域計画の内容をそれぞれの地域福祉計画に反映させることになります。

権利擁護支援の単体の計画化のなかで，地域福祉マネジメントとして示してきた機能を採用することで，地域福祉行政としての権利擁護支援を模索することができると考えます。そこで，そのような観点から，大学の研究プロジェクトとして，以下に紹介する愛知県尾張東部圏域での広域計画策定に協力しました。ただし，地域福祉マネジメントが想定している「地域福祉行政の形成」というねらいについては，広域行政の計画であることから，直接的な影響を把握することは，今後の進行管理を待たざるをえません。

地域福祉マネジメントの「基本機能」の構図を用いながら，尾張東部圏城での広域計画の策定方法を仮説的に整理をしておきます。地域福祉計画の位置に，

図6-2　権利擁護支援の計画化をめざすマネジメントの構造

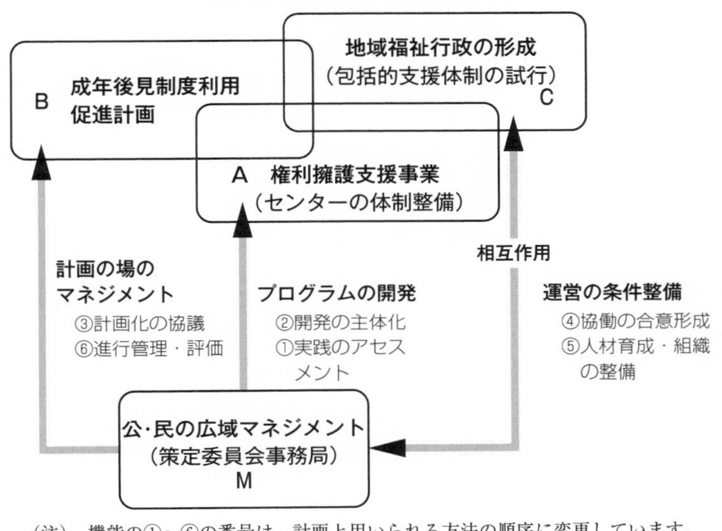

（注）　機能の①～⑥の番号は，計画上用いられる方法の順序に変更しています。

権利擁護支援の計画化としての「B：成年後見制度利用促進計画」を，同計画に盛り込まれる「A：権利擁護支援事業」を地域福祉プログラムの位置に置くことができます。それらの取組みを支える役割と，それらの成果を「C：地域福祉行政の形成（包括的支援体制）」に結びつける役割を果たすのが，「公・民の広域マネジメント（M）」（広域行政と既設センターの協働）の役割で，地域福祉マネジメントの位置に置くことになります（図6-2）。

権利擁護支援を担う行政が取り組むA：権利擁護支援事業（プログラム）は，行政課題として触れた支援プログラムとともに，中核機関の体制整備プログラムが含まれることになり，その内容をどのような事業とするのかの判断が，B：成年後見制度利用促進計画によって協議され，計画に盛り込まれます。どのような行政部署がそれらの支援プログラムを担うのか，また利用促進計画の策定過程で行政組織の体制整備が明確になるなかで，C：地域福祉行政の役割も判断されることになります。また，権利擁護支援の事業内容によっては，包括的支援体制の重要な役割を担うことも可能であり，地域福祉行政の形成が進展することにもつながります。もちろん，権利擁護支援に関する行政部署が独立して形成される場合もあります。

公・民の広域マネジメントは，権利擁護支援事業（プログラム）が進むような計画策定を支援することになりますが，本章では，先のような問題意識から地域福祉行政の形成にも寄与することを想定しています。権利擁護支援が行政業務として定着するためには，絶えず進行管理の機能の形成に向けてのマネジメントが必要となり，その結果として地域福祉行政が進展することになるといえます。図2–2における段階Ⅳの「包括的な支援の体制整備」において，権利擁護支援が計画のうえでどのように位置づけがなされるかも検討課題といえます。

地域福祉マネジメントのツールとしては，制度福祉としての成年後見制度利用促進法によって求められている利用促進計画の策定となります（図6–2のM→B）。基本機能①～⑥を用いて，その作用を整理すると，既設の成年後見センターの事業実績の評価（①実践のアセスメント）が先行します。それとともに，これまで必ずしも権利擁護支援に積極的でなかった行政の主体化を図ります（②開発の主体化，M→A）。それらの作業を通して，計画項目の協議が進みます（③計画化の協議）。その過程で，策定委員以外のメンバーへの働きかけが進み，計画項目への④協働の合意形成がなされます。計画項目のなかで，⑤人材育成・組織の整備が担保されます（M→C）。さらに計画の策定後においては，⑥進行管理・評価の取組みによって権利擁護支援の行政における定着化を図ります。

2節　利用促進計画のマネジメントプロセスの分析[3)]　——愛知県尾張東部圏域の事例

尾張東部圏域での利用促進計画策定および進行管理の過程で，多くの成果が見出されました。上記の①～⑥の作用手順をもとに，実際の取組みを示すと，表6–1の4つの段階ごとの内容とその成果となります。

表 6-1　尾張東部圏域での計画策定のマネジメントプロセス

	Ⅰ：事業実績の評価（第１～２回）	Ⅱ：計画活動の取組み（第３～４回）	Ⅲ：計画項目の判断（第５～６回）	Ⅳ：計画の進行管理（策定後年２回程度）
ボトムアップ方式	センター評価（支援と条件整備）			継続的な評価
プロセス重視		調査活動と試行的事業		調査活動の継続と本格実施
主体間の連携			計画の体系化（主体の明確化）	連携会議等の評価
策定委員会のマネジメント	調査等チームの主体化	外部メンバーへの働きかけ	自治体間での合意形成	課題別の進行管理作業

1　計画策定のマネジメントプロセスの概要

2018年度に愛知県尾張東部圏域で実施した権利擁護支援の計画化プロジェクト[4)]では，国の「手引き」においては必ずしも類型的に扱われていない「成年後見センターによる実績をもつタイプ」による計画化をめざしています。その理由には，計画化に求められる中核機関の設置の前提として，成年後見センターあるいは権利擁護センターの設置が必要であるという判断があります。地域福祉マネジメントが機能を発揮するのは，体制整備としてセンターが存在し先行する実践に取り組んでいるからです。国のガイドラインに対する「加工の自由」は，そのような先行実践の成果を生かすための加工であり，地域における実績のうえに制度運用をめざすという地域福祉の考え方に立脚しています。

権利擁護支援の計画化プロジェクトの対象地域は，愛知県下における瀬戸市，豊明市，日進市をはじめとする５市１町からなる尾張東部圏域を中心としながら，豊田市と知多圏域（5市5町）等を含んでいます[5)]。分析の中心をなす尾張東部圏域では，広域行政が立ち上げた尾張東部成年後見センター（NPO法人の運営）が８年の事業実績をもち，多くの成果を生み出しています。

2018年度に策定が開始された尾張東部圏域成年後見制度利用促進計画では，図6-2に示したマネジメントの仮説をもとに，次のような策定方法が選択されています（表6-1）。公・民による策定委員会（事務局）と大学研究プロジェクトとが協働することで，いくつかの実験性の高い計画策定の方法が導入されています。策定プロセスとしては，６回の委員会を設定し，それぞれの段階において，Ⅰ～Ⅲの課題を設定するとともに，策定委員会のマネジメントの目標を明確にしています。

第Ⅰ段階における策定方法としては，ボトムアップ方式の考え方から，尾張東部成年後見センターの評価作業を先行させています。同時に，第Ⅱ段階において権利擁護支援ニーズ等を把握するための調査活動を実施することから，策定委員会のもとに調査等のチームを設定し，行政側の委員が主体的な参加をめざす機会を確保しています。策定プロセスを重視する立場から，計画課題となる事業において試行的に実施してみるという試みを採用しています。これは広域での計画項目の判断を行ううえで，合意形成の方法として取り組まれています。第Ⅲ段階では，計画の体系化を図る論議とともに，広域における計画項目の実施主体として，行政とは別に，実質的な権利擁護支援の担い手となる広域のセンターや地域連携ネットワーク組織を位置づけることをめざしています。

このような計画策定の方法は，策定委員会のマネジメントが示すように，促進計画の項目として求められる「地域連携ネットワークの形成」をめざすためのものです。たとえば，策定委員の主体化を図るための調査等チームの設置をはじめ，調査活動や試行的事業により委員会以外のメンバーへの参加を働きかけるなど，センター以外の主体にも，権利擁護支援への参加を求め，地域での連携ネットワークの輪を広げようとする方法です。当初から第Ⅳ段階における進行管理を想定した計画策定をめざすことを展望しています。計画の実施過程で，地域連携が具体的に進んでいくことになりますが，そのための協議の場が用意されているわけではありません。むしろ，計画の策定過程で連携の機会があったとすれば，計画策定後にそれを喪失することになるのは大きな損失です。とくにNPO法人によるセンター運営の場合には，連携の場を定期的に確保するのは容易なことではありません。計画の進行管理の機会をうまく活用した地域連携ネットワークの中核的な機能を発揮することが必要です。

図 6-3　尾張成年後見センターの相談員の業務時間の構成（2017 年 6 月）

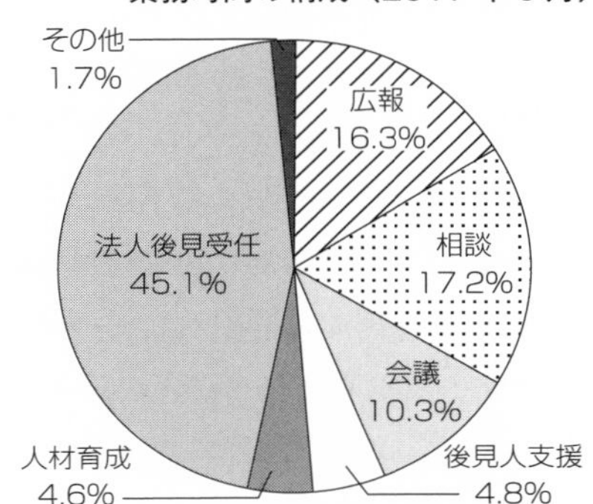

（出所）『尾張東部圏域成年後見制度利用促進計画』2019 年 3 月。

2　計画策定のボトムアップ方式の実験

2.1　センター評価の段階

表 6-1 の第Ⅰ段階（第 1 ～ 2 回）は，ボトムアップ方式による既設センターの実績の評価です（①実践のアセスメント：図 6-2)。「センター評価」には，2 つの対象が含まれます。1 つはセンターのスタッフによる「個別支援」と，もう 1 つはセンターのスタッフの支援機能を支える「条件整備」に関する評価です。センターの実績を対象として，中核機関に求められる 4 つの機能に沿った評価がなされるとともに，条件整備という組織レベルでのアセスメントが実施されています。センターに対する中核機関の実施の意向が確認されるとともに，すでに定着し受任調整として機能している「専門職協力者名簿登録者制度[6)]」のさらなる充実が期待されました。また，以下に示すセンターにおける業務調査の分析をもとに，法人後見業務の遂行と中核機関機能の実施とのバランスを持続するための条件整備の課題が協議されています。

センターにおける業務調査結果（図 6-3）では，すべてのセンター業務のうち，法人後見受任に関する業務量（時間）は，全体の 45.1% に抑えられており，相談業務や広報業務がそれぞれ 17.2%，16.3% となっています。法人後見の業務が 50% を超えないようにコントロールされ，相談等の受託事業の質が低下しないように配慮されています。中核機関に求められる機能を実現する条件としては，専門職協力者名簿登録者制度の活用により，専門職後見の利用促進をシステムのなかに組み込み，同センターが法人後見受任するケースを限定することが必要となります。

なお，利用促進計画の守備範囲の判断が，第1回の委員会でなされています。そこでは，本計画は，名称として「成年後見制度利用促進計画」が採用されていますが，広域行政による権利擁護支援計画としての性格が選択されました。「虐待対応・予防」や「日常生活自立支援事業との連携」などを計画の守備範囲に盛り込むことを視野に入れ，「尾張東部成年後見センター」であった名称についても，「尾張東部権利擁護支援センター」との変更がなされています。

2.2　調査活動と試行的事業

第Ⅱ段階（第3～4回）は，計画プロセスのなかで参加委員およびその組織の主体化を図るための計画活動として，調査活動と認識されている課題への試行的な取組みがあります（②開発の主体化）。センター評価作業で指摘される条件整備の課題から，たとえば，虐待対応のための専門性の確保や日常生活自立支援事業との連携のための試行的事業の必要性が判断されています。

①　調査活動――意思決定支援の実態と連携ニーズの把握

調査活動は，大きく分類すると2種類あります。1つは「意思決定支援」に関する実態把握であり，もう1つは地域包括支援センター等との連携に関するニーズ把握です。

前者の例は，専門職協力者名簿登録者（弁護士・司法書士）の58名を対象に行われた調査です。その結果では，後見業務のなかで困ったことがあるとの回答が約8割であり，「医療同意を求められること」や「後見人の業務以外の要求」が6割以上を占めるとともに，「本人の意思がわからない」や「本人に合う福祉サービスがわからない」ことが4割前後指摘されました。これらは，中核機関に求められている後見人支援のニーズに相当するものといえます。ただし，現状では，それらの困りごとは，法律専門職であることもあって，多くが家庭裁判所への相談（7割を占めている）となっており，センターへの相談は2割にとどまっています。策定委員会での議論では，センターへ相談できる事柄を具体的に示して働きかけることが必要であることが挙げられており，専門職後見人が単独で後見事務を遂行するうえでの課題など，身上監護や意思決定支援[7]に向けた取組みの強化の必要性が共通に認識される契機となりました。

なお，センターによる法人後見支援における意思決定支援の実態においても，被後見人や家族に対する調査（調査員はセンター以外の専門職が担う）が実施されるなかで，本人調査の意義が確認され，計画項目として，同種の調査を継続することを盛り込むことが判断されました。

連携のニーズ調査では，地域連携ネットワークを形成するうえで，第一次相談機関と想定される地域包括支援センターと障害者相談支援センターを対象に，成年後見制度利用に関連する相談等の件数およびセンターとの連携に関する調査を実施しています。調査結果のフィードバックのなかで，第一次相談機関によるセンターとの連携のための見立てやつなぎの方法が検討されています。

② 試行的事業の取組み

試行的事業の１つが，専門アドバイザーによる虐待対応に関するスーパービジョンの研修事業です。促進計画策定期間内に３回にわたって，６市町の虐待対応に関するスーパービジョンを実施し，大きな効果が得られました。ただし，その取組みの初回では行政による虐待対応への甘さがアドバイザーから厳しく指摘されました。参加者の認識としては，このような厳しいスーパービジョンの事業化への不安もありましたが，委員会では早期の行政対応を強化する必要性が指摘されました。センターとしては，虐待対応に関するスーパービジョン研修事業を継続して実施することで，市町の権利擁護支援の専門性を高める条件整備となることから計画化を求めました。

もう１つの試行的事業としては，日常生活自立支援事業担当者との２回にわたるミーティングの実施です。同事業の利用者が判断能力の低下により成年後見制度への移行が必要な場合の目安や連携方法について相互に意見交換がなされ，今後の改善点が明確になりました。その結果を踏まえて，同種の会合を計画のなかで位置づけ，継続した情報交換によって一体的な運営を推進することの重要性が確認されています。

図 6-4　尾張東部成年後見センターの自律的な運営

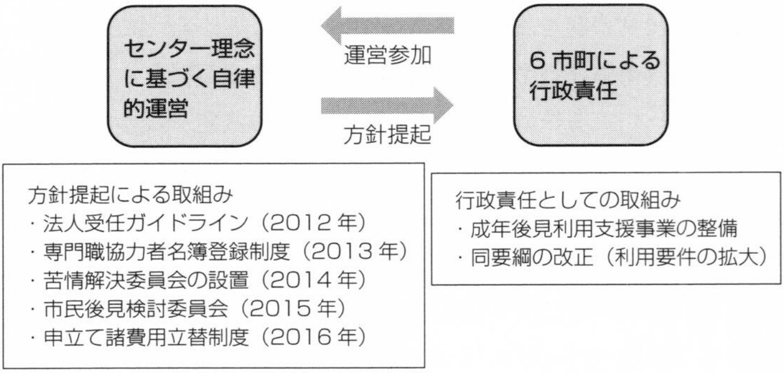

センター理念に基づく自律的運営	← 運営参加 → 方針提起	6市町による行政責任

方針提起による取組み
- 法人受任ガイドライン（2012 年）
- 専門職協力者名簿登録制度（2013 年）
- 苦情解決委員会の設置（2014 年）
- 市民後見検討委員会（2015 年）
- 申立て諸費用立替制度（2016 年）

行政責任としての取組み
- 成年後見利用支援事業の整備
- 同要綱の改正（利用要件の拡大）

2.3　行政の主体化を支える公私協働の仕掛け――計画項目における主語の設定

第Ⅲ段階（第5～6回）は，計画の目標の設定とともに，これまでの実績がある事業への取組みの強化，試行的な取組みの採用などの議論を経て，計画の項目の採用の判断がなされる段階に相当します（③計画化の協議）。とくに，広域行政であることもあって，成年後見制度の利用促進に関する多くの事業がセンターへの委託事業として取り組まれています。そのことから，センターやセンターを取り巻く関係機関の連携組織が，計画の実施主体となることが確認されています。

策定委員会では，構成市町の合意形成のもと，センターを実施の主体として積極的に位置づけ，センターの役割を項目化することが選択されました（④協働の合意形成）。行政を主体とする計画項目が4項目（施策1～4）に対して，権利擁護支援センターを主体とする項目は12項目（施策5～16）に及びます。また，「地域連携ネットワーク」が実施主体となる計画項目も4項目（施策17～20）となっています。

その前提として，計画の目標には「行政が担う権利擁護支援の仕組みの構築」とともに，「幅広い権利擁護支援の活動を担う権利擁護支援センターの整備」と「地域連携ネットワークの重層的形成」が掲げられ，行政の責任が明確化される一方で，行政による直接的な（直営による）対応の限界が現れているともいえます（⑤人材育成・組織の整備）。

広域対応という要因もあって，センターをはじめ，ネットワークをも主体として積極的に位置づける計画が選択されています。センターがこれまでも自律性を発揮し，たとえば首長申立に限定しない成年後見制度利用支援事業[8)]の充実を要求し，これを自治体が受け入れ事業化・予算化してきました。その経緯があることなどから，センターの主体化の選択がなされたといえます（図6-4）。そうしたセンターの自律的な活動が可能となる背景には，センターが首長申立の困難なケースを法人後見として受け，支援の実務をこなしていることがあります。ただし，中核機関を担うことで，センターの事業内容のすべてが委託事業となる危険性があります。そうではなくセンターは自律的に，地域福祉に求められる自発性を生かしたプログラムの開発を継続する必要があることで，計画項目においても，センターを主語として位置づけることが判断されました。センターが自律的な運営をめざすことを条件とした公私協働の仕掛けを作り上げる合意形成のプロセスであったといえます（④協働の合意形成）。

同時に，中核機関を担う機能を権利擁護支援センターに任せすぎないことも必要ですので，中核機関に求められる諸機能を，地域連携ネットワークの形成を通して分担するために，地域連携ネットワークを主体とする計画項目の分散的な配置が選択されています。

3　利用促進計画の進行管理への着手

本書の第Ⅰ部において，地域福祉マネジメントの機能において「進行管理・評価」が重要であることに触れています。計画策定期間だけではなく，恒常的な業務として評価を継続する方式が，進行管理・評価の取組みです（⑥進行管理・評価）。中核機関を担うセンターによる進行管理・評価のマネジメントを通して，権利擁護支援が行政課題として確保されることになります。広域行政の主体組織が形成されていないことから，行政のみのマネジメントでは，十分な機能を発揮するとはいえません。2019年10月に，第1回の進行管理推進会議が開催されています。

議題の1つは，計画項目の実施に関してのものです。先に紹介した試行的な事業が，本格実施として取り組まれている状況についてのセンター報告をはじめ，同様に策定過程において実施した調査活動についても，市民後見人が受任している被後見人等の調査活動によって，意思決定支援の課題を把握する取組みが拡大されています。策定過程で採用されたボトムアップの方式が進行管理のなかでも継続されています。

もう1つは，広域計画が構成市町の地域福祉計画にどのように反映されるかに関する動向把握です。本来は，広域での計画における権利擁護支援の内容が，各市町の地域福祉計画の他の項目へ影響が及ぶことが期待されます。しかし，現実には，広域計画に基づいて実施する考えが表明されたとしても，要約的な反映が中心となる可能性が高いと予想されます。ただし，権利擁護支援は成年後見制度の範囲を越えて，たとえば日常生活自立支援事業との連携や判断能力が不十分な状態になる以前での予防的な対応，意思決定支援の導入など，地域福祉計画の本来的な課題として採用されるものも多く含まれています。幅広い権利擁護を理解する地域住民の啓発などが地域福祉計画に書き込まれることで，それらの計画項目が補完されることになります。

広域計画によって先行する権利擁護対象の方向づけが与えられ，その進行管理の場で各市町の地域福祉計画による補完の促進がなされます。その実効性によって，各市町での地域福祉行政の形成と接点が生じることにもなります。広域の構成自治体に対してこうした対応を期待するうえで，広域計画における進行管理の場の地域福祉マネジメントが重要な方法となります。

3節　権利擁護支援の計画化を通した地域福祉マネジメント

1　国の指針を地域の文脈で解釈する「加工の自由」

1.1　利用促進計画の策定方法

国の成年後見制度利用促進基本計画で求められている仕組み（地域連携ネットワークと中核機関の整備）を採用することが，市町村計画の目的となる傾向があります。前述した各種「手引き」（指針）においても，そのことが強調されています。しかし，本章に紹介した尾張東部での利用促進計画の策定では，そ

図 6-5　成年後見制度利用促進計画の策定・進行管理の方法

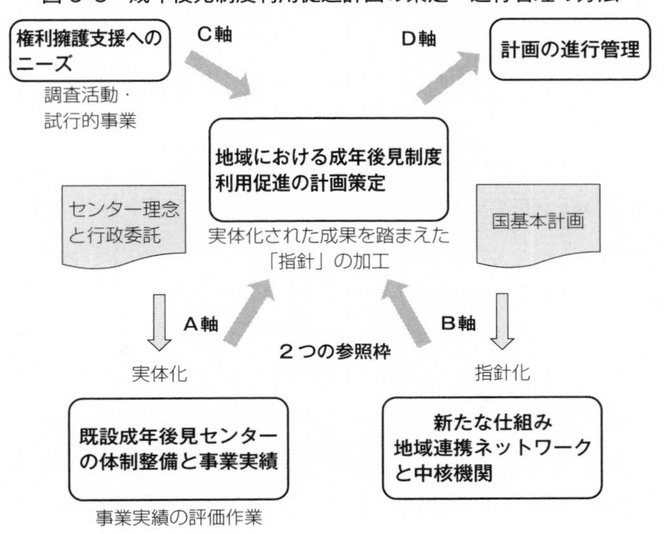

のような「手引き」に従うというよりは，既存の成年後見センターの実績に着目しました。また，各種調査活動等のなかで，新たな方向づけを展望しました。その経験を踏まえ，既設のセンターで事業実績があり，自律的な運営による自発性が発揮される場合には，「加工の自由」を採用することができます（図 6-5）。

B 軸の「手引き」（指針）をまねる作業ではなくて「既設の成年後見センターの体制整備と事業実績」に基づいて計画を立てるという A 軸が第一に優先されるべきです。これは，地域福祉マネジメントでいえば，「プログラムの開発」の考え方に根ざすものです。

第 2 は，C 軸において求められている成年後見の利用ニーズの把握においては，多様なレベルでのニーズ調査を実施し，その過程で計画に求められる「地域連携ネットワークの形成」をも実現することをめざします。その理由は，計画策定委員会の活動が 1 つの連携ネットワーク形成の場であり，その計画策定活動のなかで権利擁護に関する多くの主体を巻き込み，合意形成を確保するプロセスとなりうるからです。その過程で，国の基本計画として求められている「地域連携ネットワーク」という一種の条件整備に結びつくことを模索することになります。

第3は，D軸の計画の進行管理を継続することです。「地域連携ネットワーク」の実体化をはじめ，計画策定の過程で評価等の作業が恒常的に実施される機会を確保することができるようになります。

1.2 「加工の自由」の実現に向けた進行管理の役割

前節で触れた課題として，広域計画が構成市町の地域福祉計画にどのように反映されるかに関する動向把握があります。単体の計画でありながら，個々の自治体における権利擁護の行政課題，地域福祉との協働プログラムの推進において，格差があるといえます。構成市町の地域福祉計画において，広域計画に基づいて実施する考えが表明され，要約的な反映にとどまることを克服するためには，今後の進行管理の会議における協議や評価作業が重要な役割を果たすことになります。地域福祉を推進するうえで，弱い立場の人の権利侵害を防ぎ，判断能力の乏しい人の代弁を強化するという支援理念を確立し，地域生活支援の基盤として重視することを地域福祉行政上の課題として優先的に地域福祉計画へ反映されることが強く求められます。

権利擁護支援のプログラムや業務を，地域福祉行政そのものの課題として位置づけることにあるのではありません。それぞれの対象別行政が担うことが効率的である場合も自治体としてはあります。むしろ，地域福祉マネジメントの役割は，それぞれの部署の機能，また本章で強調した権利擁護センターの機能の強化等のための条件整備を図ることにあります。促進計画が求める地域連携ネットワークの運用そのものが，地域福祉マネジメントの役割であると考えることが重要なのです。

2 包括的な支援体制の構築における権利擁護支援の役割

2.1 権利擁護支援の拡がりと包括的な支援

尾張東部圏域にみられた成年後見支援から権利擁護支援への拡がりは，プロジェクト研究の対象としていた豊田市や知多圏域の促進計画においても見出すことができます。尾張東部圏域では虐待対応や日常生活自立支援事業を含む権利擁護支援の拡充がみられ，また，豊田市においては生活困窮者自立支援事業や地域福祉活動との連携も視野に入れられています。なお，知多圏域では，障害者差別解消法における紛争処理相談事業や，死後事務・身元保証などの対応を含む「ライフエンディング事業（独自の名称）」の構想を盛り込んでいます。

そうした拡がりの背景には，計画策定の過程で取り組まれた調査活動が影響しています。尾張東部圏域での被後見人や後見人の調査において，意思決定支援の普及という積極的な取組みとは異なるものの，豊田市では権利擁護支援という見えにくい領域の現状を可視化する調査が計画策定の過程で重要視されます。知多圏域では，保証人確保や死後事務に関連するニーズの把握[9]が進んでいます。

広域計画とは異なる豊田市の場合には，単体計画としての性格を残しながら，地域福祉計画への反映が実現されています。事務局が福祉総合相談課であることから，他の福祉の諸部門との庁内連携が意図されていることや多機関協働のモデル事業を実施していることもあり，権利擁護支援を相談支援の包括化に結びつけています。尾張東部圏域では，2節で紹介したように，センターと6市町の相談機関等との連携を強化するという目的が計画に反映されています。知多圏域では，法人後見のセンター受任数が多いことから，その受け皿の法人後見の実施機関の巻き込みが社会福祉協議会を中心に展望されています。これらの取組みは，今後の進行管理の成果によって，包括的な支援体制の整備に貢献することになると予想されます。

2.2　包括的な支援の多様な主体化

尾張東部圏域の計画化では，権利擁護支援センターや地域連携ネットワークを，行政部署とともに多様なマネジメントの主体として位置づけ，権利擁護支援における公私協働の利用促進計画が採用されました。豊田市の計画においても，それぞれの計画項目において市役所，成年後見支援センター，専門職，支援者，市民といった多様な立場における役割が整理されています。このように包括的な支援に向けては，多様な機関・組織がそれぞれに役割を分担することが必要であり，そのための「協働の合意形成」の場が必要となります。計画の場もその1つですが，恒常的な場の確保も必要となります。その場が地域連携ネットワークとして整備されることが期待されます。ここで地域福祉マネジメントとの連携が不可欠な要素となってきます。

その意味では，地域福祉計画が権利擁護支援の計画化をどのように吸収し，多様な主体による包括的な支援体制の構築に寄与するかが問われることになります。地域福祉マネジメントは，そのために重要な機能を発揮することが求められます。すでに豊田市においては多機関協働事業のモデルを活用しながら，権利擁護支援の計画化の事務局である「福祉総合相談支援課」が地域福祉行政の機能を担っています。知多圏域では，権利擁護支援の実務を高齢者福祉部署と障害者福祉部署で分担してきた自治体職員が，計画化の作業をもとに，実務的な発想を越えて，企画的な業務の形成を意識できるようになっています。本来であれば，そのような企画機能を，たとえば地域福祉課として設置することが望まれるのかもしれません。知多圏域の10市町においても，1市のみが地域福祉課長が策定委員会へ参加しており，尾張東部圏域の6市町のなかでもその状況は同様です。

地域福祉課の設置が必須であることを強調するものではありませんが，権利擁護支援の企画機能を継続できる部署が形成されることは不可欠な行政課題です。包括的な支援体制の整備という課題も含めて，第Ⅲ部において，自治体の担当部署の多様性を踏まえ検討します。

注

1）国は，成年後見制度利用促進基本計画に係わり，KPI（重要業種評価指標）を設定し，2021年度末の目標として，1741市区町村での計画策定を100%としています。

2）2018年に実施された促進計画に関する調査結果では，計画策定の担当課を決定している192自治体の内訳は，高齢者福祉（27.6%），地域福祉（18.2%），福祉総務等（16.1%），成年後見担当部署（15.1%）と，多様な部署となっています。

3）住田（2019）を一部参照しています。

4）この研究プロジェクトの成果は，日本福祉大学（2019）としてまとめられています。既設センターをもっている自治体に対して，促進計画の策定方法を実験的に応用することを研究テーマの中心に設定しています。そうした「計画策定の参与観察」の対象として，5市1町で構成される「尾張東部圏域」での広域計画の策定（2018年度策定）を選んでいます。「計画策定の支援」をねらいとするのは，2019年度までに計画が策定された「豊田市」と「知多圏域（5市5町）」，「計画促進の支援」をねらいとする自治体としては，愛知県以外の4県から中核市を中心に選択をしています。

5)　これら3つの地域の取組みは，国の手引書にも事例として引用される実績をもっています。尾張東部圏域（瀬戸市，尾張旭市，豊明市，日進市，長久手市，東郷町）では，尾張東部成年後見センター（NPO法人運営）が，2011年に開設されています。知多圏域（知多市，東海市，大府市，半田市，常滑市，東浦町，阿久比町，美浜町，南知多町）では，知多地域成年後見センター（NPO法人運営）が2008年に開設されています。豊田市では，豊田市成年後見センター（社会福祉協議会運営）が2017年に開設されています。

6)　専門職協力者名簿登録制度は，「判断能力が十分でない高齢者や障害者の権利を守り，その人らしいゆたかな暮らしを実現するため……あらかじめセンターの事業に賛同する法律専門職の名簿を作成する。名簿登録者は，センターからの依頼により①後見人等候補者となること，②市民からの権利擁護に関する専門相談，③市民後見人への専門相談の対応など，法律的な支援を行うことにより，成年後見制度の適切な利用を支援することを目的とする」と尾張東部成年後見センターの要領で規定しています。

7)　尾張東部成年後見センターにおける意思決定支援の取組み事例については，日本福祉大学権利擁護研究センター監修・平野ほか編（2018）を参照。

8)　2018度10月1日時点において，申立費用および報酬助成を対象としている自治体は1480自治体（85％）となっていますが，実際の運用では市長申立に限定する等，運用面での課題となっています。

9)　日本生命財団の研究助成事業（2017～2019）の一環として，日本福祉大学と地元自治体との共同研究事業のなかで実施されました。

第 III 部

地域福祉マネジメントによる
ローカルガバナンスの展望

第7章

「多機関協働事業」による地域福祉マネジメントの展開[1)]

高知県中土佐町

はじめに

中土佐町は，人口6794人，高齢化率45.9%（2019年5月）という，高知県で典型的にみられる人口減少が進む小規模自治体です。筆者が高知県をフィールドにした2008年以降に，具体的な参与観察を進めてきた自治体の1つです。それから11年が経過しています。現在からみると，中土佐町は，地域福祉マネジメントに関する小規模自治体の事例研究に値する特徴をみせるまでになりました。高知県の地域福祉政策のバックアップがあることから，最初に県による支援プログラムに触れておきます。

1節　*地域福祉計画・プログラムの相乗的展開*

1　地域福祉推進における高知県のプログラム

1.1　高知県の「あったかふれあいセンター事業」の推進スキーム

高知県における地域福祉政策は，地域福祉計画と地域福祉プログラムがセットになって展開しています。2009年度に地域福祉のプログラムとして，「あったかふれあいセンター事業」が「ふるさと雇用再生特別交付金（10/10）」の財源で実施され，2012年度から県単独補助事業として継続されます。その過程で，地域福祉計画の策定によって同事業の普及をめざしながら，逆に同事業の推進の結果，地域福祉計画に波及効果が生まれるという相乗的な方法が選択されました。これは，県地域福祉政策課が担う地域福祉マネジメントとして，注目することができます。現在，「あったかふれあいセンター」が地域福祉の拠点として市町村計画に位置づけられ[2)]，「あったかふれあいセンター」を拠点に，小地域福祉や支え合いの取組みが浸透するという「高知型福祉」の方向づけが市町村にも共有されています。

「あったかふれあいセンター」とは，「子どもから高齢者まで，年齢や障害の有無にもかかわらず，誰もが気軽に集い，必要なサービスを受けとることができる拠点」です。実施体制としては，①地域福祉コーディネーター１名とスタッフ２名の人員配置，②地域の状況に応じてサテライトを設置，③センターの運営について協議する会を開催，などとなっています。

現在，拠点としては50カ所（設置市町村34/37）に及び，サテライトは238カ所に及んでいます。地域福祉コーディネーターは47名，スタッフ150名の人材が投入されています。2019年度の運営費総額7億2000万円のうち，県の単独補助金の活用部分は6億1400万円で，その２分の１を県が負担しています。市町村も約３億円の支出を行っています。

県は，「あったかふれあいセンター推進連絡会」を定期的に開催し，ボトムアップ方式による事業の質の向上を図ってきています。事業計画書の作成を補助の必須要件にし，必要な評価の視点も作成しています。筆者は，同連絡会のコーディネートを担当するなかで，事業計画書の作成を通して「あったかふれあいセンター事業」の「見える化」に取り組むとととともに，評価方法のための基準づくりなどを担ってきました。こうした課題に対応するために，当初から日本福祉大学の福祉政策評価センターでは事業の実績を入力し，集計できる分析ソフトを提供してきました。

1.2 「あったかふれあいセンター事業」の到達点からみた中土佐町の特徴

分析ソフトによる実績の集計結果から，2018年度あったかふれあいセンター事業の１カ月の実績（支援総数）を抜粋し，上位６自治体をみると表7-1のようになります。①センター数，②センターが備えている機能数，③各機能

表 7-1　あったかふれあいセンター事業の機能

実施市町村		事業者数	機能数	集い	サテライト	訪問	送る	生活支援	つなぎ
実施数		30	13	30	27	28	27	30	23
黒潮町	総支援量	4	11	1,435	13	284	736	682	38
	構成比			43.2%	0.4%	8.5%	22.1%	20.5%	1.1%
佐川町	総支援量	4	9	1,841	149	197	552	278	26
	構成比			57,9%	4.7%	6.2%	17.3%	8.7%	0.8%
四万十市	総支援量	3	11	1,020	126	610	845	567	61
	構成比			25.6%	3.2%	15.3%	21.2%	14.2%	1.5%
四万十町	総支援量	3	11	1,307	289	138	524	346	20
	構成比			49.0%	10.8%	5.2%	19.6%	13.0%	0.7%
土佐市	総支援量	3	9	1,060	176	177	430	354	57
	構成比			45.7%	7.6%	7.6%	18.5%	15.2%	2.5%
中土佐市	総支援量	3	9	1,342	93	124	130	52	136
	構成比			69.9%	4.8%	6.5%	6.8%	2.7%	7.1%
6市町計	総支援量			8,005	846	1,530	3,217	2,279	338
	構成比			46.0%	4.9%	8.8%	18.5%	13.1%	1.9%
県全体	総支援量			18,372	5,995	2,666	6,535	3,487	473
	構成比			45.9%	15.0%	6.7%	16.3%	8.7%	1.2%

（注）　事業者数は，あったかふれあいセンターを運営している事業者の数（＝セン
支援総量は，それぞれの機能における支援回数の単純合計。

（出所）　日本福祉大学福祉政策評価センター提供の利用実績データの分析結果。

別の総支援回数などをみると，県下トップの水準に，本章の事例研究の対象である中土佐町は含まれます。これらの上位自治体の背景には，先に述べた地域福祉計画との好循環がみられます。当然ですが，センターの整備数の増加とセンターの多機能化によって，総支援数が増加しているのがわかります。センター数については，サテライトにとどまらない小地域単位でのセンターの整備が進むことで，地域住民に届きやすい支援の環境が整えられています。もちろ

別にみた支援総数（上位6自治体）

（2018年6月実績）

相談	課題の発見	移動手段の確保	預かる	配食	働く	泊まり	合計回数
22	16	9	10	8	5	0	
30	3	4	19	81			3,325
0.9%	0.1%	0.1%	0.6%	2.4%			100.0%
98	20		21				3,182
3.1%	0.6%		0.7%				100.0%
162	48	84	318	149			3,990
4.1%	1.2%	2.1%	8.0%	3.7%			100.0%
5	1	3	28		7		2,668
0.2%	0.0%	0.1%	1.0%		0.3%		100.0%
24	22				22		2,322
1.0%	0.9%				0.9%		100.0%
8	6		28				1,919
0.4%	0.3%		1.5%				100.0%
327	100	91	414	230	29		17,406
1.9%	0.6%	0.5%	2.4%	1.3%	0.2%		100.0%
504	363	226	546	780	101		40,048
1.3%	0.9%	0.6%	1.4%	1.9%	0.3%		100.0%

ター数）。機能数は，「集い」に始まり，「泊まり」までの諸機能の実施数。

ん，センター数を増やすためには，センター整備，人材の確保とともに人件費の確保が不可欠です。人件費は，地域福祉計画に盛り込まれているセンター整備数の達成に向けて確保されています。

機能別にみると，あったかふれあいセンター30事業者すべてが，「集い」事業を実施しており，総支援量でみると半数近くの割合を占め（県全体の46%），「通い」を中心にしながら事業が組み立てられています。分散居住となる中山間地域に対応するために，さらに「サテライト」（15.0%）を展開する仕掛けによってセンターの整備が補完されています。なお，３センター以上設置している上位の６自治体では，「サテライト」での支援数は相対的に低くなっています（4.9%）。

上位の黒潮町と佐川町との比較からは，中土佐町の特徴がみられます。両町では「送る」という移動支援や「生活支援」が相対的に高く，とくに黒潮町では両機能の合計で「集い」の支援回数と同水準となっています。これに対し，中土佐町では圧倒的に「集い」が高く，その機能を核としながら諸機能を展開する傾向にあり，やや「つなぎ」の支援が高くなっています。「生活支援」や「つなぎ」は，いずれも他の機関との連携を必要とする機能であり，以下に詳述する多機関協働のモデル事業の取組みが影響しているということができます。

2　計画の進行管理による国モデル事業の系統的な選択

2.1　選択される国のモデル事業

中土佐町に注目する理由は，市町村自治体における地域福祉計画の策定過程だけではなく，進行管理という過程のマネジメントが重視されていることにあります（表 7-2 の上段）。この進行管理は，地域福祉と関連事業を受託している社会福祉協議会との共同運営となっています。その過程で，国の各種モデル事業を系統的に活用することで，地域福祉の多様な実践が「地域に累積する」状況を生みだしています。中土佐町における国の３つの補助・モデル事業の活用（表 7-2 の中段）は，地域福祉の基盤形成に重要な役割を果たしてきた経緯を持ちます（小木曽 2019）。また，それぞれの補助・モデル事業が次の事業の条件整備の機能を果たしており，それが多機関協働事業に結びついています（平野・小木曽 2020）。

第１期（2012 ～ 16 年度）の地域福祉（活動）計画の進行管理を丁寧に行うなかで，2013 年度から「安心生活創造推進事業」の選択事業として社会福祉協議会により「権利擁護推進センター等事業」を実施し，町内の独居高齢世帯や高齢世帯の比率が高いことから，先をみすえた権利擁護支援の充実への準備を開始しています。その成果は 2017 年７月に，権利擁護支援センターを開設し，

表7-2　中土佐町における地域福祉計画進行管理と国の補助・モデル事業の取組み

	2013年度	2014年度	2015年度	2016年度	2017年度	2018年度
地域福祉計画の進行管理	第1期計画進行管理	第1期計画進行管理	第1期計画進行管理	第2期計画策定および第1期計画進行管理	第2期計画進行管理	第2期計画進行管理
国補助・モデル事業の実施	安心生活創造推進事業	安心生活創造推進事業	共助の基盤づくり事業	共助の基盤づくり事業	共助の基盤づくり事業	多機関の協働による包括的支援体制構築事業
担当部署	社会福祉課	社会福祉課	社会福祉課	社会福祉課	社会福祉課	社会福祉課

社会福祉協議会による法人後見受任の実績を生み出しました。

2015年度からは，生活困窮者自立支援事業に取り組むとともに，「共助の基盤づくり事業」を活用します。就労を通じた社会との接点がない人たちは「相談につながりにくい層」と重なるのではないかという仮説から，「未就労調査」が実施されます。その後「中土佐町はたらくチャレンジプロジェクト」として発展させ，「第2期中土佐町地域福祉計画（2017～21年度）」の柱立てにも生かしています。

そして，2018年度には，第2期計画の遂行も視野に入れ，包括的支援体制構築事業における多機関協働事業と地域力強化推進事業のモデル事業に着手しています。

2.2　地域福祉マネジメントの拡がり——計画の進行管理が支えるモデル事業の展開

こうした中土佐町における補助・モデル事業の系統的な選択は，第2章に示した段階別の地域福祉マネジメントの枠組みを用いて表すと，図7-1のようになります。県の単独補助の「あったかふれあいセンター事業」の実施（段階Ⅰ）と地域福祉計画の策定・実施（段階Ⅱ）を同時進行させるとともに，計画の進行管理（段階Ⅱ）の場面を通して新たな事業（制度福祉と地域福祉との協働＝段階Ⅲ）に相当するプログラム，たとえば生活困窮者自立支援事業と権利擁護支援センターを開発しています。そして，これら2事業の相談支援部門での強化は，多機関協働・地域力強化推進事業のモデル事業への選択につながり，包括的な支援の体制整備に向けての契機となっています。このように地域福祉計画の進

図 7-1 段階別の地域福祉マネジメントの拡がり（中土佐町）

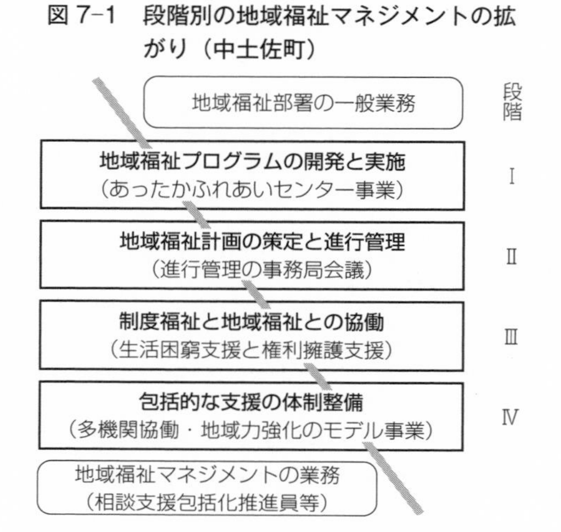

行管理（事務局会議[3]）では，「あったかふれあいセンター事業」の評価とともに，次のステップに向けて必要となる国の補助・モデル事業を活用することが検討され実現しています。

図 7-1 は，段階の時間軸のなかで，地域福祉マネジメントの機能の領域が拡がることを示すモデルです。次節で詳細な分析を行いますが，進行管理の事務局会議でのマネジメントが対象範囲の拡がりとともに進展しています。マネジメントを担うマネジャーが，各プログラム（事業）の組み立てや運営を経験するなかで成長を遂げ，多機関協働事業における「相談支援包括化推進員」を担い，権限が付与されることで，地域福祉マネジメントを実践するという関係が形成されています。

2節 地域福祉マネジメントからみた多機関協働・地域力強化推進事業の成果

中土佐町が 2018 ～ 19 年度に取り組んだ多機関協働事業と地域力強化推進事業の成果を，地域福祉マネジメントの機能のうち，とくに運営の条件整備を中心に整理しておきます。2 つのモデル事業の概観を表した図 7-2 では，上方が多機関協働事業を，下方が地域力強化推進事業を整理したものとなります。両事業については，実施機関として社会福祉協議会が選択され，日本福祉大学の研究チーム（代表：平野隆之）にもアドバイザー事業としての委託がなされています。委託内容には，進行管理の事務局会議の場を活用したモデル事業の評価作業が含まれます。本節で扱う両事業の成果は，4つに分けられます。1つは，相談支援包括化推進員が中間マネジャーの役割を果たすことができていること，2つは，地域社会への包摂をめざすための受け皿となる人材の確保です。3つは，協議の場を重層的に配置することができたこと，4つは，地域づくりに向けた課題が明確になったことです。以下，順序立てて解説します。なお，これらの成果の整理は，次節において地域福祉マネジメントの機能を抽出するための素材を提供する役割もあります。

1　地域福祉マネジメントを担う人材の配置

1.1　中間マネジャーが担う包括化推進員

小規模自治体であるにもかかわらず，相談支援包括化推進員（以下，包括化推進員）を4名配置した点が注目されます（うち社会福祉協議会3名）。なお，補助金との関係では，2.5人分として充当されており，図7-2のAとCが1.0人，Bが0.5，Dが0.0（町直営：地域包括支援センター）となっています。この判断は，包括化推進員が新たな包括的相談窓口を担当するのではなく，既存の相談窓口を横つなぎしながら，複合的な生活課題の解決を担うことを想定したものといえます。

具体的には，Bは生活困窮者自立相談支援事業を，Cは2次相談機関である「権利擁護支援センター」事業を，Dは地域包括支援センターの係長を，それぞれ兼務しています。包括化推進員をまとめる役割を果たしているAは，社会福祉協議会地域福祉課長であり，「あったかふれあいセンター事業」で地域福祉コーディネーターを担い，センターでの相談機能の経験があります。

A～Dの包括化推進員は，それぞれの相談等の業務を担いながら，各分野から包括化をめざすための連携を，「コア会議」さらには「安心応援ネットワーク会議」の場を活用して取り組むことになります。その成果は後述しますが，個別支援と包括化に向けてのマネジメント業務とのバランスという点に着目すると，Cは６割程度，Dは８割程度の個別支援業務を担っている反面，Bは４割程度，Aはあったかふれあいセンターに統括者が置かれていることから個別支援の負担がない状況となっています。このように，すべての包括化推進員に十分なマネジメント業務の時間が確保されているわけではありませんが，中間マネジャーとしてのマネジメント業務の余地が確保されています。

中間マネジャーとしてのマネジメント業務としては，以下に触れる地域力強化のための地域支援に関するもの，連携・協働を推進するための協議の場のマネジメント，地域づくりの部署や活動との連携などが含まれます。

1.2 地域社会への包摂のための人材確保――地域力強化を担う地域住民の参加促進

多機関協働事業と同時に取り組まれている地域力強化推進事業では，あったかふれあいセンター単位に町独自の取組みである「小地域ケア会議」が設置され，課題ケースを吸い上げる機能を発揮しています。センター事業における相談支援や地域支援の展開として実施されている「小地域ケア会議」は，地域住民が担う「地域ふくし活動推進委員」（図７-２の下方）の協力によって運営され，支援課題の困難性に応じて上位の会議へのつなぎがなされています。実際，2018度「安心生活応援ネットワーク会議」において検討された６ケースのうち，３ケースは「小地域ケア会議」から上がったケースです。

また，専門職の支援を受けながら，地域社会が包摂性を発揮し，支援課題のケースを地域生活に戻していく機能を確保することが必要となります。進行管理の会議でもこの点が論点として出され，「あったかふれあいセンター」が地域福祉の拠点として蓄積されてきた資源と人材を活用することが合意されています。具体的には「地域ふくし活動推進委員会」の取組みによってこの機能を果たすことが期待され，第**３**章で触れた「参加支援」に相当する新たな地域力強化事業としての位置づけが明確化されています。

こうした地域力強化事業を担う人材としては，コミュニティソーシャルワーカーが絶えず論議されてきましたが，中土佐町の場合，「あったかふれあいセンター」の地域福祉コーディネーター経験者である社会福祉協議会地域福祉課

図 7-2　包括的な支援体制における相談支援包括化推進員の配置と役割（中土佐町）

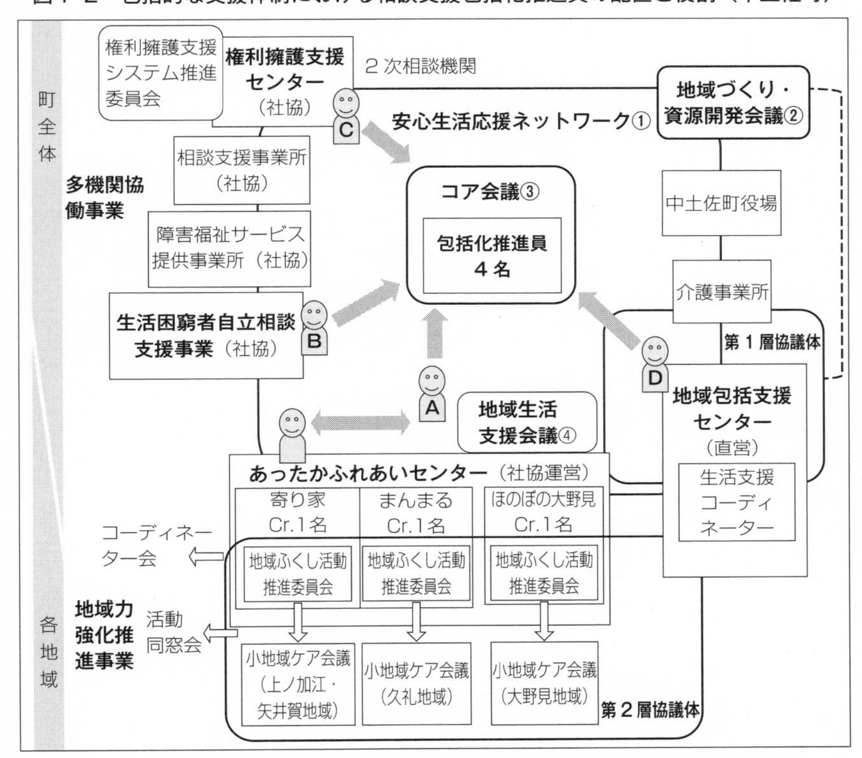

（出所）　中土佐町地域福祉計画進行管理事務局会（2019年7月25日）の資料を簡略化。

の課長が主となって担当することが選択されます。地域住民による地域福祉活動の拠点機能をはじめ，多機能性をもつ「あったかふれあいセンター」を地域福祉の推進装置として活用することで，ワーカー自らが担う個別支援を支える地域支援の条件整備が図られているといえます。表 7-1 において「集い」の支援回数が高くなっていますが，その場をニーズ把握の場として活用することに加え，「集い」を活用した「参加支援」についても従前から意識されてきたと評価できます。

表7-3 連携・協働のための会議の重層性

会議名	構成メンバー	内容
コア会議（包括化推進員会議）	包括化推進員（＋必要に応じ要請）	① 多機関協働事業における個別の支援の検討と支援実績の検証 ② 各会議の企画と調整 ③ 地域生活課題の把握と整理 ④ 包括化推進員の活動検証に基づいた次の展開の検討
安心生活応援ネットワーク会議	企画内容により選定	① 把握した事案に対し実態把握を行い，相談支援機関との連絡調整，個別支援会議の開催，解決に向けた取組み，モニタリングを行う。 ② 事案によって「権利擁護支援センター」を活用し，法律職や専門家からの助言・スーパービジョンを受ける。フォローアップも行う。
地域づくり・資源開発会議	企画内容により選定（地域力強化推進事業担当者や生活支援コーディネーターも参加）	① 町内関連各機関との会議やヒアリング等を通じて地域課題を把握し，専門家や学識経験者から会議運営に関する助言を得て課題整理や優先順位づけを行い，地域づくりや資源開発を具体的に検討する。 ②「協議体」や「地域ふくし活動推進委員会」と連携した取組みを行う。

（出所） 中土佐町地域福祉計画進行管理事務局会の資料。一部修正。

2 地域福祉マネジメントに求められる場の重層性

2.1 会議の重層構造

国のモデル事業の要綱で求められている「相談支援包括化推進会議」が重層的な構成をとって確保されています（表7-3）。包括化推進会議としての「コア会議」では，たとえば「小地域ケア会議」から提出される課題ケースについて，スクリーニング機能の強化への取組みが進みつつあります。包括化推進員による「コア会議」でのスクリーニングは，上位会議である「安心生活応援ネットワーク会議」の適切な機能性を保ち，負担軽減にもつながります。困難ケースを１つのテーブルに乗せ，各支援機関の対応を整理しながら絡まりを解きほぐし，役割分担のマネジメントが行われることで，それぞれの「相談支援」の包括化を推進する役割がめざされています。

また，「安心生活応援ネットワーク会議」の機能や質を高める対応として，権利擁護支援センター職員の係わりを確保するなかで専門相談機能を取り込み，法律職や専門家の定期的なスーパービジョンを受ける仕組みをモデル事業のなかで用意した点が注目されます。権利擁護支援センターは２次相談機関として，権利擁護に関わる地域包括支援センターや行政の健康福祉課窓口，障害の相談事業所の１次相談機関をバックアップする構造となっています。

しかし，重層的な会議における連携・協働の課題は，残されています。先の多くの相談部門における連携は，モデル事業の委託先である社会福祉協議会における部門間の連携の強化という課題に直結しています。直営の地域包括支援センターを含む行政の福祉相談の窓口部門との連携さらには協働も，進行管理の事務局会議のなかで課題として取り上げられています[4)]。また，「地域づくり・資源開発会議」の機能は，生活支援コーディネーターの参加を得ながら開催されおり，今後の展開が期待されます。

2.2　地域づくりとの連携の課題

高知県下で多機関協働事業を実施している小規模自治体には黒潮町があり，地域力強化推進事業には黒潮町・佐川町が取り組んでいます。中土佐町では，これらの小規模自治体との共同研究事業として定期的に情報交換を実施しています。そのなかで，中土佐町の優位性が評価されるとともに，課題も明らかとなってきています。その１つが，「あったふれあいセンター事業」が社会福祉協議会によって担われていることもあって，高知県のもう１つの地域拠点づくりに相当する「集落活動センター[5)]」（中山間地域振興のプログラム）が取り組む地域づくりへの直接的な係わりが十分ではないことです。なお，黒潮町と佐川町においては，まちづくりの経験をもつNPO法人が「あったかふれあいセンター事業」の運営に参加しています。

とくに，佐川町の「あったかふれあいセンター」はまちづくりを基盤としたNPO法人により運営されており，地域づくりの取組みと一体的になっています。それを受けて社会福祉協議会は，各種NPO法人の福祉面での課題解決のまとめ役を担っています。これらのNPO法人の活動では，「集落活動センター」の地域づくりの活動との連携が取り組まれ，支え合いのまちづくりの機能がより強化されています。この結果としては，地域社会での福祉的な課題の受け入れについては，社会福祉協議会運営の「あったかふれあいセンター」より幅広く形成されています。

3節 多機関協働事業の「地域福祉タイプ」

1 地域福祉計画の進行管理を基盤とした多機関協働事業のマネジメント

1.1 「地域福祉タイプ」としての多機関協働事業

第2章に示した多機関協働事業の3つのタイプにあてはめると，高知県による地域福祉の拠点事業の実績のうえに組み立てられた中土佐町の同事業は，「地域福祉タイプ」に相当するといえます。その点では，東京都江戸川区の地区別に配置されている地域福祉拠点での多機関協働事業と類似しています。また，図7-1にあるように，地域福祉計画の進行管理のもと，生活困窮者支援や権利擁護支援を取り入れた「制度福祉と地域福祉との協働（段階Ⅲ）」を計画的に展開してきた点に着目すると，富山県氷見市の「生活困窮タイプ」と類似しています。中土佐町は，基本的には「地域福祉タイプ」といえますが，小規模自治体であることもあって，「生活困窮タイプ」を取り入れるとともに，地域包括支援センターや生活支援コーディネーターとの連携を視野に入れていることから，「地域包括ケアタイプ」の要素も一部もっています。なお，この3つのタイプ分けは，先行する基盤を表現したもので，タイプが相互に重なりながら展開することが想定される区分として理解されます。

本章におけるこれまでの整理を振り返るなかで，3節のねらいを明確にしておきます。1節の図7-1では，段階Ⅰ～Ⅳに移行するなかで，地域福祉マネジメントの機能の拡がりについて触れました。2節では，その地域福祉マネジメントの具体的な内容を4つの項目に分類して整理しました。3節では，中土佐町では多機関協働事業を「地域福祉タイプ」として実施していることから，多機関協働事業によって，地域福祉マネジメントの機能がどのように拡充され，地域福祉行政の形成に寄与しているかを明らかにします。そのために作成した分析図が，図7-3です。

まず，図7-3の地域福祉マネジメントの位置には，多機関協働事業によって

図 7-3 多機関協働事業を通じた地域福祉マネジメントの展開（中土佐町）

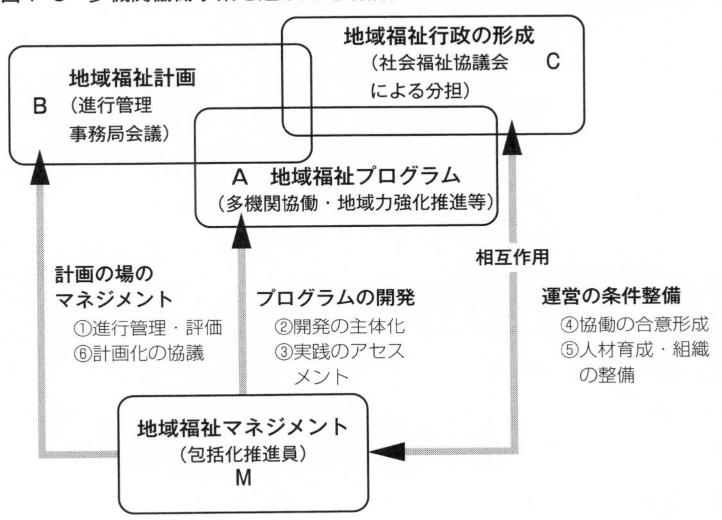

配置された包括化推進員を置きます。彼ら彼女らが，どのようなマネジメントを発揮するのかが分析の焦点です。次に，図 7-1 で示したように，中土佐町の地域福祉行政の段階が，段階Ⅳの多機関協働事業の段階にきていることから，地域福祉計画（B）の内容としては，進行管理の事務局会議を設置するとともに，M→B において，①進行管理・評価，⑥計画化の協議としています。

A の地域福祉プログラムには，町内に 3 カ所整備されている「あったかふれあいセンター事業」が含まれるとともに，現在取り組んでいる「多機関協働・地域力強化推進事業」を中心に置く必要があります。それにとどまらずに，表 7-2 に示した国のモデル事業を活用するなかで，権利擁護支援や生活困窮者支援の諸事業も，地域福祉の事業化として取り組んでいるので，地域福祉プログラムに含める必要があります。M→A では，「あったかふれあいセンター事業」を含め，各種モデル事業の③評価（アセスメント）を行うことになり，包括化推進員は新たなプログラムを開発する主体として自らを位置づけます。すでに触れた「地域づくり・資源開発会議」の場を活用して，②開発の主体化を図ることになります。

C の地域福祉行政の形成では，重層的な連携会議のなかで，④協働の合意形成を図るとともに，包括化推進員自身の成長や役割の強化を含め，⑤人材育成や組織整備によって，地域福祉行政の運営基盤を整備する必要があります。そのような構図を前提にしながら，多機関協働事業を通じて包括化推進員は，地域福祉マネジメントを発揮しているということになります。

1.2 地域福祉マネジメントと地域福祉行政の形成の相互作用

では，多機関協働事業を通して地域福祉行政は進展したと判断できるのでしょうか。第１に，多機関協働事業によって，これまで運営されていた地域福祉計画の進行管理の事務局会議がより充実したこと，第２に，包括化推進員（社会福祉協議会）への権限付与が進むことで，受託機関である社会福祉協議会が地域福祉行政の一翼を担う領域が増えたこと，第３に，各種相談部門からの課題集約や地域力強化推進による課題提示など，課題解決に向けたボトムアップの推進力が高まったこと，などを示すことができます。

第１に，多機関協働事業によって，これまで運営されていた地域福祉計画の進行管理の事務局会議がより充実した点に触れておきます。これまでの進行管理の事務局会議は，「あったかふれあいセンター事業」の評価と地域福祉計画の進行管理の２本立てでなされており，両者を結びつける検討課題の設定が弱い状況であったといえます。多機関協働事業を通して，「あったかふれあいセンター事業」と地域福祉計画との間に，相談や支援の包括化をめざす課題が提起され，その解決をめざして包括化推進員がマネジャーの役割を務める形で，進行管理のテーマが設定されたことで変化を遂げています。

具体的には，多機関協働事業等の進行管理という形式で進みますが，内容は地域福祉の拠点で把握される小地域の課題と町全体の地域福祉の推進が結びつけられるようになりました。そして，包括化推進員として，４つの分野から中間マネジャーとしての役割と権限が付与されることで，地域福祉のマネジメントが実施されることになります。「あったかふれあいセンター」という全世代対応の拠点をベースに組み立てられている４人の包括化推進員は，国の政策化議論で登場した「全世代対応のコーディネート機能」を担う人材といえます。

第２は，包括化推進員への権限付与，たとえば表 7-3 に示した各種会議の運営権限の付与によって，地域福祉推進における中間マネジャーの役割を担う可能性が出てきたことがあげられます。多機関協働事業は「既存の相談支援の包括化」を目的とした事業であり，多種多様な相談部門を包括的な相談支援の部門に一元化することではないことはすでに触れたところです。包括化推進員は，兼務する相談支援部門の役割と，その取組みの課題や成果を地域福祉と結びつけるマネジャーの役割とをうまく調整することが重要です。進行管理の事務局会議は，包括化推進員に地域福祉のマネジャーの役割を再認識させる場としての機能をもちます。「あったかふれあいセンター事業」や個別の相談部門から見出された課題と地域福祉計画の進行管理を結びつける目的があるため，たとえ所属は社会福祉協議会だとしても，包括化推進員は地域福祉行政の形成を担うマネジャーの役割を意識することになります。

第３に，地域福祉マネジメントと地域福祉行政との相互作用（M↔C）は，重層的に用意されている連携会議のなかで進むことになります。相談支援等の現場をもちながらマネジメントを継続的に担うなかで，４名の包括化推進員の個別支援業務の割合に差がみられますが，「コア会議」という相互の協力関係のなかで補われ，また個別支援のスーパービジョンと地域支援や地域福祉の事業化の協議に向けたアドバイスによって，連携会議の質が上がることで，地域福祉行政を担う人材が育成されています。

多機関協働の単なるシステム化（相談支援包括化推進員配置＋相談支援包括化推進会議の設置）だけでなく，その成果の還元先として地域福祉の推進や地域福祉行政の形成があることが，「地域福祉タイプ」としては不可欠です。その点から，包括化推進員が運営を担うようになったモデル事業の実施のここ２年間（2018～19年度）の計画進行管理の議事内容をみると，あったかふれあいセンター事業の進行管理のテーマを出発点にしつつも，多機関協働・地域力強化推進の両事業の分析・評価，地域福祉計画の中間評価へと段階的に展開されていることがわかります。

2　中土佐町の事例研究にみる「地域福祉の容器」の形成

本章のもう１つのまとめとして，第Ⅲ部の課題として設定している「地域福祉の容器」のリアリティある概念化の作業に触れておきます。前著（平野

2008）では，「地域福祉の容器」概念の提示にとどまり，マネジメントの展開が求められている地域福祉の現場でその「容器性」を意識化できる概念として深められていませんでした。本書では，そこに挑戦しています。本書のテーマである包括的な支援体制の整備を，地域福祉計画における包括的支援の総合化ではなく，地域福祉を基盤とした多機関協働による包括化へと発展させる視点として認識します。そのうえで，「地域福祉の容器」概念は有用と考えています。中土佐町の事例研究からそのための視点や方法を提示しておきます。

第1は，メゾ空間を形成するネットワーク会議を「地域福祉の容器」の重要な構成要素とみなすことです。中土佐町の地域福祉計画の進行管理の場は，多機関協働の事業展開のマネジメントの機能を果たしています。地域福祉計画の進行管理のための会議が，継続的にしかも質を高めながら実施されます。そのなかで，計画策定による総合化の段階よりも，その進行管理の場における協議を通した包括化が，より効果的であることが示されました。本モデル事業の展開の局面だけでの進行管理ではなく，これまでの進行管理での協議・協働の累積のうえに，包括化の作用が形成されているといえます。包括化はプロセスのなかで実現するものであり，その成果を文字どおり「地域福祉の容器」のなかに累積させるためのマネジメントが必要となります。

容器としての協議の場やプラットフォームをどのように設営し，運営するのかが問われることになります。それは，計画の進行管理の場を含め，メゾ空間でのネットワーク会議ということになります。そのような協議・協働空間のすべてを，地域福祉計画や地域福祉行政の守備範囲に入れることには無理があるかもしれません。中土佐町のような小規模自治体においては，地域福祉計画・行政の守備範囲と考えることはできますが，都市自治体では，「地域福祉の容器」のマネジメント機能の展開として考えることが適当といえます。「地域福祉の容器」概念は，さまざまな制度福祉が展開する文字どおりの「容れ物」の役割を果たしているといえるからです。

第2は，地域福祉拠点の多機能化によって「地域福祉の容器」の形成が進みます。なぜ，中土佐町では包括化推進員が地域福祉マネジメントを扱うことができるのか，その理由の1つが地域福祉の拠点としての「あったかふれあいセンター」という拠点の多機能化です。すでにみたように，単独のコミュニティソーシャルワーカーによる支援より，拠点の多機能性を装置として活用できるコーディネーターはより多くの手段をもつといえます。単に地域を基盤としたソーシャルワーカーという図柄ではなく，多機能性をもった拠点という基盤（インフラ）のうえにコーディネーターが活動しています。包括化推進員は，こうしたコーディネーターの人材と多機能拠点が融合できる環境を整備し，そして絶えず人材の育成と拠点基盤の改善をマネジメントする必要があります。

地域福祉の拠点が地域福祉の推進装置として機能するには，絶えずその拠点の活用者や利用者によって，機能の改善がなされることが必要です。そのための取組みを，拠点をベースに開催される各種の委員会等によって実現できるようにマネジメントすることが必要となります。こうした拠点は，地域住民からも専門職からも「見える化」された基盤（インフラ）といえるもので，中土佐町に限らず高知県下の「あったかふれあいセンター事業」の多機能化は，活用者や利用者によって，設置されている運営委員会によって，また先ほど述べた「集落活動センター」との連携によって，実現されています。

第3に，中土佐町にみられた4名の包括化推進員のチーム，さらには「コア会議」のような定期的な会議，そしてそれらを担う人材へのマネジメントの権限の付与，また「裁量の正当性」の付与によって，人材配置は「地域福祉の容器」の形成を進めることに作用します。とくに必要といえるものが，裁量性をもつ人材の配置です。

多機関協働事業における包括化推進員が少人数の独立型で配置された全国の事例では，なかなか十分な成果が出しきれていない現状となっています。むしろ，兼務型による人材の集合体として，包括的な支援体制の多面的な役割を担う方式の有用性が，中土佐町の事例で示されたといえます。そして，本モデル事業の持続的な条件整備の観点から，包括化推進員が孤立しないよう行政組織機構上の改革を推進するような取組みも必要です。小規模自治体ということもあり，社会福祉協議会が地域福祉行政の一部を担うなかで，その責任ある組織体制整備が求められており，社会福祉協議会において組織編制上の改革が進行しています。

最後に，「地域福祉の容器」の形成における県行政の役割に触れておきます。高知県では，「地域支援企画員[6)]」という県職員による市町村支援の人材派遣事業があります。高知県下の「あったかふれあいセンター事業」の展開や集落活動センターとの連携，そのたの地域づくりといった多様な場面での企画・実施のマネジメントを担う役割があり，文字どおりマネジャーとして機能してきた経緯があります。また，「地域支援企画員」を福祉分野に応用する考えから，福祉保健所地域支援室が設置され，地域福祉行政や計画化の取組みをバックアップしています。個別支援における専門的なアドバイスではなく，資源や事業の開発における企画や財源・人材確保面での支援を用意している点も，先ほど触れた「人材配置」の容器化に貢献しているものです。

１つの小規模自治体における多機関協働事業に着目した事例研究からみえてきた地域福祉マネジメントの機能と，さらに発展させた「地域福祉の容器」の概念化について述べてきました。この問題提起を踏まえて，以下の章では２つの都市自治体の事例研究によって，「地域福祉の容器」の内容をさらに検証してみたい。

注

1) 本章の先行論文としては，平野・小木曽（2020）があります。本章は，同論文を地域福祉マネジメントの視点から大幅に加筆修正したものです。
2) 県は，市町村における地域福祉計画の策定率が当時全国の下位にとどまっている状況のなかで，「あったかふれあいセンター事業」を必須事業とし，行政と社会福祉協議会の共同事務局方式を採用しました。共同事務局方式の導入によって，県による直接的な支援体制が構築しやすくなったのです。
3) 中土佐町では，進行管理組織を３層で構成しています。事例研究の対象である地域福祉計画進行管理事務局会（議）と地域福祉計画推進会議，地域アクションプランを扱う「地域ふくし活動推進委員会」です。
4) 行政の福祉相談窓口のみでは把握しきれない，潜在的な相談者の課題についての情報共有の方式（「かあらんシート」による情報共有）に着手している積極的な取組みもみられます。その成果を受けて社会福祉協議会においても同シートが利用されています。
5) 「集落活動センター」とは，地域住民が主体となって，地域外からの人材も受け入れながら，旧小学校や集会所などを拠点に，それぞれの地域の課題やニーズに応じて，生活，福祉，産業，防災といったさまざまな活動に総合的に取り組む仕組みです（集落活動センターポータルサイトえいとこ高知）。
6) 高知県の地域支援企画員の取組みについては，穂坂・平野ほか編（2013）に詳しい。

第8章

参加支援のまちづくりをめざす地域福祉マネジメント

滋賀県東近江市

はじめに

滋賀県東近江市[1)]を事例研究として取り上げているのは，第9章に紹介する兵庫県芦屋市とは異なり，地域福祉課をもたないなかで，政策系の課（健康福祉政策課）が6年間（2014～19年度）にわたり試行錯誤して地域福祉行政を展開してきた経過を，観察・関与しえたからです。その観察のなかで，地域福祉行政が同市で先行するまちづくりの組織や部署と連携を行いながら，独自の参加支援を包括化するという興味深い成果がみえてきました。1節でその経緯を3つに区分し，2節で成果，3節で参加支援の政策化への示唆を与えています。

1節　*地域福祉行政の形成につながる3つのステップ*

1　健康福祉政策課が地域福祉行政を担う経緯

2014年度に組織編成で誕生した健康福祉政策課（表8-1を参照）は，翌2015年度から始まる第2次地域福祉計画の策定を担いました。2015年度の生活困窮者自立支援制度導入をめざして，2013年度から同制度の導入モデル事業がスタートするのですが，それに先立つ2012年度から，生活困窮者自立支援事業の単独計画化（地域生活支援計画の名称を採用）に着手している点が，東近江

表 8-1　東近江市における地域福祉計画の展開と国のモデル事業の取組み

	ステップⅠ		ステップⅡ		ステップⅢ	
	2012 年度	2013 ～ 14 年度	2015 年度	2016 年度	2017 年度	2018 ～ 19 年度
計画の策定	地域生活支援計画検討委員会の設置	モデル事業の成果を踏まえた計画策定	第 2 次地域福祉計画の策定	第 2 次地域福祉計画の策定	地域福祉計画の進行管理	地域福祉計画の進行管理
国のモデル事業の実施	生活困窮者支援の計画モデル事業	生活困窮者自立支援促進事業	共助の基盤づくり事業	共助の基盤づくり事業	地域力強化推進事業	地域力強化推進事業
担当部署	社会福祉課	社会福祉課から健康福祉政策課(2014)へ	健康福祉政策課(政策調整)	健康福祉政策課(政策調整)	健康福祉政策課(政策調整)	健康福祉政策課(政策調整)

市の大きな特徴です。当時単独計画の策定に着手する自治体はほとんどみられなかったため，手探りでの計画策定でした。

日本福祉大学チーム（代表：平野隆之）のフィールドワークは，この単独計画への関与から始まります。健康福祉政策課が 3 つのステップをとり，地域福祉行政を担ってきた経過を観察するとともに，その展開に関与してきました。その過程を地域福祉マネジメントの視点（本書第Ⅰ部）から分析した結果が，本章の内容です。

生活困窮者自立支援に関する単独計画の策定は，表 8-1 のステップⅠに相当するもので，その後ステップⅡの第 1 次地域福祉計画の見直しに大きな影響を与えています。まず，その影響を行政組織上の編成から捉えます。

その 1 つが，当初社会福祉課でスタートした単独計画策定業務が，2014 年度に設置された健康福祉政策課に移行するという組織体制の変化です。社会福祉協議会を所管するという理由で社会福祉課が計画を担当するのではなく，総合的に福祉政策を担当する健康福祉政策課が計画を所管することになりました。社会福祉協議会による地域福祉から，行政による地域福祉推進への移行ともいえるものです。

この新たな組織編成の結果（表 8-2），当初単独計画の策定を担い企画・政策機能をもっていた社会福祉課の担当部署は，健康福祉政策課として独立するこ

表 8-2　東近江市の福祉関連組織の改編

2013年度	2014年度
健康福祉こども部	**健康福祉部**
社会福祉課	**健康福祉政策課** 社会福祉課
いきいき支援課 　高齢者支援グループ 　障害者支援グループ 　介護予防グループ	福祉総合支援課 　高齢者支援グループ 　障害者支援グループ 　くらし相談支援グループ
長寿福祉課	長寿福祉課
障害福祉課	障害福祉課
健康推進課	健康推進課 **地域医療政策課**
子ども家庭課 子ども支援センター 幼児課 幼児施設課	こども未来部 　子ども家庭課 　子ども支援センター 　幼児課 　幼児施設課

とになり，健康福祉部のなかで，地域医療政策課も含め，政策的な対応を図る組織の強化がなされました。新設の健康福祉政策課が，国の地域福祉をめぐる政策環境の変化への対応も視野に入れて，地域福祉推進の企画を担うことになりました。

もう1つが，生活困窮者自立支援制度における相談支援の体制整備の編成です。単独計画においては，既存の相談機関を活用した後方相談支援を構築するという方針のもと，生活困窮者自立相談支援の窓口機能が模索されました。生活保護制度の利用窓口に併設するのではなく，「相談支援の支援」としての機能を担当する組織の配置が検討されました。実際には，生活困窮者の「自立相談支援」の窓口は，専門相談としての高齢・障害の地域包括支援センター（いきいき支援課）に並列して配置されることとなりました。「くらし相談支援」の名称が採用され，従来の「いきいき支援課」の名称が変更され，「福祉総合支援課」となりました（表 8-2）。組織上は，包括的な相談支援の体制ができあがることになります。なお，子ども家庭課をはじめ子どもの担当は，こども未来部に移行することになります。その意味では，子ども家庭に関する相談支援は，

「福祉総合支援課」には含まれていません。

2015年度から，健康福祉政策課が事務局となって，地域福祉計画の策定に着手することになります（ステップⅡ）。また，健康福祉政策課は，その後の計画の進行管理においても予算確保の面においても，積極性を発揮することになり，国のモデル事業を活用した予算確保が実現しています（ステップⅢ）。前章で取り上げた中土佐町と同様に，国のモデル事業の活用と計画の策定や進行管理が進められています。特徴的なのは，生活困窮者自立支援事業の実施に向けた準備の性格をもちながら，計画化とモデル事業の実施に3年間（ステップⅠ）をかけている点です。

2　健康福祉政策課が担う地域福祉マネジメント

上述の東近江市の動向を踏まえ，中土佐町（第7章）と芦屋市（第9章）に共通する「段階別マネジメント」の枠組みを用いることで，同市の地域福祉マネジメントの事例研究の課題を示しておきます。なお，階段の枠組みは，国の地域福祉をめぐる政策の時間的な展開を，段階Ⅰ～Ⅳの経過のなかで示すとともに，当該自治体が独自に取り組む系統的なマネジメントによってぞれぞれの成果が継続的で累積的な形で形成されることを示そうとした枠組みです。

まず，東近江市の取組み内容・年度を図8-1の（　）内の上段と下段に入れてみると，その取組みの経過が2つの時期に分かれるとともに，想定される政策的な展開と異なっていることに気づきます。上段の展開である地域福祉計画の第2次策定（段階Ⅱ）は，2015年度にスタートしています。それに帰結する形で，生活困窮者自立支援事業の計画化（段階Ⅲ）が先行して2012年度に着手され，福祉総合支援課の設置（段階Ⅳ）は2014年度となります。段階Ⅰの社会福祉協議会（社協）への委託事業からの転換は，段階Ⅲのなかで起き，社会福祉協議会以外の社会福祉法人やNPOなどへの補助が生活困窮者自立支援制度，とくに中間的就労に関連した委託先として増えるなかで，段階Ⅰの構造が変化します。2014～15年度を契機にして，健康福祉政策課は，地域福祉行政の展開に軸足を移すことになります。

なお，第1次地域福祉計画は2011～16年度の6年間の計画として策定され

図8-1　地域福祉マネジメントの拡がり（東近江市）

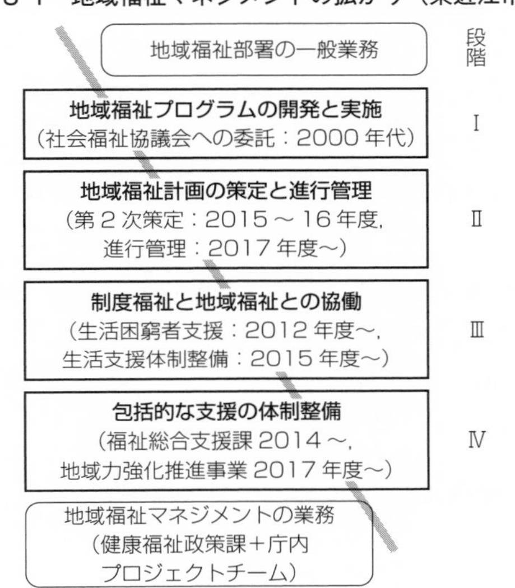

ていますが，第2次とは異なって段階Ⅲとの関連が想定されていない計画内容のため，段階Ⅱとしては位置づけていません。

下段の展開では，2017年度の第2次地域福祉計画の進行管理とともに，2017年の社会福祉法改正における「包括的支援の体制整備」への展開を受けて，同市は国の地域力強化推進のモデル事業に2017年度から着手しています。

健康福祉政策課では，相談支援などの現業部門をもっていないことから，地域福祉の推進を直接担当する政策調整係の職員数は係長を含めて3名程度と必ずしも多くありません。段階Ⅱ，Ⅲ，Ⅳが重なりながら進み，健康福祉政策課にとっては求められるマネジメントに対応できる組織基盤が必ずしも十分でない状況です。国の補助・モデル事業を系統的に活用することで，地域福祉を政策推進のコンセプトとして採用し，優先度を高めています。

また，中土佐町との比較でいえば，地域福祉行政が担う役割を社会福祉協議会が代替する条件は，地域福祉計画と社会福祉協議会の活動計画が分離して策定されていることもあって，実践面は別として政策面で成立しているわけではありません。こうした活用条件の乏しさやその結果生じているマネジメント機能の不足を，大学研究チームへの計画策定等の委託によって補完しているとみることもできます。

以下では，このような背景をもちながら，段階Ⅱの計画策定よりも，段階Ⅲの「制度福祉と地域福祉との協働」を先行して着手していることが，最終的に段階Ⅳの「包括的支援の体制整備」において，どのような影響を与えることになるのか，さらには，2020年度に始まる第3次地域福祉計画の策定において，段階Ⅳの国の政策化を背景として，どのような「加工の自由」に向けた選択がなされるのかについて検討します。検討の視点としては，地域福祉課として組織体制の整備がなされないなかで，制度福祉の新規導入を契機とした地域福祉マネジメントの機能をどう展開しているのか，という問いが想定されます。

2節　地域福祉マネジメントの実際とその成果

1　生活困窮者自立支援事業の計画化の成果（ステップⅠ）

ステップⅠにおいて，ステップⅡの地域福祉計画策定に結びつくような有用な策定方法がどのように採用されているのでしょうか。その1つが，生活困窮者自立支援事業の単独計画化における協議の場の運営です。具体的には「行政組織における相談現場と政策担当との協議」の場と，「政策担当と民間の自発的福祉との協議」の場がうまく運営されていること，言いかえれば，現場発のボトムアップ方式の採用といえるものです（平野 2014）。

第1の「行政組織における相談現場と政策担当との協議」の場では，より有効なアプローチを構想するために，生活困窮に関する基本的なデータを共同作成する「協働空間」が形成されました。行政組織内における主体となり「自由な運用」の方法を立案するのは，第一線の行政職員（ワーカー等）ではなく，また課長といった管理職でもなく，中間マネジャーです。そして，生活困窮者を対象に含む相談現場の中間マネジャーの問題提起と，それを受け止める政策担当の中間マネジャーにおける予防的福祉への関心，という2部署間での共通理解と共同作業がなされました。具体的には相談現場が共有できるよう，生活困窮に関する緩やかな判断基準を作成し，予防的な支援が可能な自前の支援枠

表8-3　東近江市地域生活支援計画における計画の方向性

① 制度の意図に反しない範囲での「自由な」運用をめざす(地域福祉としての運用)
② 既存の相談機関を活用した後方相談支援を構築する(ネットワーク型の家族福祉の視点)
③ 予防的な支援や「働く」ことの支援へのアクセスを保障する(予防的な支援の促進)
④ 地域福祉の公・民の担い手を育成し，事業の継続性を確保する(人材と事業の育成)
⑤ 狭義の福祉を超え，中間的就労等の場を開拓する地域づくりを進める(地域づくり)
⑥ 自立支援は自己実現の支援であり，その過程は協働作業である(相互自己実現)

（出所） 東近江市（2015：15頁）。

組みをつくることに結実しています。

第2の政策担当と制度外の自発的福祉を担ってきた民間組織との協議の場の運営では，相談支援の強化もさることながら，強化すべき領域は出口プログラムの開発という認識のもと，そのために庁外との合意形成を図りました。この過程で，自治体の自前の支援枠組みをもとに，制度の本格実施に先行する形で，計画策定過程で試行的事業を実施しています。その結果，これまで民間組織が行ってきた制度外の支援を積極的に評価し，予算化によるバックアップが実現しています。たとえば，全国的には「障害者就業・生活支援センター」と呼称されている事業が，滋賀県下では「働き・暮らし応援センター」として人件費が上乗せされた形で実施されています。制度上規定されている手帳を取得している障害者以外の支援にも，同センターが取り組んできた実績を東近江市が評価し，予算上の措置を講じることで，生活困窮者の中間的就労へ広がることになりました。

もう1つ注目しておきたい点として，生活困窮者自立支援に関する計画（地域生活支援計画）において，地域福祉を志向する方向性が選択されたことが挙げられます（表8-3)。生活困窮者自立支援の制度の意図に反しない範囲での「自由な」運用をめざすとし，地域福祉としての運用と位置づけたことが重要です。その背景には，先に触れた制度外の支援の実績を評価し，新たな制度枠内でも継続してその方式を実施できるように設定したことが挙げられます。そして，地域福祉の公・民の担い手を育成し，事業の継続性を確保することが条件整備として必要なことが確認されています。そのほか，今後の地域福祉の方向性として，狭義の福祉を越えた地域づくりを進めることが選択されています。

図8-2　地域福祉マネジメントの作用の分析枠組み（東近江市）

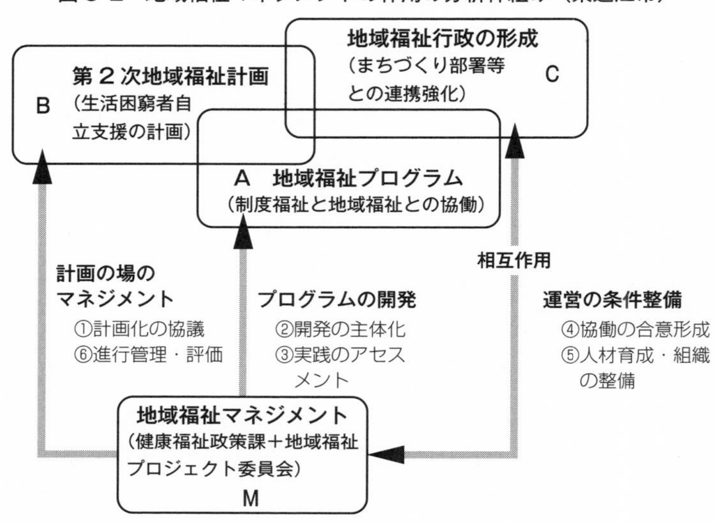

2　第２次地域福祉計画の策定の成果（ステップⅡ）

第２次地域福祉計画の策定段階での成果を整理するために，図8-2で地域福祉マネジメントの「基本機能」を活用しておきます。Bに第２次地域福祉計画を設定し，その背景にある生活困窮者自立支援に関する計画も位置づけました。その第２次地域福祉計画の策定に向けての①計画化の協議の場の設定をスタートとして，同計画の⑥進行管理・評価まで，計６つの機能を展開しているという構造図（①〜⑥の時系列順序）に組み替え，地域福祉マネジメント（M）の各３つの領域（A，B，C）への作用を分析します。地域福祉マネジメントの主体（M）としては，事務局を担う健康福祉政策課と地域福祉プロジェクト委員会を位置づけています。

成果は大きく整理すると次の３つです。第１の成果は，M→Bによって，①計画化の協議の場を，庁内連携の場と庁外連携の場として組織しえていることです。第２の成果は，計画の項目に盛り込む地域福祉プログラム（A）として「制度福祉と地域福祉との協働」に関する事業を用意することができたことです。第３には，地域福祉行政の形成（C）に向けて，まちづくり部署等との連携を強化していることです。当然ながら，これらの成果に関しては，先行の生活困窮者自立支援事業の計画化が影響しています。

2.1　計画化の協議の場を担う２つのマネジメント主体

第１の成果に相当する，「①計画化の協議」の場を庁内連携の場と庁外連携の場として組織しえている背景には，先行した生活困窮者自立支援事業の計画化で，２つの協議の場の組織化に成功した影響があります。その１つが，すでに紹介した「行政の相談現場と政策担当との協議」の場の形成であり，その場に中間マネジャー（課長補佐や係長など）の参加を確保しえたことです。その経験を踏まえて，第２次地域福祉計画の策定においても，連携する必要のある庁内の多くの部署から，「地域福祉プロジェクト委員会」への参加を確保し，「②開発の主体化」をめざしています。たとえば，健康福祉部のすべての課をカバーするとともに，まちづくり協働課，商工労政課，こども家庭課，森と水政策課などの健康福祉部以外からの委員が多く含まれています。

また，もう１つの協議の場である「政策担当と民間の自発的福祉との協議」の場についても，策定委員会に自発的福祉を実践している組織から10名の委員の参加を確保しています。その意味で，地域福祉の協議体としての性格が確保されているといえます。自発的福祉の活動分野も，高齢・障害・児童・生活困窮をカバーし，地理的には先行する地区のまちづくり協議会（蒲生地区）や地区社会福祉協議会（永源寺地区）によって構成されています。

２年間にわたって，地域福祉プロジェクト委員会８回，策定委員会６回が開催されています。また，地域福祉プロジェクト委員会を母体として，地域の取組み事例の調査活動もなされています（③実践のアセスメント）。

2.2　制度運営のための条件整備のプログラム開発

第２次地域福祉計画の全体の体系を表8-4に示しておきます。国の政策枠組みを東近江市版に加工したもので，(1)「わがこと」の地域づくりを，(2)「まるごと」のしかけづくりと (3)「みんなの応援」の仕組みづくりで二重にバックアップしています。この計画体系に，先ほどの庁内横断的に組織された地域福祉プロジェクト委員会と自発的な福祉を担う組織の代表が委員となった策定

表8-4　第2次東近江市地域福祉計画の体系

(1)「わがごと」の地域づくり	(2)「まるごと」のしかけづくり	(3)「みんなの応援」の仕組みづくり	
施策1：地域で自分らしく暮らせる関係づくり	施策4：制度のはざまをつくらない課題発見と相談体制の構築	施策7：社会福祉法人による公益的活動の推進	福祉の起点：1人ひとりの「人」を大切にする視点
施策2：お互いさまの支え合いづくり	施策5：地域の資源を生かした拠点機能の強化	施策8：社会福祉協議会による地域福祉の基盤強化	地域福祉の中軸：「小地域」や「地区」を単位とした活動
施策3：誰もが主役のまちづくり	施策6：分野を越えた地域福祉の多様な人材育成	施策9：地域福祉行政の組織強化と推進体制の構築	新たな挑戦：市域全域で分野を越えた連携と参画

（出所）　東近江市（2017：14頁）。

委員会の協議が反映しています。

「制度福祉と地域福祉との協働」に関するプログラム開発は，「施策6：分野を越えた地域福祉の多様な人材育成」が計画項目として盛り込まれ，介護保険制度によって配置された「生活支援コーディネーター」を地域福祉の人材として位置づけ，その発掘と育成を図ることが盛り込まれています。また，生活困窮者自立支援制度へのバックアップの役割も取り入れています。

「④協働の合意形成」という点からは，(3)「みんなの応援」の仕組みづくり（施策7，8，9）に着目することができます。地域福祉行政が担える守備範囲が限定されていることもあって，社会福祉法人，社会福祉協議会，地域福祉行政の3者を位置づけています。とくに，地域福祉行政の組織強化と推進体制の構築については，これまでの健康福祉政策課の努力を踏まえつつも，地域福祉行政の組織基盤を強化するという明確な目標を設定しています。また，社会福祉法人の公益的活動の推進に向けての「ラウンドテーブルの設置」（施策7-1：施策7のなかの小項目を表す）は，国の補助事業を活用して計画策定期間のなかで試行的な取組みを実施し，その結果を踏まえた計画化といえます。進行管理の段階では，本格的な事業化に取組み，地域力強化推進（福祉専門機関の地域力強化）の1つのプログラムとして位置づけています。

もう1つは，まちづくりの多様な人材が委員として参加したことや庁内連携の結果として，「⑤人材育成・組織の整備」において，「施策3：誰もが主役のまちづくり」や「施策5：地域の資源を生かした拠点機能の強化」が計画項目として盛り込まれました。施策3ではまちづくり協働課が進める「SIB（ソーシャルインパクトボンド）の仕組み」の実証事業への参加をはじめ，生活困窮者自立支援事業を含む地域福祉プログラムにも応用することが採用されています。また，後者では，地域特性に根差したまちづくりの多様な小地域拠点を生かす計画が盛り込まれました。

3　地域福祉行政におけるまちづくり部署等との連携の成果（ステップⅢ）

第2次地域福祉計画において取り上げた，まちづくりや高齢者福祉部署との連携に関連する計画項目について，進行管理上の成果として以下では次の2つの点に触れておきます。地域福祉課として組織体制が整備できないなかでの対応とみることもできます。1つは，まちづくり協働課との連携で，SIB（ソーシャルインパクトボンド）の仕組みを活用した地域福祉プログラムの推進と，もう1つは，福祉総合支援課との連携で，地域福祉人材としての生活支援コーディネーターによる事業です。

3.1 「SIB（ソーシャルインパクトボンド）の仕組み」と地域福祉プログラム

所属や分野を越えたプラットフォーム「魅知普請創寄り」（SOYORI）や「三方よし研究会」をはじめ，多様なまちづくりの主体による活動展開[2]と地域福祉はどう連携できるのでしょうか。地域福祉（計画）が取り組んだまちづくりとの協働の1つの形が，東近江市版のSIBによる財源活用と事業評価への地域福祉プログラムの挑戦です。国の地域福祉政策として導入された「安心生活創造事業」では，地域福祉の自主財源を確保することが政策目標に設定されたにもかかわらず，その実効性が伴わず，全国的にも十分な成果がみられていません[3]。

東近江市版のSIBは，東近江市と「東近江三方よし基金[4]」が連携して実施するもので，既存の行政事業を成果連動型に変えることにより，補助金を出す側と受け取る側の意識の変革をねらいとしています。事業の取組みとして，地

表 8-5 東近江市版の SIB 事業の取組み実績

2016年度 CB スタートアップ支援	2017年度 CB スタートアップ支援	2018年度 CB スタートアップ支援
○がもう夢工房拠点整備事業 ○クミノプロジェクト ○新しいせっけんブランドの立ち上げ ○ほんなら堂	○子ども未来創造アカデミー ○東近江市の花「紫草」を活用した「耕作放棄地の再生」と「雇用の創出」事業	○東近江市から始まる新しい子育てシステムづくり ○政所茶の販売拡大・ブランディング
—	2017年度 中間的就労の3事業	2018年度 東近江市版 SIB の独自基金
	○特定非営利活動団体 TeamKonQ ○(株)イージェイファクトリー ○あいとうふくしモール運営委員会	○地域で育む子どもの居場所づくり ○世代を超えてつなぐ就労支援

(注) CB：コミュニティビジネス。
(出所) 東近江市調べ。

域課題をビジネスの手法で解決する取組みのスタートアップを支援する「コミュニティビジネススタートアップ支援事業」(2016年度～) と，働きづらさを抱える人々の就労訓練等を受け入れる事業者を支援する「中間的就労支援事業」(2017年度)，基金独自で課題設定した東近江市版 SIB (2018年度～) があります。

それらの実績は，表 8-5 のような状況です。地域福祉計画の施策 3-3 に組み込んだ東近江市版の SIB の仕組みの導入に関連しては，「中間的就労支援事業」(2017年度) の3つの事業や「基金独自で課題設定した東近江市版 SIB」(2018年度) の「地域で育む子どもの居場所づくり」(社会福祉協議会) などが，相当することになります。

中間的就労事業については，「SIB 事業」というよりは，税による補助事業として取り組むべきではないかなどの議論もなされるなかで，2018年度では，市補助への切り替えがなされています。なお，「東近江三方よし基金」による事業の実績評価として，就労につながることによる将来負担の軽減 (中間的就労支援事業) では，働きにくさを抱える若者の就労を支援することで，9名が一般就労へつながり将来的な公的負担を削減することに貢献できたなど，生活保護受給者の年間受給額の軽減としての指標が用いられています。

また，子どもの居場所事業による将来の経済損失の軽減では，子どもの貧困状態の比率をもとに経済損失の試算がなされています。こうした視点を地域福祉のプログラムの評価に入れる必要性や地域福祉プログラムの効果の「見える化」については，3節で触れます。

3.2　地域福祉人材としての生活支援コーディネーター

2015年4月に介護保険法の改正により介護予防・日常生活支援総合事業（以下「総合事業」という）がスタートしたことを受けて，東近江市では第2次地域福祉計画策定と同時期に，計画との一体的な推進をめざして生活支援体制整備事業の準備を進めています。地域福祉計画策定に設置されたプロジェクト委員会においても経過報告を行い，地区での課題把握や協議の場の取組みを一体的に行うことが確認されています。その結果，地域福祉計画における直接的な記載は，「施策5：地域の資源を生かした拠点機能の強化」において，地域福祉の拠点への「生活支援コーディネーター」の係り方や，「施策6：分野を越えた地域福祉の多様な人材育成」において，生活支援コーディネーターの配置と，それと両輪となる協議体の設置を，社会福祉協議会や社会福祉法人と連携して推進することなどが記載されました。

日本福祉大学の研究チームは，総合事業実施にかかる活動の経過の観察，アドバイザーとしての支援を担っています。2015～16年度は，2017年4月からの総合事業への移行をスムーズに行うために，地域の支え合いの体制づくりを進める準備期間と位置づけ，関係者間での勉強会，考え方・方針等の共有・すり合わせ，現状の把握（実態調査），協議体や生活支援コーディネーターのモデル的取組みを行ってきました。地域包括支援センターを担う福祉総合支援課が担当部署となり，健康福祉政策課と長寿福祉課，社会福祉協議会，大学研究チームが企画・実施を担ってきました（表8-6）。

地域福祉計画の進行管理の時期である2017年4月からは，総合事業を本格的に開始しています。生活支援体制整備事業については，第1層生活支援コーディネーターの委託を受けて，社会福祉協議会が第1層協議体を設置しています。第1層協議体を通して，社会福祉協議会や福祉の関係者と，消費生活協同組合や図書館など，これまでつながりの薄かった団体との関係構築ができ，活動に広がりができている点は1つの成果といえます。

表 8-6　生活支援コーディネーター設置とその展開

	ステップⅡ		ステップⅢ	
	2015 年度	2016 年度	2017 年度	2018 ～ 19 年度
生活支援コーディネーター設置の動き	行政庁内外での仕組み・考え方の共有(勉強会)，実態調査の実施	協議体を考える会の設置，2層設置に向けたモデル的取組みの推進，定例会の開催	1層協議体の設置，2層モデルの推進研修の実施，コーディネーター活動分析	1層協議体のプロジェクト化，定例会に健康福祉政策課とまちづくり協働課も参加

（注）ステップの区分は，表 8-1 に同じ。

また，第1層協議体には行政のまちづくり協働課，健康福祉政策課，福祉総合支援課もメンバーとして参加し，地区の活動等を共有できる場となっています。2年目からは，メンバーが関心のあるテーマに分かれた3つのプロジェクトが始動し，それぞれのプロジェクトに福祉総合支援課だけでなく，まちづくり協働課などの職員も入ることで現場レベルでの連携が始まっています。また，第2層圏域では，当初，5地区をモデルとして位置づけ，既存の協議の場や，活動グループを生かした第2層協議体と生活支援コーディネーターの設置に向けた働きかけを行ってきました。中野地区では，地区ボランティアセンターが中心となり，五個荘地区では，社会福祉法人の職員がコーディネーターを担い，愛東地区では，NPO 法人がコーディネーターを担い，それぞれの特性を生かした協議の場づくりを進めています。

社会福祉協議会が中心となって，14 の地区で地区住民福祉活動計画を策定し，それに基づいて，活動を推進するという方向性で地域福祉が進められてきました。第2層の協議体やコーディネーターの配置は，地区社会福祉協議会を中心としてきた地域福祉の活動を，まちづくり協議会，社会福祉法人や NPO など，より多様なメンバーの参加を促し，活動へのきっかけを与えることに結びついています。

2016 年度から実施されている「定例会」において，各地区の動きや今後の働きかけの方向性を市の担当課（福祉総合支援課）と社会福祉協議会が共有することが可能となったことで，単なる社会福祉協議会への委託ではなく，行政が実践のアセスメント，事業の進行管理や評価を行う体制へと変化した点が大きな成果といえます。2019 年度からは，定例会に健康福祉政策課とまちづくり協働課が加わることで，企画の幅が拡がる可能性が見えてきています。

3節 「包括的支援の体制整備」(段階Ⅳ)への展開と地域福祉マネジメント

1 参加支援の包括化推進の課題――地域福祉マネジメントの権限付与

段階Ⅳの「包括的な支援体制の整備」については，図8-1にあるように，地域力強化推進のモデル事業による取組みと福祉総合支援課における体制上の課題の検討が着手されています。包括的な支援体制の整備の政策化の検討は，第**3**章でみたように，現行の多機関協働のモデル事業を前提とすると，「相談支援包括化推進員」をどう配置するかということと密接に関係しています。中土佐町とは異なり，東近江市では多機関協働事業を採用していませんが，東近江市の事例研究に沿って構想するとすれば，包括化推進員の役割は，すでに相談支援の包括化が行政組織体制として整備されていることから，まちづくりの活動による支援と地域福祉活動による支援との包括化に求められると考えます。

策定過程に深くコミットしている地域福祉プロジェクト委員は，まちづくりをはじめ，他の部署との協働を目的とした共同作業（プロジェクト）に取り組むことが求められました。ただし，制度の新たな導入をめざした生活困窮者自立支援事業の計画化の中間マネジャーの委員は，多くの調査活動に参加するとともに，実際の事業設計上の役割分担の協議にも参加しました。新しい制度福祉の事業設計とは異なる地域福祉計画においては，地域福祉プロジェクト委員に対して，そのような役割や権限が与えられていなかったといえます。

中土佐町でみたように，中間マネジャー（包括化推進員）への組織横断的な権限の付与が，連携・協働のために必要であることが明らかとなっています。その意味では，地域福祉プロジェクト委員に対して，計画の実施や進行管理において連携のための権限の付与があることが望まれます。こうした権限がないと包括化に向けた取組みも，絶えず委員が帰属する部署の上司の了解が必要となります。地域福祉計画による包括的な支援体制の整備の推進においては，包括化推進員の役割として，相談支援の包括化を越えた企画・計画機能を担うことも期待できるのではないかと考えられます。場合によっては，地域福祉プロジェクト委員として，包括化推進員の兼務発令のような対応には現実性があります。なお，生活支援コーディネーターの配置においては，一定の成果が生まれています。それは，協議体運営への権限が付与されていることと無関係ではありません。

2　相談支援と参加支援のバランスあるマネジメント

包括的支援の体制整備において行われている地域福祉マネジメントとしては，相談支援と参加支援のバランスある展開を挙げることができます。政策的に人材確保が強化されるのは，制度福祉から要請される相談支援の部門となる傾向があります。そこで，地域福祉マネジメントとしては，参加支援を強化することで，バランスをとるということになります。地域福祉のプログラムとしての参加支援は，自発的な福祉も含め，すでに民間で多様に取り組まれています。東近江市の第2次地域福祉計画のなかでも，それらの把握と評価を試みました。参加支援の1つのプログラムである中間的就労支援については，すでに紹介したように，東近江市版のSIBの活用や，補助事業としての推進に着手しているところです。

このように，まちづくりとの協働の視点での理解が進み，中間的就労の継続性を支援することが進んでいます。ただし，国基準の評価方法では，自立相談支援事業を経由していない，また支援プランを伴わない場合に，事業実績としてカウントされないため，当該事業としての評価に結びついていない状況が生まれています。それゆえ，福祉行政上の成果指標の考え方を改め，相談支援を経由しない場合における参加支援の成果を評価する枠組みの採用が必要といえます。この論点は，相談支援と参加支援のバランスあるマネジメントに結びついているといえます。なぜなら，東近江市の場合，相談支援の地域的な配置が進まないなかで，参加支援において地域的な展開が実現しているからです。それゆえ，参加支援がより大きな成果を収めるためには，福祉総合支援課における生活困窮者の相談支援の地域的な展開が必要なのです。

生活困窮者自立支援事業に関する運営協議会では，参加支援を重視する事業展開に向けた協議が重要となってきています。今後国のいう「地域づくりに向けた支援」が進展する動向のなかで，自立相談支援事業を軸とした支援のあり方に修正を加えることが必要となっています。介護保険制度のケアプランの導入と同様に，支援プランの作成を重視し，それによって参加支援をコントロールする方法では，「地域づくり」型の運営，ここでは「地域福祉」型といってよい実践が普及しえないのです。

3 「地域福祉の容器」概念からの捉え直し

独自の概念である「地域福祉の容器」という考え方からこれまでの取組みを捉え直すと，東近江市の事例研究の結果からは，むしろ「まちづくりの容器」としての整理が有効なのではないかと思われます。「三方よし研究会」(2007年〜)をはじめ，「魅知普請創寄り(SOYORI)」(2010年〜)といった住民とさまざまな事業者と行政が集う場がつくられてきました[5)]。それらのネットワークが，1つの容器を形成していると考えられます。さらに「公益財団法人東近江三方よし基金」という中間支援組織の設立によって，東近江市版のSIBの取組みが加わり，地域自治としてのローカルガバナンスをめざす動きも活発化しています。その意味では，それらを地域福祉行政という狭い視点での名称を用いた考え方として容器を示さない方がよいのかもしれません。

第3章で触れたように，地域福祉計画策定ガイドラインにおいて，「包括的な支援体制の整備」の内容を計画項目として盛り込むこと，地域福祉計画の上位計画化によってその整備を進めることが強く打ち出されています。筆者は，これまでの地域福祉の実績，累積のありようからすると，上位計画化による包括化ではなく，「地域福祉の容器」化による包括的な支援体制の条件整備をめざすべきだと考えています。

そのような視点から，東近江市の事例をみるとき，上記の「まちづくりの容器」としての整理と，今後の地域福祉計画の見直し(2020年度から着手)との関係をどのように理解するかが問われます。東近江市の現状では，地域福祉計画の上位計画化への対応はなされていません。生活困窮者自立支援事業の計画化の影響もあって，地域福祉計画は各種制度福祉の計画化の底支えの機能として位置づけられています。これまでのまちづくり部署等との連携の成果を生かし，健康福祉政策課としては，はたして「地域福祉の容器」さらには「まちづくりの容器」を活用した第３次の地域福祉計画を展望することができるかどうか，地域福祉マネジメントとの課題となります。

最後に，それを判断するための検討課題を２点触れておきます。１つは，かかる容器を形成する人材育成の課題です。そのために，より広範囲な地域福祉人材の育成をめざし，また行政職員による地域担当制による地域支援の方法を研修する必要があります。それは，コミュニティワークの研修ということになります。2019 年度の地域力強化推進事業のなかで，大学チームがそのための試行的な研修事業を展開しています[6)]。その結果が１つの判断材料となります。

もう１つは，SIB 事業による中間的就労事業にみられた評価方法の課題です。相談支援部署に対して，参加支援としての取組みが有効な効果をもたらしている点を評価結果として示す必要があります。すでに，そのような評価の文脈とは異なりますが，中間的就労が SIB 事業の対象となったことから，その事業評価が着手されています。実際の評価の指標としては，就労自立の数といった評価指標が優先され，その条件となるような企業等の参加といった地域づくりの評価にまで作業が進んでいません。

2017 年度の SIB 事業（表 8-5）の１つである「Team KonQ（チーム困救）」という任意団体には，地域の企業や団体が手伝ってほしい作業（地域の困りごと）が集まってくる仕掛けがあり，これらは，農業・林業や工業，さらにはサービス業など，地域の産業全体を網羅するプロジェクトとして成果をあげています。作業が多種多様であり，さまざまなタイプの利用者に対してマッチする可能性が高いことが特徴といえます。同プロジェクトは，多様な利用者の就労・定着支援に寄与するだけでなく，同時に企業や団体の困りごとを解決することで地域活性化に貢献できるといえます。「まちづくりの容器」を構成する役割を担っているプロジェクトといえるのです。地域福祉マネジメントは，地域活性化というインパクトにまで，相談支援部署が視野を広げるために，参加支援プログラムを個別支援レベルでの評価から地域支援上の評価へと引き上げる必要があります。その新たな評価指標の開発をめざす「プログラム評価の組織化」

に取り組むということです。

注

1) 2005年2月11日に1市4町が，その後2006年にさらに2町が合併して現在の東近江市が誕生した。人口11万4935人（2017年4月1日現在），面積383k㎡，高齢化率25.1%，小学校数22校。

2) 東近江市は，2016年度の「ふるさとづくり大賞」において「地方自治体表彰」を受賞しました。表彰の概要では，以下のような紹介がされています。

「地域のことは地域で決める惣村自治の精神が根付いている。

市職員が地域の一員としてまちづくり活動に参画しており，その中で認識した地域の課題を庁内で共有し，環境・経済・社会の視点から市民が豊かに暮らす未来の実現に向けて市民・行政の協働で取組を進めている。

全国に広がっている『菜の花プロジェクト』の取組みの推進や，福祉就労，高齢者のケア，エネルギー，農業を組み合わせた取組は，持続可能な地域づくりのモデルとなっている。」（NPO法人愛のまちエコ倶楽部・東近江市（2015）「魅知普請――魅力と知力と民力でつくるまち」から：https://www.city.higashiomi.shiga.jp/0000003145.html）。

3) 地域福祉の財源確保方策については，宮城・長谷川・久津摩編（2018）において，事例の紹介がなされています。なお，財源確保はファンドレイジングの結果で，「コミュニティワークやコミュニティオーガニゼーションの取り組み」に相当するもので，「社会的インパクトなどを意識した組織・活動づくり」の側面に着目することを強調している点が注目されます。

4) 公益財団法人東近江三方よし基金は，以下の図のような仕組みで運営されています。なお，中間的就労事業については，『平成29年度保健福祉分野における民間活力を活用した社会的事業の開発・普及のための環境整備事業〈東近江市・一般財団法人東近江三方よし基金〉事業報告書』を参照しています。

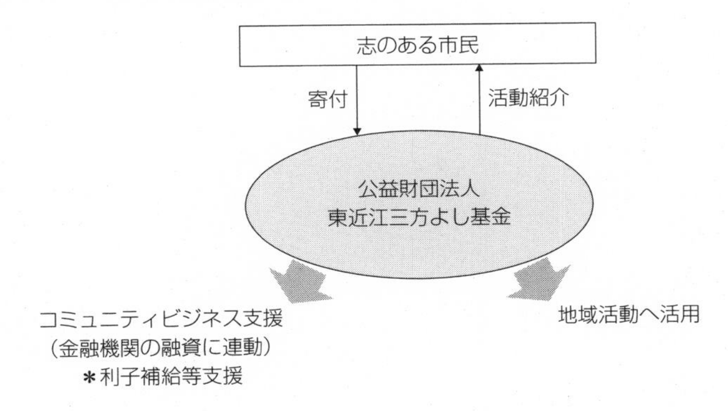

5)　第10回ローカルサミットin東近江実行委員会・西村（2017）では，FEC自給圏（Food, Energy, Careの地域内自給をめざす，内橋克人の提唱する地域づくり）をめざした循環型共生型の地域づくりについて，リーダーや行政職員からのつながる仕組みについて紹介されています。

6)　同研修事業の教材として，韓国住民運動教育院著，平野隆之・穂坂光彦・朴兪美編訳（2018）が用いられています。

第9章

行政改革を視野に入れた地域福祉マネジメント

兵庫県芦屋市

はじめに

兵庫県芦屋市[1]の地域福祉課の事例研究は，地域福祉行政組織の研究として貴重なものです。芦屋市における地域福祉行政の形成を，地域福祉計画の発展と行政組織の強化を軸に，３つの段階に区分し，地域福祉マネジメントの視点から地域福祉課の所掌事務の拡大とその機能について分析します。とくに，「トータルサポート担当」という独自の保健師配置と，行政改革と連動した「こえる場！」プロジェクトに注目します。また，地域福祉マネジャーのミッションについても言及するようにします。

1節　*地域福祉課はなぜ必要なのか*

1　地域福祉課の守備範囲

芦屋市の地域福祉課は，相談支援の包括化をめざす相談部門として編成されているわけではなく，地域福祉に関連する企画・計画や試行的な実施・評価を遂行する部門ということができます。しかし，第8章の東近江市の健康福祉政策課のように政策部門に特化しているわけではなく，いくつかの相談や支援部門をもつ地域福祉課です。とくに対象別の支援ではなく，横断的な支援が求め

図9-1　芦屋市地域福祉課の所掌事務

地域福祉課

管理係
- 地域福祉の推進に関すること
- 福祉行政の調査・企画，部内の連絡および調整
- 友愛基金，長寿社会福祉基金等に関すること
- 阪神福祉事業団との連絡・調整
- 遺家族，旧軍人，引揚者等の援護に関すること
- 民生委員・児童委員に関すること
- 社会福祉施設に関すること

地域福祉係
- 地域福祉の推進に関すること
- トータルサポートに関すること

（制度運用分）
- 生活困窮者自立支援に関すること
- 地域支援事業に関すること
- 権利擁護支援に関すること
- 地域包括支援センター，地域包括ケアの推進に関すること（高齢介護課分）

一部，高齢介護課事業も所掌

福祉医療係
- 福祉医療助成に関すること

（管理係・地域福祉係共通）
- 社会福祉法人芦屋市社会福祉協議会に関すること

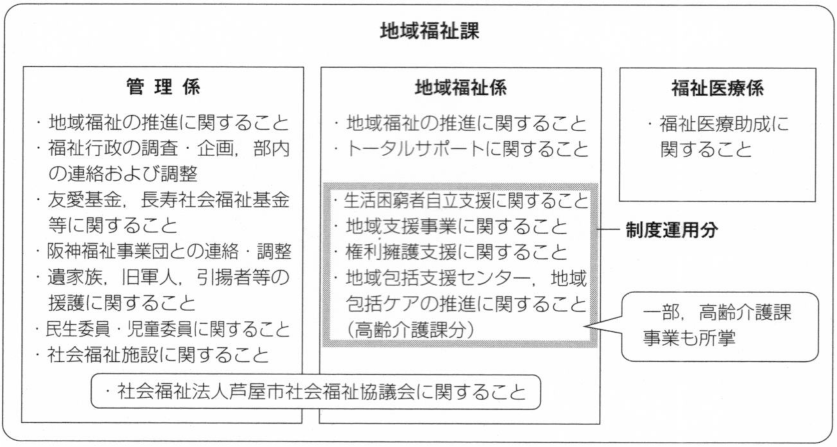

（出所）　芦屋市調べ。

られる生活困窮者自立支援事業や，地域支援が必要な生活支援体制整備事業（介護保険制度）を所管しています。福祉部局の主管課の機能を担い，福祉行政を地域福祉志向に展開できる条件をもっています。

現在の地域福祉課の所掌事務は，図9-1のようになります。福祉部局の主管課の機能は管理係が担当するとともに，権利擁護支援を含む横断的な支援と地域支援に関しては地域福祉係が所管し，地域福祉の推進や社会福祉協議会に関することは両係で分担しています。以下で詳しく述べますが，国の制度運用分以外で，市の単独事業としての取組みである「トータルサポート担当」は，地域福祉課の基本的な組織と機能を生み出してきました。その結果，福祉部のなかで1番多い23名の正規職員体制となっています。とくに地域福祉係の総事業費に占める人件費比率は高く，36%となっています。市の財政状況[2]が厳しいなか，地域福祉課は職員の増員を果たしながら庁内で重要な位置を占めてきました。

地域福祉課における行政力の基盤の1つは企画・調整力の発揮や，マスタープランとしての地域福祉計画の位置づけを通して，庁内連携を担う役割を果たしていることです。2つは地域福祉としての守備範囲を拡げ，多様な所掌事務を他課との連携を含めて担うという多機能性を発揮し，3つに保健師の配置を

重視することも含め，他の部署と比較して人員配置が手厚いという人材の基盤が特徴となっています。

これまでの2つの自治体の事例研究とは異なり，芦屋市では地域福祉行政を担当する課として地域福祉課が組織・整備されています。全国的にみても，図9-1に示されている多くの制度福祉の運用を地域福祉課が担っている事例はめずらしいといえます。もちろん，単に制度福祉を総合化したのではなく，たとえば介護保険制度でいえば，地域支援事業の生活体制整備事業の部分と地域包括ケアの連携した推進の部分を担うというように，地域福祉関連の事業を包括化するという特性をもっています。

最初に，これまでみた2つの自治体と同様に，地域福祉計画の展開を軸とした地域福祉担当課[3)]の変遷と，国の補助・モデル事業の取組みをみておきます（表9-1）。2007年度に第1次地域福祉計画がスタートしていますが，本格的な地域福祉行政の展開は，2011年度に開始される第2次地域福祉計画の策定以降となります。すでに触れましたが，地域福祉課の基本的な組織と機能を生み出す「トータルサポート担当」配置が同年度に始まります。3係体制となるのが2013年度で，15年度には地域支援係（生活支援体制整備を所管）を導入し，介護保険制度との連携を強めています。この2015年度から，第3次地域福祉計画の策定が始まり，新たな生活困窮者自立支援制度の運営を含め，地域福祉行政は次の段階へと発展していきます。2018年度には地域共生推進を明確に打ち出し，そのために地域包括ケアを兼務する「地域共生推進担当課長」を設置しています。これまでの2つの自治体と同様に，一方で国の補助・モデル事業の系統的な展開を進めながら，他方では独自性を発揮する地域福祉行政が展開されています。

2　地域福祉行政の組織整備の3つの段階[4)]

行政組織レベルでの地域福祉課の展開を踏まえて，表9-1を参考に3つの段階に分けることで，何がみえてくるのか。その構図を明らかにするために，表9-2では4つのレベルの要素を，以下の図9-2，図9-3の記号を用いて区別しています。あらかじめ記号の分類を示しておきます。A：地域福祉プログラム

表9-1　芦屋市における地域福祉計画の展開と国の補助・モデル事業の取組み

	2011年度	2012～13年度	2014年度	2015年度	2016年度	2017年度	2018～19年度
計画の策定	第2次地域福祉計画の策定	第2次地域福祉計画の実施	第2次地域福祉計画の実施	第3次地域福祉計画の策定	第3次地域福祉計画の実施	全世代プロジェクト	地域福祉計画の進行管理
国のモデル事業の実施	安心生活創造事業	安心生活創造事業	生活困窮者自立支援のモデル事業	共助の基盤づくり事業	共助の基盤づくり事業	地域力強化推進事業	地域力強化推進事業
担当部署	地域福祉課トータルサポート担当	地域福祉課3係体制	地域福祉課	地域福祉課地域支援係	地域福祉課	地域福祉課	地域福祉課地域共生推進担当

の内容，B：地域福祉計画の策定・評価，C：人材育成・組織の整備，M：地域福祉マネジメントの主体，です。この作業は，日本福祉大学研究チーム（代表：平野隆之）と当時の福祉部長と地域福祉課長の共同作業として実施されました。

第1期（2007～10年度）は，第1次地域福祉計画[5)]がスタートすることを出発点に，地域福祉課「らしい」所管業務への展開を模索する時期です。地域福祉計画は理念的な要素が多いものの，地域福祉の拠点形成として，総合的な相談の拠点となる「保健福祉センター」（市役所と分置）の開設を果たします。それにより，高齢・障害・子どもという領域をまたがる新たなネットワーク業務の必要性が明らかになります。同時期に，高齢者対象の住民参加による「地域発信型ネットワーク」も，高齢者に限定されずに全対象へと拡大し，その結果地域福祉課が新たにその所管課となっています。

また，保健福祉センターに社会福祉協議会や権利擁護支援のNPOが拠点を置くことになり，全国初の「権利擁護支援センター」が共同運営されます。同センターを所管するのは地域福祉課です。相談支援等の業務以外にも，分掌事務には，「部の施策等に係る連絡及び調査に関すること」「福祉行政に係る調査および企画に関すること」が明記され，地域福祉課の守備範囲として，当時の保健福祉部の主管課的な役割をもつことになります。つまり，地域福祉マネジメントを地域福祉課が発揮する基盤が形成されます。

第2期は，地域福祉課独自の組織整備が2つの軸で進む時期です。1つは，

表9-2　芦屋市地域福祉行政の形成

時期区分	年度	地域福祉課の展開
第1期 B：地域福祉計画をもとにした地域福祉拠点の配置	2007～	B：第1次地域福祉計画(2007～11年度) M：地域福祉課の再設置(2007年度)：部の主管業務を担当
	2010	C・A：保健福祉センターの開設，権利擁護支援センターの設置，地域発信型ネットワークの所管課
第2期 C：地域福祉課の組織整備による総合的な事業展開の準備(Aへの波及)	2011	C・A：トータルサポート担当新設(専任課長1名，兼務4名) B：第2次地域福祉計画策定への取組み
	2012	C：トータルサポート担当増員(専任課長1名，兼務5名) B：第2次地域福祉計画(2012～16年度)の実施・「地域福祉アクションプログラム推進協議会」設置等 C：芦屋Grow Upチャレンジの実施(～2018年継続)
	2013	C：3係体制(地域福祉係・福祉医療係・トータルサポート係)
	2014	M：生活困窮者自立支援事業推進に係るプロジェクトチームの設置(2014年10月から6回：8部17課の職員で構成) B：地域福祉計画の「中学生向け概要版」作成
第3期 C：地域福祉課主導の人材育成の強化	2015	C：3係体制(地域福祉係，トータルサポート係，地域支援係：新設)，トータルサポート担当は8名体制 A：生活困窮者自立支援事業を所管。自立相談事業は社会福祉協議会に委託
	2016	M：「介護予防・日常生活支援総合事業」推進のための部内プロジェクトチーム設置 B：第3次地域福祉計画(2017～21年度)の策定：創生総合戦略や総合計画後期基本計画との連携
	2017	M：行政改革に係る「全世代交流に向けたプロジェクトチーム」の設置(5部17課の職員で構成) A：ひとり一役活動推進事業開始(介護保険制度の地域支援事業)
	2018	C：地域共生推進担当課長設置，社会福祉審議会地域福祉部会設置 M：「全世代交流に向けたプロジェクトチーム」の継続実施
	2019	M：「全世代交流に向けたプロジェクトチーム」の強化 B：地域福祉計画の部会での審議開始

（出所）　平野・朴（2019）の表2をもとに，一部修正。

行政の庁内連携の体制整備が行われ，保健師による「トータルサポート担当」という，制度の「はざま支援」を行う新組織体制が2011年度に誕生します。5名からスタートしましたが，8名体制まで広がる等，部署間の縦割りを越えて連携を調整する体制が形成され，支援の実績があがっていきます（表9-3を参照)。庁内においてその役割が定着するにつれて，地域福祉課を越えて地域福祉マネジメントが発揮されます。

もう１つは，第２次地域福祉計画に着手し，市民と協働する計画策定・実施・評価の仕組みが整うことです。計画の進行管理としてのマネジメントが，地域福祉課の業務として位置づけられます。2013年度から，地域福祉課には地域福祉係・福祉医療係・トータルサポート係といった係が設けられ，地域福祉計画等による「地域福祉の推進」業務については，地域福祉係ではなく，トータルサポート係が分掌事務として扱うことになります。なぜなら，地域福祉計画に役立てうる課題が吸い上がってくる部署が計画を担うとの判断が背景にあります。なお，地域福祉係は，主管的な業務とともに，旧来の社会福祉協議会や福祉ボランティア等を分掌事務として扱っています。

庁内の連携・協力を図る「トータルサポート担当」という体制が確立してきたことで，その実績をもとに，地域福祉課は積極的にさまざまなプロジェクトチームを立ち上げ，庁内での人材養成において成果を生み出しました。たとえば，生活困窮者自立支援制度の実施に向けて庁内の８部17課が集まるプロジェクトチームを設置することから，庁内連携の成果を生み出すとともに，部・課を横断するプロジェクト方式の意義が確認されることになりました。

3　行政改革と連動したプロジェクトへの着手

第３期には，地域福祉課主導の企画・調整が行政組織全体へと広がり，地域福祉課発の新たな連携・協働を担う職員のマネジメントが注目されます。この時期の分掌事務の体制は，国の政策（生活困窮者自立支援制度と介護保険制度改正）に大きく影響され，地域福祉課は新たな３係体制（地域福祉係，地域支援係，トータルサポート係）に改編されます。地域福祉係に生活困窮者自立支援事業に関する業務が追加され，地域支援係には地域支援事業に関する業務，トータルサポート係には地域包括ケアの事業に関する業務が追加されています。注目されるのは，高齢介護課の地域支援事業の地域福祉課への移管です。その理由としては，介護事業所中心の高齢介護課では，地域住民との接点をもつ業務が乏しく，地域住民を巻き込むという地域づくりをめざす地域支援事業が実現できないという判断がありました。

生活困窮者自立支援のプロジェクトチームの成功を受けて，第3期では行政改革における「未来へ向けた成長戦略」の取組みに相当する「全世代交流に向けたプロジェクト」を地域福祉課がリードして立ち上げ，福祉専門職から一般企業に至るまで，さまざまな主体との連携・協働を推進しています。同プロジェクトは，地域福祉課が所管する国モデル事業の地域力強化推進事業の一環でもあり，行政改革の観点から，行政の古い文化や体質を越える必要性を自覚して，「こえる場！」プロジェクトと呼んでいます。行政改革との連動といった新たな地域福祉課の業務が求められることから，職員の人材育成も大きなマネジメント上の課題と認識され，その育成にも努力することになります[6)]。

2018年度には，国の新たな政策動向等に対応した組織改編が注目されます。その具体的な内容として，国の「地域共生社会の実現」に対応する地域共生推進担当課長（地域福祉係の主幹を担当・高齢介護課との兼務）の配置がなされています。また，地域福祉計画の推進および評価を強化する政策動向からは，社会福祉審議会の専門部会として「地域福祉部会」が設置されています。

2節　地域福祉行政の形成に作用するマネジメント

1　2つの時期における地域福祉マネジメントの作用

以上のような時系列で展開する芦屋市の地域福祉行政のどの断面を取り上げれば，地域福祉マネジメントの作用に関する分析が可能となるのでしょうか。1つは，2011年度に導入された「トータルサポート担当」という制度の「はざま支援」を行う新組織体制の誕生の時期です。すでにみたように，その時期は，第2次地域福祉計画の策定とも重なり，その後の地域福祉行政の構造を決定づけたといえます。

もう1つは，地域福祉課が行政改革における「全世代交流に向けたプロジェクトチーム」を牽引し，「こえる場！」プロジェクトを推進する2017～18年度の時期です。第3次地域福祉計画を通して市の創生総合戦略[7)]との連携が図られる時期に当たり，地域共生推進担当課長を設置するなど，新たな地域福祉行

図9–2　地域福祉マネジメントの作用（2011 ～ 12年度）

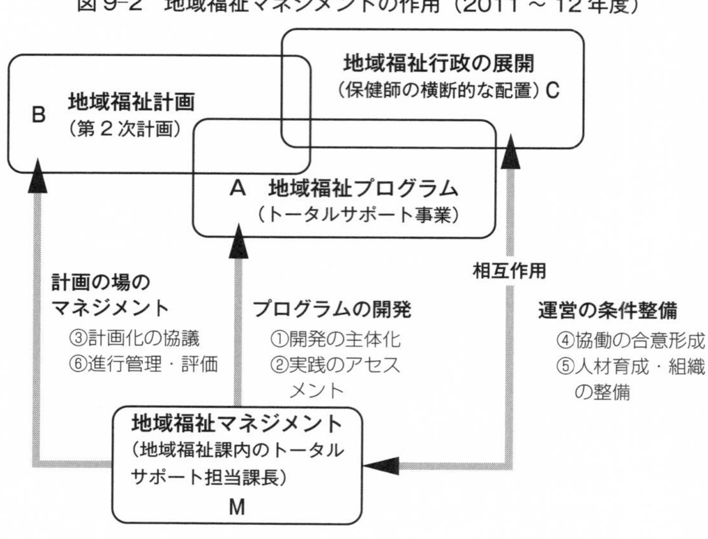

政を展開する基盤を形成し，挑戦するためのマネジメントが本格化する段階です。

この2つの時期にみられる地域福祉マネジメントの作用を，マネジメントの基本機能を活用して図式化したものが，それぞれ図9–2，図9–3となります。地域福祉マネジメントを担うのは，図9–2の2011年度では，「トータルサポート担当」の専任課長（地域福祉課長は別に配置）が中心となり，図9–3では，地域福祉課とともに行政改革プロジェクトチームが加わることになります。前者は，地域福祉行政の形成におけるプログラムとして「トータルサポート担当」の開発・運営を行い，地域福祉課が多機関の連携をマネジメントできるよう保健師の兼務配置を行います。後者では，地域共生社会の実現に向けた取組みとして，民間企業の参加を求めるプロジェクトのなかに多様な行政部署の職員・人材を巻き込み，新たな公民協働型の行政職員の育成のため，地域福祉課が挑戦しています[8)]。

以下では，この比較図を参考にしながら，地域福祉マネジメントの展開を整理しておきます。なお，「トータルサポート担当」については本節で，行政改革との関連は3節で扱います。

図 9-3　地域福祉マネジメントの作用（2017 ～ 18 年度）

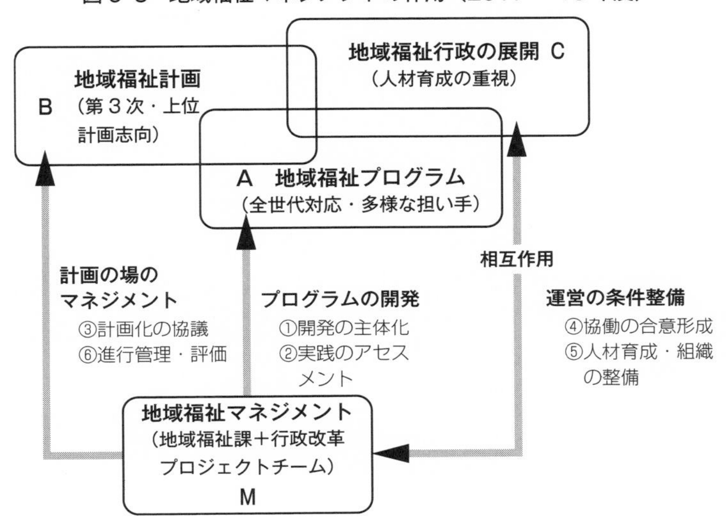

2　生活困窮者自立支援に先行する「トータルサポート担当」の導入

2.1 「トータルサポート担当」の導入とその体制整備

生活困窮者自立支援のモデル事業は，「トータルサポート担当」という仕組みの構築が基盤となって展開されています。「トータルサポート担当」がつくられた背景には，制度のはざま問題に対して，保健師による支援によって行政の行き詰まり感を解消してきた実績が大きく影響しています。保健師が訪問等を通じて，制度のはざまにおかれた個人の個別支援やその世帯の支援にまで踏み込んだ結果，税や保険料の滞納問題など，福祉以外の課題解決にもつながっています。こうした実践事例がきっかけとなり，専門職（保健師）の力を用いた庁内の横断的な組織整備が「トータルサポート担当」のネーミングで始まります。[9)]

新設された 2011 年度には，専任 1 名と兼務 4 名（高齢介護課）の全員が保健師で構成されています。その後，市行政の財政状況が厳しいなかでも毎年 1 名ずつの増員につながり，2014 年度には 8 名体制にまで拡大しています。生活困窮者自立支援制度の導入の基盤が，人材面および制度のはざま支援をめぐる

表 9-3　トータルサポート体制の展開と実績

年度	地域福祉課(うち，トータルサポート)	トータルサポートの職員体制	対応人数(新規)
2011	9 名(5 名)	専任 1 名，兼務 4 名(高齢介護課 4)	131 名
2012	10 名(6 名：新規 1 名)	専任 1 名，兼務 5 名(高齢介護課 4，障がい福祉課 1)	86 名
2013	14 名(7 名：新規 1 名)	専任 1 名，兼務 6 名(高齢介護課 4，障がい福祉課 1，市民生活部保険課 1)	139 名
2014	19 名(8 名：新規 1 名)	専任 1 名，兼務 7 名(高齢介護課 4，障がい福祉課 2，市民生活部保険課 1)	106 名
2015	12 名(8 名) 社会福祉課新設で事務分担	専任 2 名，兼務 6 名(高齢介護課 3，障がい福祉課 2，市民生活部保険課 1)	108 名
2016	13 名(8 名)		162 名
2017	14 名(8 名)		156 名

（注）　トータルサポートは全員保健師で構成されている。
（出所）　平野・朴（2019）の表 3 から引用。

庁内連携の面から整備されることになります。

こうした「トータルサポート担当」の特徴としては，兼務方式による庁内連携を挙げることができます。所管は地域福祉課ですが，他の課に配置される構造をもっています。人手が不足しているからではなく，庁内の横断的な体制づくりを進めるための体制です。当初，兼務配置の課は高齢介護課だけでしたが，その後障がい福祉課に拡がり，さらには福祉部を越えて市民生活部保険課（2013 年度～）にまで拡がるようになっています（表 9-3 を参照)。兼務による多機関連携を模索した取組みです。[10)]

トータルサポートの職員は担当地区があり，他機関からの相談や要請に応じて面談や訪問等に同行し，部署横断的な対応を行います。保健師の専門性を生かした取組みですが，トータルサポートの職員には，住民を「生活者」として捉え，「予防」「自立支援」「地域づくり」の視点で，個別支援，組織支援（組織間の連携)，地域支援としての施策化までを視野に入れた業務の推進が求められています（細井 2018)。行政内の福祉職採用の仕組みがなく，個別支援ができる専門性を保健師に求める傾向が強いなかで，この「トータルサポート担当」方式は地域福祉課にとって大きな転機となりました。

こうした仕組みを各組織間で支えるためのツールが考案されます。これも組織の仕組みを持続させるためのマネジャーの重要な役割といえます。その代表的なものが，庁内連携のためのシートの作成です。① Maybe-Sheet（虐待疑い相談シート），② Feedback-Sheet（振り返りによって現場に生かすためのシート），③ Joint-Sheet（自立相談支援機関紹介シート）です。Maybe-Sheet（虐待疑い相談シート）は，これまで各窓口で「かもしれない」と確証をもつことができなかった不安なケースへの気づきを，トータルサポートに結びつけてもかまわないという安心感から，予防的な成果を生み出しています。

2.2　生活困窮者自立支援の制度運用への対応

「トータルサポート担当」によって，横断的連携が取られるようになりましたが，それは必ずしも地域福祉の推進体制への理解につながったわけではないため，生活困窮者自立支援法の施行に向けて，さらなる工夫が求められました。地域福祉課は，福祉部を越えた庁内の横断的対応の必要性を訴えるために，各種主要課題についてプロジェクトチームを設置し対応する仕組みを活用しています。8部17課が参加する横断的な体制で，成立されていない生活困窮者自立支援制度を検討し，その運営を担う地域福祉課が中心となり，「生活困窮者自立支援制度にかかる窓口対応・相談支援ガイドライン」を作成しています。上記で触れた「Joint-Sheet」は，「生活困窮者自立支援制度」の活用を推進するためのツールとして，プロジェクトチームで意見を出し合い作成したものです。

導入された生活困窮者自立支援制度の中核をなす自立相談支援事業は，社会福祉協議会に委託され，3名（兼務）の職員が配置されます。総合的な相談の拠点となる保健福祉センターがあることから，直営方式は選択されていません。総合的な相談は，結果的に生活困窮の相談担当3名と日常生活自立支援事業担当1名，地域担当1名の5名であたる体制となっています。地域福祉課のもとで実施されているトータルサポート担当の取組みとの併用方式といえるものとなりました。その結果，総合相談連絡会と，制度運用で求められる生活困窮者支援における支援調整会議，さらには地域福祉課のトータルサポートの課題集約のそれぞれを結びつけるような仕組みが求められています。それを担う場が，生活困窮者自立支援推進協議会です。生活困窮者自立支援事業を所管する地域福祉課が事務局を務めて開催されています。これまでの成果としては，総合相談と自立相談支援の区別，協議会メンバー以外の庁内部署（生活保護・収納係など）との連携などが挙げられます。

3　行政改革プロジェクトをリードする地域福祉課――「こえる場！」のミッション

「多様な主体と連携・協働」（戦略的な連携の推進）は，市の行政改革（2017～21年度）に採用された改革の方向性を示すキーワードです。国の「地域力強化推進事業」のモデル事業（2017年度～）を活用し，民間企業等を地域力の担い手として位置づけるプラットフォームの機能を求め，「こえる場！」という名称の場がつくられました。「こえる場！」の名称の由来は，これまでの行政文化や福祉のあり方として，民間企業・団体等と連携することはハードルが高く，地域力の貴重なアクターとしてみることが困難なので，それらのハードルを越えたいという，若手職員からの提案でした。それが採用される背景には，地域福祉課がめざす「地域力強化」の担い手として，住民だけでは限界がみえてきているという認識があり，その考え方を，福祉部をはじめ庁内全体に発信するミッションがあったからです。またその判断は，地域福祉の古い考えを修正するという地域福祉マネジメントのねらいに基づくものです。

「こえる場！」のプロジェクトは，地域で活動する多様な民間企業等が，どのような地域貢献をしようとしているのか，福祉のまちづくりにどのような参画をすでに試みているのか，相互に交流し，新たな協力関係を作り出す一種のプラットフォームとして始まりました。民間等の34団体（2019年10月現在）が参加する「こえる場！」というプラットフォームでは，これまで想定されていた情報交換・共有の場という機能にとどまらず，地域のニーズや課題に対応するプログラムの開発を模索する機能が生まれ，メンバー同士の協働によるプログラムが実施されています。

「こえる場！」は，おおむね3つの段階を経て進んでいます。第1段階は，「こえる場！」に参加する団体による情報交換をはじめ，「こえる場！」の情報発信のために市民向けのイベントを実施する段階です。第2段階として，2018年度は，グループごとに地域課題解決にむけてプロジェクトの企画・実施をする段階です。この段階は，行政改革のプロジェクトテーマを意識している面があり，参加企業等の自発性がまだ十分に出ていない状況もみられました。

第3段階は，2019年11月に開催された第7回の「こえる場！」で，9団体が自前のプロジェクトを提案し，それに参加者が投票するという，いよいよ自発的な事業化に着手する段階へと進展しています。「こえる場！」の事務局機能も3団体が担うことを表明するなかで進展しています。

行政改革との関連から，現段階での「こえる場！」の意義は，次の3点に整理することができます。第1は，行政改革が行政内部の改革にとどまり，外部に波及することが乏しい傾向があるため，文字どおり行政の枠をこえて，民間を含む多様な主体づくりに波及したことです。さらに，そのような経験が行政にフィードバックされ，これまでの民間企業との関係づくりに躊躇する行政文化に，変化がもたらされつつあるということです。

第2には，行政改革を契機とした「こえる場！」の取組みが，行政のためのガバメントの改革ではなく，地域づくりのためのガバナンスの改革への方向性をもつものとして進化していることが，行政をはじめ，参加企業・福祉関係者の間で共有されてきていることです。

第3には，行政改革のねらいのなかには多様な主体との協働が謳われていたわけですが，その改革を推進した地域福祉課との関連では，地域福祉がめざす地域住民との協働という枠を越えて，新たな協働の主体との関係づくりが進んだということになります。

3節　包括的な支援の体制整備と地域福祉課の今後

1　地域福祉マネジメントのミッション

図9-2と図9-3の2つの局面における地域福祉マネジメントの主体のあり方を振り返り，地域福祉マネジャーに求められる役割について検討します。いず

れも地域福祉計画の策定（第2次・第3次）と密接に関連していますが，ここでは，地域福祉計画（B）における役割ではなく，地域福祉行政の形成（C）と地域福祉マネジメント（M）との相互作用において生み出される運営の条件整備に焦点を当てます。前節の分析から，条件整備プログラムの開発を支えるマネジメントを担うマネジャーの使命あるいはミッションについて，さらに深く検討していきます。

まず，図9-2で示したように，従来の福祉行政部門での対応が困難な課題に直面して，トータルサポートの仕組みを構築し，その実績によって，地域福祉行政における専門性を確保したといえます。トータルサポート体制は個別支援（制度のはざま支援）にとどまるのではなく，個別ケースから市の行政部門全体における連携の仕組みを実現する可能性があります。制度のはざまに置かれた人々を生活者の観点から支援するといったアドボカシー（権利擁護支援）が，地域福祉マネジメントのミッションや方向性をもつことで，政策・企画機能を発揮することができています。地域福祉行政の形成を推進する地域福祉マネジメントの使命は，制度福祉で解決できないはざま支援の構築を推進するアドボカシーと，公私協働を推進するための地域支援との，相乗的な展開にあるといえます。地域福祉課という組織体制がつくられるかどうかは，地方自治体における選択の問題を含みますが，地域福祉行政の実体化の受け皿となる行政機能のなかに，権利擁護支援と地域支援に関する専門性が蓄積されることをめざした地域福祉マネジメントは不可欠となるのです。

もう1つは，図9-3の局面において，なぜ地域福祉課が行政改革のプロジェクトチームをリードできたのかという点については，マネジャーたちのミッションが深く関係しています。地域福祉課が福祉部で最初のプロジェクトチームを立ち上げたのは，生活困窮者自立支援事業推進に係るプロジェクトチーム（2014年度）ですが，その段階においてもすでに福祉部を越えて，地域福祉の視点や価値を庁内に拡げる場として活用していました。その経験知は次の行政改革の全世代交流に向けたプロジェクトにおいても，大いに役立つことになりますが，それだけでは立ち上げ止まりの可能性もありました。なぜなら，生活困窮者自立支援事業は所管業務の事業であり，そのプロジェクトの成否は直接的に業務に跳ね返るからです。

しかし，多様な民間企業を巻き込み，プログラムづくりへと勧奨するのは，厳密にいえば地域福祉課の業務とはいえないものです。たしかに，「地域力強化」の地域力そのものの考え方を大幅に修正するという，モデル事業による挑戦という側面はあったにせよ，庁内のプロジェクトメンバーをはじめ，多種多様な民間の主体に参加動機を維持させるのは容易なことではありません。そこに文字どおり「こえる場！」として，これまでの行政文化を越える使命やミッションが形成されなければ，プロジェクトを継続することはできません。それを克服する契機は，多様な主体が参加し，行政職員を変化させるプラットフォームを用意するしか，地域福祉行政を維持することはできないということへの気づきです。そして，これまでも触れてきた「地域福祉の容器」といえる器のマネジメントへの確信です。

これまでの行政改革は，行政内部の改革にとどまり，外部に波及することが乏しい傾向にあるなかで，文字どおり行政の枠をこえて，民間を含む多様な主体づくりと協働する場を行政全体が必要としていることの発信への使命ともいえます。

2　今後の地域福祉課の展望

図9-4をもとに，今後の地域福祉課を展望すると，段階Ⅲの多くの「制度福祉と地域福祉との協働」での成果を生み出しつつ，段階Ⅳの「包括的な支援体制の整備」の政策化への対応が求められる段階にあります。すでにみた2つの自治体と比較すると，中土佐町が取り組んだ多機関協働事業には参加していないことから，東近江市と同様に，現行の多機関協働のモデル事業を前提に考えると，「相談支援包括化推進員」をどう配置するかが問われてきます。その点も含めて，東近江市での論点であった「相談支援と参加支援のバランス」における地域福祉マネジメントとしては，図9-4の段階Ⅲに示されている各種支援に加えて，参加支援を強化することが想定されます。ただし，東近江市でみられたような，生活困窮者自立支援の単独計画を踏まえた地域福祉計画策定ではありません。そして参加支援のプログラムとしての中間的就労支援に民間が多く係わりをもっている状況とも大きく異なります。芦屋市の地域福祉マネジメ

図9-4　地域福祉マネジメントの拡がり（芦屋市）

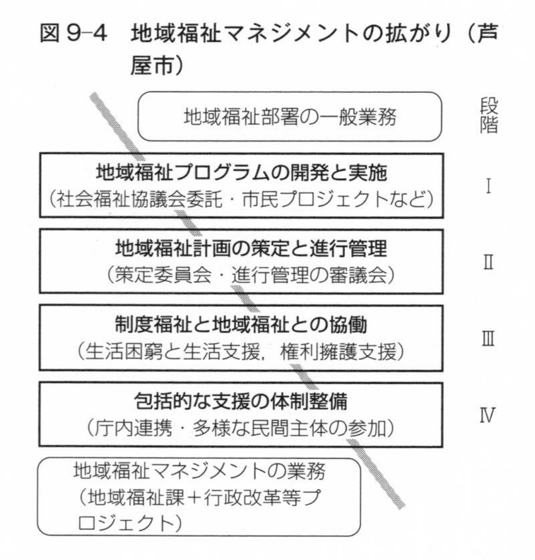

ントの拡がりが，「多様な民間主体の参加」（段階Ⅳ）を推進する「こえる場！」プロジェクトの段階にあるとしても，そのプログラム開発としては大きく異なるのかもしれません。

そこで，「こえる場！」の経験から，包括的な支援体制へのフィードバックをどう考えればよいのでしょうか。1つは，「こえる場！」プロジェクトにおける人材育成効果です。多様な主体との関係性の構築への躊躇が減少し，異業種の民間企業が集まり，芦屋市を良くしようと知恵を出し合う場づくりのなかで，多くの刺激を得ています。地域福祉課の課としての守備範囲を越えた人材育成の機能が「こえる場！」プロジェクトを通して普及し始めています。筆者は，この普及を，地域福祉マネジャーが担う重要な機能と考えています。地域福祉マネジャーは，地域福祉課の守備範囲を越えて働き，作用することが可能といえます。その意味では，相談支援に限定しない，むしろ参加支援の「包括化推進員」に相当します。

もう1つは，「こえる場！」プロジェクトが1つの中間支援組織として成長する可能性を展望することです。東近江市ではその位置にあるのが，東近江三方よし基金という中間支援組織かもしれません。「こえる場！」プロジェクトでは，ようやく行政による事務局から，共同事務局体制への変化の兆しがみえてきているところです。まだまだ，このような議論をする段階ではないのが実際です。しかし，「包括的な支援」をめぐる体制を福祉部のなかで完結させる段階ではないことは明らかです。間違った選択をすると，地域福祉課が肥大化するような包括化になりかねません。

地域福祉課が拡充されることが，「地域福祉の容器」を形成することに結びつくわけではありません。「地域福祉の容器」の運営に，地域福祉課を含む行政が参加するような仕掛けが必要といえます。「こえる場！」プロジェクトは，こうした新たな行政文化を学ぶ貴重なフィールドといえます。桑子（2016）は，プロジェクトマネジメントにおいて，「事業のマネジメント」と「合意形成のマネジメント」を区別する必要を提起しました（第1章）。そして，行政のもつ「前例踏襲主義」をリスクと表現し，その克服を提案します。文字どおり「前例踏襲主義」のリスクを「こえる場！」が必要な時代となっているのです。

注

1）芦屋市は，人口9万6332人（2018年1月1日現在），面積18.57k㎡，高齢化率28.0％，小学校数8校。

2）阪神・淡路大震災の市債負担から2003年度には「財政非常事態宣言」が出され，コスト削減や職員数の削減に取り組む行政改革が進められています（芦屋市 2017）。

3）地域福祉課の経過を概観しておきます。設置されたのは2002年度ですが，2004年度からは，市行政全体で総務課方式が採用されたことにより，主管課であった地域福祉課も総務課に変更されています。再び地域福祉課となったのは2007年度です。

4）3つの段階区分および記述の一部は，平野・朴（2019）を参考にしています。

5）2007年からのスタートというのは県内では遅い策定ということです。地域福祉計画のローリングは，兵庫県下の場合には社会福祉協議会の推進計画のローリングが先行する形態をとっています。宝塚市や西宮市など代表的な県下の動向では，社会福祉協議会の推進計画からの要望を受けて，自治体の地域福祉計画の内容が強化されるという民間主導の計画策定方式が形成されています。

6）芦屋市福祉部では，課を越えた取組みとして，2012年度から毎年「芦屋 Grow Up チャレンジ」を行っています。この場は，地域福祉を推進する人材育成のツールとなっています。2017年度には職員が地域に出向き市民と一緒にフィールドワークをするなど，市民との協働を体験する場として機能しています。

7）芦屋市の創生総合戦略は，2015～19年の5年間の計画で，人口の減少に歯止めをかける目的から基本目標1において「安全・安心で良好な住宅地としての魅力を高め，継承する」ために地域における医療・福祉の充実を謳い，地域福祉の推進もその1つとして位置づけています。

8)　全庁的には企画部門が存在し，行政改革をリードすることになります。役割分担としては，企画部局（裁量の企画），財政部局（抑制の財政），福祉部局（給付の福祉）といった分類が成立しますが，むしろ，福祉部局の地域福祉課は，これまでの実績をもとに，その裁量の企画としての機能を発揮しています。

9)　契機となった実践の事例の紹介については，朴ほか（2019）に紹介されています。

10) 兼務の用語は用いられていないが，併任方式による多機関連携の方法は，伊藤編（2019）において，「人」の要素による多機関連携として紹介されています。

終　章

「地域福祉マネジメント」の自由な編集を終えて

1　図示による分析枠組みからの接近――接近の見取り図

1.1　図示による分析枠組みの活用

本書の編集を振り返るとき，もっとも自由な編集であったのが図示による分析枠組みを用いた地域福祉マネジメントの実際やリアリティへの接近です。どのように接近したのかについて，まず整理しておきます。

地域福祉マネジメントの分析枠組みの中心は，地域福祉の推進体系を踏まえて設定された「基本機能」（図 1-3）と，国の政策対応を視野に入れ仮説的に組み立てた「段階別マネジメント」（図 2-2）の２つです。これらが事例研究にどのように用いられたかを概観すると，表 終-1のような各図の配置になっています。「基本機能」の図の活用は，6つの機能がそれぞれの時点・断面で，地域福祉マネジメントが地域福祉のプログラム・計画・行政にどのように作用しているか，その構造を把握することを目的にすべての事例研究で用いられています。第Ⅱ部で５カ所，第Ⅲ部で４カ所に及んでいます。第**5**章と第**9**章では複数の図を用いることで，時間軸の変化を分析することを可能にしています。

他方，自治体の地域福祉行政が担う業務を部署の一般的な業務とマネジメント業務に分け，そのウェイトの変化を「段階別マネジメント（Ⅰ～Ⅳ）」として分析する方法は，第Ⅲ部の３つの自治体事例研究において活用され，段階Ⅳの包括的支援の体制整備に向かうプロセスの経過を描いています。とくに，段階

表 終-1　地域福祉マネジメントの基本機能等の枠組み図の活用一覧

第Ⅰ部	第Ⅱ部	第Ⅲ部
第1章　地域福祉マネジメントの着想 1節　「前著(2008)」 2節　図1-3　基本機能 3節	第4章　生活支援体制整備事業 1節　図4-1　基本機能 図4-3　制度福祉との協働の構造 2節 3節	第7章　中土佐町 1節　図7-1　段階別マネジメント 2節　図7-2　多機関協働事業のタイプ 3節　図7-3　基本機能
第2章　地域福祉と包括的支援体制 1節　「2017年通知」 2節　図2-2　段階別マネジメント 3節　図2-3　制度福祉との協働の構造 図2-4　多機関協働事業のタイプ分類	第5章　生活困窮者自立支援制度 1節　図5-1　基本機能 2節　図5-2　基本機能 3節　図5-5　基本機能	第8章　東近江市 1節　図8-1　段階別マネジメント 2節　図8-2　基本機能 3節
第3章　マネジメント現場への接近 1節　「2019年最終とりまとめ」 2節　表3-3　階段別マネジメントの機能 3節	第6章　成年後見制度利用促進制度 1節　図6-2　基本機能 2節 3節	第9章　芦屋市 1節 2節　図9-2・9-3　基本機能の比較 3節　図9-4　段階別マネジメント

（注）　第Ⅰ部においては，活用している国等の文献を掲載しています。

Ⅱの「地域福祉計画の進行管理」と段階Ⅲの「制度福祉と地域福祉との協働」とを関連づけるマネジメントが自治体間で共通して把握され，その成果のなかで段階Ⅳへの挑戦の独自性が選択されていることが明らかとなっています。

1.2　段階Ⅳの包括的支援の体制整備への接近

2つの枠組みをクロスしたものが，表3-3です（第**3**章）。そこでは，事例研究の分析視点と事例配置を示すことを目的としていることから，段階Ⅲ・Ⅳのみを取り上げています。終章では，段階別マネジメント全体における仮説を視野に入れて振り返ることから，表 終-2を示します。国の地域福祉関連の政策手段がⅠからⅣの順序で進んでいるとの前提から，それぞれの段階で求められるマネジメントの機能がどのように投入されているかを示したものです。表の意図としては，それぞれの段階での成果が累積されて，次の段階での準備が形成されることを意味しています。

表 終-2　包括的支援の体制整備に向けた地域福祉マネジメント機能の累積性

		Ⅰ 地域福祉 プログラム	Ⅱ 地域福祉 計画	Ⅲ 制度福祉 との協働	Ⅳ 包括的支援 の体制整備
プログラムの開発 (M → A)	①開発の主体化				
	②実践のアセスメント				
運営の条件整備 (M → C)	③協働の合意形成				
	④人材育成・組織の整備				
計画の場のマネジメント(M → B)	⑤計画化の協議				
	⑥計画の進行管理・評価				

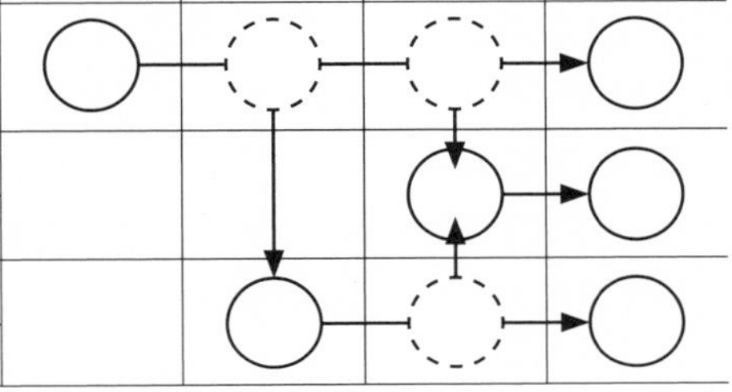

地域福祉行政における業務からみると，ⅠとⅡの段階は基本的には地域福祉部署の一般業務が中心となります。ただし，段階Ⅰの地域福祉マネジメントの業務としては，国の財源の手当てが十分でないことから，地域福祉行政部署において開発の主体化が図られる必要があるとともに，地域のなかに事業化に先行する実践の担い手を把握するためのアセスメントが求められます。段階Ⅱでのマネジメント業務は，そのような独自の取組みを，計画においてオーソライズするための計画の場のマネジメントが加わります。

段階Ⅲでは，他の制度福祉との協働が政策課題として登場することから，これまでのマネジメントの実績をもとに，新たな運営課題に対応するための人材面や組織面での条件整備が図られます。とくに，庁内組織をはじめ，多様な主体との協働のための地域福祉部署を越えた合意形成が必要となり，マネジメント業務のウェイトが高まります。

段階Ⅳについては，地域福祉部署がどこまで担当するかは自治体の選択となりますが，ⅠとⅡの実績を踏まえながら，地域福祉部署の一般業務を越えた，地域福祉マネジメント業務の展開を条件づける体制整備（条件整備）のあり方が問われます。それを協議する場が，計画の進行管理・評価といえます。

1.3　制度福祉との協働における事例研究の成果

第Ⅱ部の制度福祉と地域福祉との協働を扱う事例研究では，地域福祉マネジメントの基本構造の図において，プログラム（A）や計画（B），行政（C）の構成要素は，段階Ⅰ・Ⅱとは異なって，制度福祉の普及や効果的な運営・利用からの要請が前提となります。

たとえば，生活困窮者自立支援制度（第5章）では，制度導入前（図5-1）では，生活保護制度の新たな「社会生活自立支援プログラム（A)」の開発をめぐる地域福祉による協働に向けて，それを模索する場が「ワーキング・グループ会議（B)」として与えられ，「公・民によるマネジメント（M)」を通して実現されるという事例でした。こうした取組みの成果が，行政部署（C）としての生活保護行政担当に影響を与え，文字どおりの生活保護制度からの自立に向けた社会生活自立が進むことになります。制度福祉と地域福祉との協働によって，制度福祉そのものに効果が生まれることで，協働する地域福祉の効果が見える化されることになります。

次に，制度導入に向けたモデル事業（図5-2）の段階を経て，制度導入後では，制度上の任意事業に加えて「参加支援プログラム（A)」の新たな開発を，「事業の運営協議会（B)」の場で，行政部署（C）としても生活保護担当から地域福祉担当へ運営参加が拡がることが生じます。制度福祉との協働は，制度福祉に先行する段階での模索，モデル段階での実験，そして制度の普及のなかでの新たな開発，といったプロセスをどうマネジメントするのか，地域福祉マネジメントの機能拡充を通して，結果として制度福祉を支える地域福祉の基盤が形成されることなります。

生活困窮者自立支援制度以外の2つの制度福祉のそれぞれにおいて，地域福祉マネジメントの機能が地域福祉行政の形成とともに発展していくことが明らかにされています。権利擁護支援（第6章）の場合では，現在が制度導入の段階でもあり，生活困窮者自立支援制度の導入前と同様に，「公・民による広域マネジメント（M)」が機能し，地域福祉行政が直接担う形とはなっていません。むしろ，既存の権利擁護支援センターの体制整備プログラム（A）の開発が，成年後見制度利用促進計画（B）のなかで検討され，その計画の進行管理を通して，包括的支援体制に向けた地域福祉行政の形成（C）が進むという構図として整理しています。

包括的支援体制に地域福祉行政が貢献するとすれば，この制度福祉との協働の模索が是非とも必要といえます。なぜなら，包括的な支援体制の整備は，制度福祉の活用を前提としており，それらのはざまの問題に対して，制度福祉との協働のなかで地域福祉が対応するプログラムや運営の条件整備を担うという関係にあります。

第2章の「2017年通知」においても，「2019年最終とりまとめ」においても，国のそれぞれの制度福祉での「地域づくり」への接近が強調されているものの，地域福祉行政の強化による制度福祉との協働の側面には十分な方向づけや解説が乏しいと，筆者は評価しています。

2 「加工の自由」と「条件整備」の2つのキー概念

これまで触れた「条件整備（体制整備）」が自治体の独自の模索を通して進むなかで，自治体は国の政策補助に対しても，「加工の自由」を貫くことができます。多様な主体との協働によって成立するローカルガバナンスにおいて，自治体による地域福祉マネジメントからの接近の可能性を展望するためには，地域福祉関連の政策に対する「加工の自由」は，大きな実験といえます。

2.1 「加工の自由」からはじまる本書のねらい

「加工の自由」は，国の地域福祉関連政策に対して，とくに包括的支援体制の構築策に対して，これまでの自治体における地域福祉の実績が生かされるように，国のプログラム補助を積極的に「加工」することを意味しています。そのために自治体が地域福祉マネジメントの機能を発揮し，とくに「制度福祉と地域福祉との協働」を可能とする「条件整備」のプログラムを開発することが重要であるという仮説を設定しました。そして，その検証を多角的なフィールドワークの成果（事例研究）に求めました。

そのために，地域福祉マネジメントの機能を把握するうえで，6つの機能を設定しています。一方で「加工の自由」を担保する組織化的な作業に相当する①開発（行政）の主体化と③（多様な主体との）協働の合意形成を重視し，他方で「条件整備」を生み出すために，②実践のアセスメントといった分析的作業を踏まえた，④人材育成・組織の整備課題の整理，そして，それらを実現するための⑤計画化の協議と，さらなる「条件整備」の課題を見出す⑥進行管理・

評価の場のマネジメント，です。

3つの自治体のなかで，それらの機能の相互作用が確認できました。3つの自治体では共通して，①開発（行政）の主体化による国のモデル事業の系統的な活用を図り，⑥進行管理・評価を通して，独自課題解決への加工を図っていました。こうした6つの機能の事例からの抽出とともに，段階Ⅳへのステップを把握するために，時間軸を入れた「段階別マネジメント」の図を活用しています。3自治体の間で，包括的支援の体制整備への地域福祉の推進方法の比較として，「段階別マネジメント」の図7-1，図8-1，図9-4を並べてみることで，以下の3点が明確となりました。

1つは，段階Ⅱでは，計画策定ではなく進行管理の場が，段階Ⅲを生み出すうえで重要な役割を果たしていることです。2つは，段階Ⅲにおいては，包括的支援に進むために，制度福祉との協働の実績が複数の制度にわたって進展することが必要です。たとえば，中土佐町では生活困窮者自立支援と権利擁護支援との協働が，東近江市では生活困窮者自立支援と生活支援体制整備との協働が，芦屋市では生活困窮者自立支援，生活支援体制整備と権利擁護支援との協働が取り組まれています。

3つは，地域福祉マネジメントの業務が，福祉行政領域を越える形で展開することを模索していることです。国の政策用語である「地域づくり」への地域福祉行政からの接近に相当するものです。具体的な模索には，中土佐町では，包括化推進員による集落活動センターとの連携，東近江市ではまちづくり部署や中間支援組織との連携，芦屋市の場合には，行政改革部署とともに，企業との連携の場づくり，などが含まれます。いずれも多様な主体との協働をめざす，「加工の自由」の成果に相当するもので，ローカルガバナンスの実験を意味しています。

2.2　「加工の自由」を支える都道府県の「条件整備」

「2019年最終とりまとめ」では，手上げ方式が提案されています。モデル事業の断面的な手上げの取組みではなく，事例に示した3つの市町村のように，系統的な展開が不可欠です。こうした行政の主体化が，どこの自治体でも達成できるわけではありません。また，国のモデル事業への参加によって自動的に達成されるわけでもありません。高知県にみられるような，たとえば地域福祉計画と地域福祉プログラムの相乗的な展開を可能にするバックアップが，都道府県によって担われることが必要です。それは，国の「手上げ方式」における仲介役からの脱皮といえるもので，都道府県の独自の地域福祉行政の形成を意味し，地域福祉マネジメントの業務への着手といえるものです。

「2019年最終とりまとめ」において提起された3つの支援，①断らない相談支援，②参加支援，③地域づくりに向けた支援に対して，今回取り上げた制度福祉の3つはそれぞれの支援を取り入れ，強化するための充実策を展望する必要があります。さしあたり，①断らない相談支援に対応するのが権利擁護支援，②参加支援に対応するのが生活困窮者自立支援，③地域づくりに向けた支援に対応するのが，介護保健制度の生活支援体制整備です。しかし，「地域福祉の容器」のなかでは，3つの制度福祉は相互作用しながら，3つの支援の強化に関与します。

都道府県の地域福祉推進として，これらの制度福祉と地域福祉との協働のための条件整備プログラムを開発するうえで，国の現行のモデル事業，今後予想される「手上げ方式」による補助プログラムを，3つの制度福祉を所管する都道府県部署がうまく活用できるように，地域福祉マネジメントを機能させる必要があります。それをどの部署が担当することになるのか，自由裁量性をもつ地域福祉行政をめざす部署を想定することが適切といえます。

3　地域福祉行政と包括的支援の体制整備との関係

本書は，「自治体地域福祉行政がマネジメント力を生かして，政策課題の包括的支援の体制整備にどう対応するのか」，そのプロセスについて事例研究を用いて描いた内容です。3つの自治体の事例研究からどこまで普遍性を示すことができたのでしょうか。

3.1 「地域福祉と包括的支援体制」の教材作成の課題

サブタイトルにある「地域福祉と包括的支援体制」は，新しい社会福祉士の国家試験科目の名称で，「地域福祉の理論と方法」に代わるものとして採用されることになります。この変更を視野に入れて，本書のサブタイトルに採用した経緯があります。しかし，本書では，地域福祉と包括的支援体制をダイレクトに結びつけているわけではありません。1つは地域福祉行政を主体としている点，もう1つはその主体が地域福祉マネジメントの機能を発揮させるなかで，包括的支援体制の構築に寄与するという点，に両者の関係を限定しています。それゆえ，地域福祉行政が包括的支援体制を包含する関係ではないということです。地域福祉概念そのものが，包括的支援の体制をカバーするということは，論者によって成立する場合がありますが，実体概念としては，その状況にないことを明記する必要があります。たとえば社会福祉法の第1条にある「地域における社会福祉（以下，地域福祉という）」として，地域福祉を包括的に捉えるだけでは，福祉行政の運営上の課題解決への接近は困難です。本書では，それを回避するために，「地域における社会福祉」を差し当たり制度福祉と地域福祉に区別し，その協働を地域福祉行政から検討しました。そして，その協働の成果の上に，包括的支援の体制整備を展望するという論理で接近したのです。

テキスト上，両者の関係をどのように処理するのかについては，別途機会を改めて論点を示します。本書の貢献としては，地域福祉概念と地域福祉行政の形成の実体とを区別すること，従来の自発的福祉としての地域福祉と政策化される地域福祉との間を結ぶ機能として，地域福祉マネジメントの機能が必要であることを提起したことです。

ただし，本書での地域福祉マネジメントの実施主体は，地域福祉行政に焦点化しています。当然ながら，多様な主体が行政からの委託を受けて，地域福祉行政の一部を担い，地域福祉マネジメントの機能を発揮している実態も視野に入れながら，地域福祉マネジメントを扱う必要があり，今後の研究課題と考えています。

3.2　地域福祉行政を強調する理由

第Ⅲ部における3つの自治体における事例研究は，観察結果にとどまらず，関与を行った結果の分析でもあります。その関与は，ミクロの地域福祉実践ではなく，メゾの地域福祉マネジメントに関するものであり，その作用が地域福祉のプログラムや計画，さらには行政組織の編成に及ぶプロセスにおいてです。

そこから見えてきた成果のなかで，普遍性をもつものをそれぞれの自治体の事例から1つを取り上げて紹介しています。

多機関協働事業に取り組んだ中土佐町の事例からは，モデル事業を通して導入した「包括化推進員」を地域福祉マネジメントの担い手として位置づけることに，一定の説得力があるといえます。当該自治体が業務上明記しているのではなく，筆者が独自に地域福祉マネジメントの機能の一部を担うことを可能にする一種の権限付与がなされていると解釈しています。この点では，東近江市での「地域福祉プロジェクト委員会」という庁内連携組織の委員委嘱において，そのような権限付与がなされていないことから，地域福祉マネジメント機能としての効果が乏しい原因となります。また，芦屋市におけるトータルサポートの保健師配置では，相談支援の包括化としての機能の発揮は優れており，政策上の効果も明白ですが，体制整備の結果としての位置にあり，体制整備を生み出す機能の付与にまでは至っていません。

次に，東近江市からの普遍化においては，地域福祉課の組織形態をとらずに，地域福祉行政をどのように展開するかという経験の分析になります。福祉政策系の部署が担う場合には，課題を吸い上げる相談や現業部門を組織に内包せずに，ボトムアップの地域福祉の政策化を推進するという地域福祉マネジメント上の課題があります。その意味では，計画の場のマネジメントが重要な機能となります。1つの成果は，生活困窮者自立支援事業の単独計画化の場でした。「行政の相談現場と政策担当との協議」の場と，「政策担当と民間の自発的福祉との協議」の場が，計画策定のなかで確保されるマネジメントが実現した点に着目しています。後者の場のマネジメントにおいては，先行するまちづくり分野での行政の成果に依拠していたことから，生活困窮者自立支援事業における「地域づくり」を地域福祉が吸収する機会ともなったといえます。

地域福祉計画を上位計画化するなかで，計画のなかでの包括化は実現するとしても，その策定プロセスや進行管理のなかで，実体化を伴った包括化が進むかどうかには課題を残しています。自治体において，その制度福祉がいわゆる包括的支援の体制整備の重要なプログラムを担うと判断した場合には，単独計画のなかで，他部署との連携や民間の主体との合意形成を図ることが，より有効なマネジメントの場となるといえます。

最後に，芦屋市における普遍化では，地域福祉課によるマネジメントの展開全般として提起したいのですが，そこにはいくつかの個別的な条件があるともいえます。第**9**章では，極力普遍化の方向を示したつもりです。ここでは，「地域力強化推進事業」における「地域の福祉力」における地域概念に，民間企業を主体として位置づけ，その可能性に取り組んだマネジメントに触れておきます。いわゆる「こえる場！」の実践ということになります。包括的支援を福祉部門に限定することの限界は，国が制度福祉のなかに「地域づくり」を導入していることからも明白です。しかし，その手法となると，とくに「地域力強化推進事業」においてこれまでの地域福祉プログラムの開発（段階Ⅰ）の継承にとどまっています。この制約に，「こえる場！」の実験は１つの解答を与えているといえます。しかも，行政改革との連動から，行政職員の意識改革という課題も挿入され，その点が参加企業からの共感と協力を得ることに結びついています。新たなローカルガバナンスの実験としても捉えることができます。「地域の福祉力」の地域には，地域住民しか含まれていないという，段階Ⅰの地域福祉プログラムの認識を，地域福祉行政自らが変更する必要があります。

4　「地域福祉の容器」の編集機能

終章を終えるにあたって「執筆を終えて」ではなく，「編集を終えて」とし，しかもその編集の前に「自由な」を加えている理由に触れておきます。まず素朴な感想としては，書き下ろしの「執筆」よりも，執筆された内容をどう配置するのか，いわゆる「編集」に多くの時間と労力を費やしたからです。より本質的な理由ですが「地域福祉マネジメント」そのものがきわめて編集的な行為であることと関係しています。地域福祉マネジメントが編集的な行為であるというのは，まず，地域福祉そのものが編集的であるからです。地域福祉そのものを単独で規定するのは困難で，地域福祉のヨコに何かを置くことによって，それとの関係性のなかにあってはじめて地域福祉の機能や作用を明らかにすることができるからです（平野 2011a）。ヨコに置くものによっては，たとえば制度福祉の介護保険制度を置くことで，「介護サービスを補完する地域での支え合い」として地域福祉は編集的に扱われるということにもなります。

そして，地域福祉マネジメントは，ヨコに置かれた相手に対して編集的な作用を与え，地域福祉自体がその関係のなかで，形を変えながら成長するプロセスを生み出します。筆者は，それを「地域福祉の容器」という形で表現し，ヨコに置かれるものは，実は地域福祉の容器のなかに入っていると整理しています（図3-1)。その結果，地域福祉は，その容器に入るものによって，大きく影響を受けるとともに，マネジメントによってその容器のもつ機能を中身に対して作用させ，より中身の価値や機能を高めることができると考えています。

3つの作用，6つの機能に分解されている地域福祉マネジメントの枠組みを用いた3自治体の事例研究から，「地域福祉の容器」の機能を整理すると次のようになります。1つに，「計画の場のマネジメント」として地域福祉計画への作用（M → B）に関連して，計画の場を1つの容器の要素として位置づけることになります。なかでも，地域福祉計画における進行管理の強化は重要な容器の機能として期待されます。また，恒常的なネットワーク会議も構成要素とみなすことができます。

2つに，「運営の条件整備」として地域福祉行政の形成への作用（M → C）に関連しては，その結果として生み出される人材配置や行政組織の基盤などが容器の構成要素となります。

3つに「プログラムの開発」をめざす地域福祉プログラムへの作用（M → A）では，結果として生み出される地域福祉の拠点は，物理的な要素として容器を構成するとともに，そこで展開される機能が多機能化することで，「地域福祉の容器」のもつ機能も多機能化することになります。

これらに加えて，今回の事例研究において，中土佐町では包括化推進員による集落活動センターとの連携，東近江市ではまちづくり部署や中間支援組織との連携，芦屋市の場合には行政改革部署とともに，企業との連携の場づくり，といった福祉行政の範囲を越える「器づくり」の課題が見えてきました。地域福祉マネジメントにおいて，地域福祉部署を越え，地域づくりやまちづくりに結びつくマネジャーの登場が求められ，その芽生えが把握されています。「地域福祉の容器」は「地域共生の容器」へと発展が求められているのかもしれません。

本書では，意識的に「地域共生社会」の概念に触れないできました。すでに，

『地域共生の開発福祉――制度アプローチを越えて』(2017) を編集してきたことも影響していますが，今回は，前著で提起した地域福祉推進の体系の精緻化を目的にしたことが大きく影響しています。しかも，地域福祉行政による「加工の自由」の実体化をめざすことに集中するという編集方針をとったこととも関係しています。

「地域共生社会」の概念をどこまで「地域福祉の容器」の考え方の延長線上に置くことができるか，まだ確信があるわけではありません。今後とも，挑戦してみることに価値があると判断しています。

あとがき

「間に合わせ」の回避と「間に合わせる」の実現

『地域福祉推進の理論と方法』に続いて，本書も全面的な書き下ろしに挑戦しました。挑戦というよりは，仕方なくといったほうがいいのかもしれません。収録するにしても，直接地域福祉マネジメントを扱った論文がなかったという事情です。それはともかく，定年を迎える3月の最終講義に「間に合わせる」ことができました。

前著において，「書き下ろしの作業に取り組むことがなければ，本書の体系化はどこか『間に合わせ』のものにとどまっていた」（はしがきⅳ頁）と記述しました。ここでは，「　」付きで表現した「間に合わせ」について触れておきます。この「間に合わせ」は，1978年の『朝日新聞』夕刊の「日記から」が初出の幸田文のエッセイのタイトルから借用したからです。「間に合わせ」の努力では，極めたい仕事はうまくはいかないという一種の戒めであり，筆者においては論文執筆上の点検の指針となっていました。40年にもわたって，その文章と出会えずにいましたが，本書の執筆過程で『幸田文しつけ帖』に採録されている「間に合わせ」に出会うことができました。文字どおりの「しつけ」として，書き下ろしの大きな支えとなりました。

では，本書が扱った地域福祉マネジメントとは，どのように「出会う」ことになったのでしょうか。5年前にはすでに本書とは異なる内容ですが，原稿がかなりできあがっていました。

> 地域福祉マネジメントとは，「制度福祉で解決しない問題に対して，地域福祉マネジャーがその解決に向けて，協議・協働のためのメゾ空間をつくるために用いる方法」ということになる。その前提には，地域福祉のメゾ現場において文字どおりそこでマネジメントを実施しているマネジャーとの出会いがあり，さらには彼ら彼女らとの共同研究での試行錯誤がある。

そこでの共同体験は，「ミクロ領域」でソーシャルワーカーやコミュニティワーカーが担ってきた実践とは異なり，「メゾ領域」での新しいマネジャー業務を検討する研究会活動のなかで，本書の制作の動機が形成されてきたといえる。

本書には，フィールドワークを通して出会い，共同研究を行った「地域福祉マネジャー」が多く登場する。全国の自治体・社会福祉協議会に加えて，中間支援組織のNPO等に着目している。NPO等の組織に所属するマネジャーは，問題への発見機能や政策化要求を強くするマネジメントに注目しているので，より刺激を受けている。

当初は，ここに示されているように，地域福祉マネジメントの主体を地域福祉行政に限定していませんでした。当時の構成では，行政とともに，社会福祉協議会，NPO法人運営の中間支援組織の3セクターが担う地域福祉マネジメントを対象としていました。しかし，国の地域福祉関連政策が急速に展開するなかで，本書は自治体行政を主体とした「加工の自由」を視野に入れた地域福祉マネジメントに焦点化した次第です。

フィールドワークに支えられて

自治体行政における地域福祉マネジメントを提起するうえで，もう1つ確信していることは，地域福祉政策のもう1つの主体として都道府県を位置づけ，都道府県による自治体支援のための地域福祉マネジメントに関心を寄せてきたことにあります。本書でも，都道府県について3自治体が含まれる高知県，兵庫県，滋賀県をはじめ，第4章で取り上げた宮城県や第1章で触れた富山県などでのフィールドワークで，市町村支援の役割を見出してきました。なかでも，高知県と宮城県は，地域づくり，まちづくりとの連携が不可欠な地域課題を抱えている県です。そこでのフィールドワークから見えてきた地域福祉マネジメントの研究契機に触れておきます。

高知県との共同プロジェクトは，10年以上に及びます。高知県地域福祉部地域福祉政策課による地域福祉マネジメントを長期に観察，関与できたことが，本書執筆の大きな自信となっています。そこでの成果が本書の多くの箇所にちりばめられています。終章でも触れましたが，市町村行政による「加工の自由」を支える条件整備の役割が都道府県の地域福祉行政にあります。人口減少とともに福祉事業の採算性が確保できないなかで，地方創生の政策と地域福祉の政策との接点領域に，高知県行政が支援課題を設定し，独自の政策を展開しました。その結果，県の単独補助に対する市町村負担を覚悟で政策推進に参加しています。その参加においても多くの市町村が「加工の自由」を選択していますが，その背景には地域における多様な主体との協働の合意形成があります。

東日本大震災の復興支援においては，NPO 法人全国コミュニティライフサポート（通称 CLC）での現場支援活動や共同研究をはじめ，宮城県サポートセンター支援事務所が運営する「地域福祉マネジメント研究会」（2015 年～）において議論を重ねてきました。「復興支援」の研究会名称を用いないで，「地域福祉マネジメント」として集約しようとする意図は，復興期から平常期への移行のなかで，これまでの実績を受け止めるプログラムとして行政現場（領域）の地域福祉があるとの判断からです。そして，マネジメントの課題として注目するのは，都道府県あるいは市町村ベースにおいて，復興過程で生み出された庁内連携を，一般施策化への移行のなかで地域福祉行政の形成として継承できないか，その推進を図れるマネジャーはいったい誰なのか，という問題意識からの研究です。

高知県と宮城県をはじめ，多くのフィールドワークにおいて，地域福祉に関わるマネジャーと出会った結果，そのような人材の養成とそのための教材開発をめざすことになりました。文部科学省の新たな政策でもある「学び直し大学院プログラム」の助成を活用した「地域再生のための『福祉開発マネジャー』養成の履修証明プログラム」（2015 年度～）を，日本福祉大学大学院の通院教育として開講し，そのなかの講義科目として「地域福祉マネジメント」を設定しています。今回，ようやくそのための教材が完成したといえます。

多くの協力者へのお礼

前著同様に本書も，多くの研究助成，多くの研究員の協力によって成り立っています。筆者は，日本福祉大学の重点研究センターである福祉政策評価センター，アジア福祉社会開発研究センター，権利擁護研究センターのプロジェクトマネジメントを担ってきました。その意味からも，プロジェクトマネジャーとしての当事者性があります。それぞれのセンターが受けている研究助成に本書は依拠しています。とくに，私立大学戦略的研究基盤形成支援事業（2015〜19年度）「重複化する福祉制度の設計と自治体運用に関する評価とフィードバック」は，その中心的なものでした。本書は，その成果によって成り立っています。

福祉政策評価センター研究員である奥田佑子氏，福祉社会開発研究所教員の朴兪美氏，小木曽早苗氏は，フィールドワークのチームに参加してくださいました。第Ⅲ部の3つの自治体のフィールドワークに，中土佐町（第7章）：小木曽氏，東近江市（第8章）：奥田氏，芦屋市（第9章）：朴氏がそれぞれに対応してくださいました。当該論文には共同作業の部分が多く含まれています。彼女たちの協力なしには，事例研究からの成果を生み出しえなかったといえます。

今回制度福祉において未開拓な，権利擁護支援の事例研究に取り組みました。地域福祉行政が包括的支援の体制整備に寄与するうえで，既存の権利擁護研究センターとの協働が不可欠との判断からです。全国権利擁護支援ネットワーク（代表・佐藤彰一教授）と日本福祉大学権利擁護研究センターとの共同研究活動をはじめ，第6章に紹介した尾張東部権利擁護支援センター（住田敦子センター長）の事例研究からは多くの学びを得ました。3つの自治体でのフィールドワークにおいても，地域福祉行政や実践に携わる多くの中間マネジャーの方々にお世話になりました。お礼を申し上げます。

本書の構成や内容について，原田正樹日本福祉大学教授をはじめ，多くの先生方からアドバイスをいただきました。藤井博志関西学院大学教授，永田祐同志社大学教授，CLCの池田昌弘理事長，さらに明治学院大学の武川正吾教授，榊原美樹専任講師からの貴重なご意見を踏まえて，加筆修正を行いました。感謝をいたします。

前著で触れた3名の恩師の理論や問題提起に対しては，右田紀久恵先生の「自治型地域福祉論」や宮本憲一先生の「容器論」について，前著より少し貢献度を高められたと判断しております。岩田正美先生の『社会福祉のトポス』（有斐閣）で提起されている「地域福祉化」への実証的検討の課題については，視点が異なることを意識しながらも少しは接近できたのではないかと考えております。

学術出版事情が悪化しているなかで，本書の発行を前著に続いて引き受けてくださった有斐閣編集部にも感謝します。前著の生みの親であった松井智恵子さんには，今回もなみなみならぬ支援をいただきました。お礼を申し上げます。

最後に，研究者の道を歩み出した息子の実晴に，単著執筆への情熱を見せることができたのは親として，先輩として満足な気持ちです。前著のカバー装画をデザインしてくれた妻のアンナには，今回も本書の意図を説明してデザインしてもらいました。本書においても共同作業ができたことを再び喜びたいと思います。

2020 年 2 月

著　　者

引用・参考文献

はじめに・第Ⅰ部（第１章～第３章）

伊丹敬之（2005）『場の論理とマネジメント』東洋経済新報社

伊藤正次編（2019）『多機関連携の行政学――事例研究によるアプローチ』有斐閣

岩田正美（2008）『社会的排除――参加の欠如・不確かな帰属』有斐閣

岩田正美（2016）『社会福祉のトポス――社会福祉の新たな解釈を求めて』有斐閣

右田紀久恵（2005）『自治型地域福祉の理論』ミネルヴァ書房

宇山勝儀・船水浩行編（2010）『社会福祉行政論――行政・財政・福祉計画』ミネルヴァ書房

岡本薫（2010）『Ph.P 手法による マネジメントプロセス分析――国・自治体・企業・団体・学校などあらゆる組織のガバナンスのための方法論』商事法務

奥田佑子・谷口郁美（2011）「滋賀県社会福祉協議会における『研究会事業』の特徴と効果」『地域福祉実践研究』2，31-40

奥田佑子・平野隆之・榊原美樹（2012）「共生型プログラムの新たな動向と都道府県における地域福祉政策――全国都道府県調査と熊本県・高知県の比較から」『日本の地域福祉』25，61-74

菊池馨実（2019）『社会保障再考――〈地域〉で支える』岩波書店

桑子敏雄（2003）『理想と決断――哲学の新しい冒険』日本放送出版協会

桑子敏雄（2013）『生命と風景の哲学――「空間の履歴」から読み解く』岩波書店

桑子敏雄（2016）『社会的合意形成のプロジェクトマネジメント』コロナ社

厚生労働省（2008）『地域における「新たな支え合い」を求めて――住民と行政の協働による新しい福祉』

厚生労働省地域共生社会に向けた包括的支援と多様な参加・協働の推進に関する検討会（2019）『地域共生社会推進検討会中間とりまとめ』

厚生労働省地域共生社会に向けた包括的支援と多様な参加・協働の推進に関する検討会（2019）『地域共生社会推進検討会最終とりまとめ』

厚生労働省地域力強化検討会（2017）『地域力強化検討会最終とりまとめ――地域共生社会の実現に向けた新しいステージへ』

新川達郎・川島典子編（2019）『地域福祉政策論』学文社

神野直彦（2018）「地域福祉の「政策化」の検証――日本型福祉社会論から地域共生社会まで」『社会福祉研究』132，21-28

神野直彦・山本隆・山本恵子編（2019）『貧困プログラム――行財政計画の視点から』関西学院大学出版会

副田あけみ（2018）『多機関協働の時代――高齢者の医療・介護ニーズ，分野横断的ニーズへの支援』関東学院大学出版会

田尾雅夫（2015）『公共マネジメント――組織論で読み解く地方公務員』有斐閣

武川正吾（2006）『地域福祉の主流化――福祉国家と市民社会Ⅲ』法律文化社

武川正吾（2018）「地域福祉と地域共生社会」『社会福祉研究』132，37-44.

永田祐（2011）『ローカルガバナンスと参加――イギリスにおける市民主体の地域再生』中央法規出版

日本総合研究所（2017）『全世代・全対象者型地域包括支援体制の構築に向けた評価指標に関する

調査研究』
日本総合研究所（2018）『地域力強化および包括的な相談支援体制構築の推進に関する調査研究』
日本福祉大学（2019）『市町村における成年後見制度利用促進の計画化の方法に関する調査研究事業報告書』
日本福祉大学アジア福祉社会開発研究センター編（2017）『地域共生の開発福祉――制度アプローチを越えて』ミネルヴァ書房
日本福祉大学権利擁護研究センター監修，平野隆之・田中千枝子・佐藤彰一・上田晴男・小西加保留編（2018）『権利擁護がわかる意思決定支援――法と福祉の協働』ミネルヴァ書房
日本福祉大学地域ケア研究推進センター（2013）『中山間地域における新たな地域福祉推進策としての「あったかふれあいセンター事業」の効果検証事業報告書』
野村総合研究所（2013）『「孤立死」の実態把握のあり方に関する調査研究事業報告書』野村総合研究所
野村総合研究所（2014）『孤立（死）対策につながる実態把握の仕組みの開発と自治体での試行運用に関わる調査研究事業報告書』野村総合研究所
朴兪美・平野隆之（2010a）「『研究会事業』という地域福祉研究者の新たな実践現場――高知県での取り組み事例から」『地域福祉実践研究』創刊号，78–88
朴兪美・平野隆之（2010b）「都道府県による地域福祉政策化の実践的研究――高知県の『社協ステップアップ研究会事業』を通じて」『地域福祉研究』38，116–125
朴兪美・平野隆之（2011）「地域福祉政策の展開と都道府県行政職員のチーム形成――熊本県事例を通して」『社会福祉研究』111，92–99
朴兪美・平野隆之（2013）「地域福祉計画に対する研究者のかかわり方に関する研究――研究者3名の相対化の分析から」『日本福祉大学社会福祉論集』128，67–81
朴兪美・平野隆之・穂坂光彦（2013）「方法としての『メタ現場』――研究と実践の協働空間」穂坂光彦・平野隆之ほか編『福祉社会の開発――場の形成と支援ワーク』ミネルヴァ書房
朴兪美・平野隆之（2016）「計画的推進に求められる地域福祉アセスメントの基本的枠組み――2つの社会福祉協議会の事例分析から」『日本の地域福祉』29，31–42
原田正樹（2014）『地域福祉の基盤づくり――推進主体の形成』中央法規出版
平野隆之（2008）「国の地域福祉推進の補助事業」平野隆之・宮城孝・山口稔編『コミュニティとソーシャルワーク（新版）』有斐閣
平野隆之（2008）『地域福祉推進の理論と方法』有斐閣
平野隆之（2010）「地域福祉の推進をめぐる政策課題――新たなパラダイムの意味」『社会福祉研究』108，40–48
平野隆之（2011a）「序論」岩田正美監修，野口定久・平野隆之編『リーディングス日本の社会福祉6 地域福祉』日本図書センター
平野隆之（2011b）「地域福祉に求められる新たな戦略――ケアと自治をつなぐ論理」『地域福祉研究』39，2–11
平野隆之（2012a）「地域福祉のミクロ・メゾ・マクロ――岡村理論の継承と展開としての『推進研究』」牧里毎治・岡本榮一・高森敬久編『岡村理論の継承と展開2 自発的社会福祉と地域福祉』ミネルヴァ書房
平野隆之（2012b）「都道府県における地域福祉行政の主体化」日本社会福祉学会編『対論社会福祉学3 社会福祉運営』中央法規出版

平野隆之（2012c）「参加保障を目指す地域福祉行政と利用者本位――高齢期における社会的孤立の問題を素材にして」『社会福祉研究』113，49-57
平野隆之（2013）「制度的福祉の限界と福祉社会開発」穂坂光彦・平野隆之・朴兪美・吉村輝彦編『福祉社会の開発――場の形成と支援ワーク』ミネルヴァ書房
平野隆之（2014a）「地域の中で進む『社会的孤立』と『高齢者福祉』の課題」『社会福祉研究』119，29-37
平野隆之（2014b）「生活困窮者支援制度の運用方法に関するアクションリサーチ」『日本の地域福祉』27，11-22
平野隆之（2018）「共生型サービスの普及への期待と挑戦」『ふれあいケア』24（1），30-33
平野隆之（2019）「地域福祉政策の対象と方法――筆者の取組を振り返って」『日本の地域福祉』32，3-12
平野隆之・奥田佑子（2016）「都市自治体における生活困窮者への自立相談支援とその体制整備――滋賀県下における比較研究から」日本福祉大学社会福祉学部『社会福祉論集』134，91-106
平野隆之・小木曽早苗・朴兪美・奥田佑子（2017）「高知県との地域福祉共同研究プロジェクトの展開と成果――アクションリサーチのプロセス分析から」『日本福祉大学社会福祉論集』137，85-99
平野隆之・榊原美樹編（2009）『地域福祉プログラム――地方自治体による開発と推進』ミネルヴァ書房
平野隆之・朴兪美・澤田和子（2013）「地域福祉計画における進行管理と地域福祉行政の形成――市町村第2期地域福祉計画調査の結果から」『日本の地域福祉』26，41-51
平野隆之・原田正樹（2010）『地域福祉の展開』放送大学振興会
平野隆之・原田正樹（2014）『地域福祉の展開（改訂版）』放送大学振興会
平野隆之・藤井博志（2013）「集落福祉の政策的推進に向けて――地域福祉による中山間地域支援」『地域福祉研究』41，126-132
藤井博志（2018）「地域共生社会を実現する社会福祉協議会の課題」『社会福祉研究』132，45-54
藤井博志（2019）『地域福祉のはじめかた――事例による演習で学ぶ地域づくり』ミネルヴァ書房
藤井博志監修・宝塚市社会福祉協議会編（2018）『市民がつくる地域福祉のすすめ方（改訂版）』CLC
古都賢一（2019a）「地域課題に取り組む――求められる専門性と多様性・柔軟性」自治体活性化研究会編『自治体職員かく生きる』生活福祉研究機構
古都賢一（2019b）「地域福祉の明日」大曽根寛・森田慎二郎・金川めぐみ・小西啓文編『福祉社会へのアプローチ 久塚純一古稀祝賀（下巻）』
牧里毎治・川島ゆり子（2016）『持続可能な地域福祉のデザイン――循環型地域社会の創造』ミネルヴァ書房
松端克文（2018）『地域の見方を変えると福祉実践が変わる――コミュニティ変革の処方箋』ミネルヴァ書房
三菱UFJリサーチ&コンサルティング（2018）『共生型サービスに係る普及・啓発事業報告書』
宮本太郎（2017）『共生保障――〈支え合い〉の戦略』岩波書店
ミンツバーグ，ヘンリー著，池村千秋訳（2011）『マネジャーの実像――「管理職」はなぜ仕事に追われているのか』日経BP社

森明人（2018）『市町村社会福祉行政のアドミニストレーション――三浦理論・大橋理論から新たな展開へ』中央法規出版
山口道昭（2016）『福祉行政の基礎』有斐閣
山崎史郎（2017）『人口減少と社会保障――孤立と縮小を乗り越える』中央公論新社

第Ⅱ部（第４章～第６章）

NTT データ経営研究所（2019）『介護予防・日常生活支援総合事業及び生活支援体制整備事業の効果的な推進方法に関する研究事業報告書』
大津市社会福祉協議会（2017）『平成 27 年度大津市生活困窮者自立支援事業報告書』
大津市社会福祉協議会（2018）『平成 29 年度大津市生活困窮者自立支援事業報告書』
大津市社会福祉協議会（2019）『平成 30 年度大津市生活困窮者自立支援事業報告書』
大津市社会福祉協議会編（2019）『見える社協から，魅せる地域福祉へ――相談ごとがあったら社協に来たらええがな』CLC
大橋謙策・白澤政和編『地域包括ケアの実践と展望――先進的地域の取り組みから学ぶ』中央法規出版
小木曽早苗（2015）「中山間地と被災地における地域福祉拠点・人材・計画の循環性――高知県中土佐町と宮城県女川町の参与観察から」『日本の地域福祉』28，83-94
奥田佑子・平野隆之（2017）「3 市社会福祉協議会にみる地域福祉権利擁護事業と生活困窮者自立支援事業の相互作用――総合相談支援の体制整備の視点から」『日本福祉大学社会福祉論集』137，101-116
奥田佑子・平野隆之・金圓景（2015）「地域における権利擁護支援システムの要素と形成プロセス」『日本の地域福祉』28，1-14
韓国住民運動教育院著，平野隆之・穂坂光彦・朴兪美編訳（2018）『地域アクションのちから――コミュニティワークリフレクションブック』CLC
釧路市福祉部生活福祉事務所編集委員会（2009）『希望をもって生きる――生活保護の常識を覆す釧路チャレンジ』CLC
釧路市福祉部生活福祉事務所編集委員会（2016）『希望をもって生きる（第 2 版）――自立支援プログラムから生活困窮者支援へ釧路チャレンジ』CLC
厚生労働省（2018）『市町村・地域包括支援センターによる家族介護者支援マニュアル――介護者本人の人生の支援』
斉藤雅茂（2018）『高齢者の社会的孤立と地域福祉――計量的アプローチによる測定・評価・予防策』明石書店
榊原美樹・斉藤雅茂・平野隆之（2017）「小地域における福祉活動プログラムの展開と促進要因――6 県調査の分析結果から」『日本の地域福祉』30，103-115
白澤正和（2018）『ケアマネジメントの本質――生活支援のあり方と実践方法』中央法規出版
住田敦子（2019）「尾張東部圏域成年後見制度利用促進計画の推進における地域連携ネットワークの強化」『実践成年後見』83，87-94
全国コミュニティライフサポートセンター（2013）『「震災被災地における要援護者への個別・地域支援の実践的研究」報告書』CLC
全国コミュニティライフサポートセンター（2017）『地域支援事業における生活支援コーディネーター・協議体の進め方に関する調査研究事業報告書』CLC

全国コミュニティライフサポートセンター（2018）『地域づくり部署と福祉部署連携のためのガイドブック』CLC
地域包括ケア研究会（2016）『地域包括ケアシステムと地域マネジメント（地域包括ケアシステム構築に向けた制度及びサービスのあり方に関する研究事業報告書）』三菱 UFJ リサーチ＆コンサルティング
地域包括ケア研究会（2017）『2040 年に向けた挑戦（地域包括ケアシステム構築に向けた制度及びサービスのあり方に関する研究事業報告書）』三菱 UFJ リサーチ＆コンサルティング
地域包括ケア研究会（2019）『2040 年：多元的社会における地域包括ケアシステム――「参加」と「協働」でつくる包摂的な社会（地域包括ケアシステムの深化・推進に向けた制度及びサービスについての調査研究）』三菱 UFJ リサーチ＆コンサルティング
永田祐（2013）『住民と創る地域包括ケアシステム――名張式自治とケアをつなぐ総合相談の展開』ミネルヴァ書房
永田祐（2018）「『全世代・全対象型地域包括支援』の展望」川島ゆり子・永田祐・榊原美樹・川本健太郎『地域福祉論』ミネルヴァ書房
二木立（2019）『地域包括ケアと医療・ソーシャルワーク』勁草書房
日本福祉大学（2015）『生活困窮者の把握や地域のネットワークづくりの推進に関する調査研究事業報告書』
日本福祉大学（2019）『市町村における成年後見制度利用促進の計画化の方法に関する調査研究事業報告書』
日本福祉大学権利擁護研究センター監修・平野隆之・田中千枝子・佐藤彰一・上田晴男・小西加保留編（2018）『権利擁護がわかる意思決定支援――法と福祉の協働』ミネルヴァ書房
認知症施策推進関係閣僚会議（2019）『認知症施策推進大綱』
東近江市・日本福祉大学地域ケア研究推進センター（2014）『生活困窮者自立促進支援モデル事業報告書』
平野隆之（1994）「老人介護者（家族）の会活動と在宅ケア効果」『日本の地域福祉』8, 92–113
平野隆之編（2005）『共生ケアの営みと支援――富山型「このゆびとーまれ」調査から』CLC
平野隆之編（2012）『介護保険給付データ分析――もう 1 つの介護行政』中央法規出版
平野隆之（2015）「地域福祉と権利擁護」全国権利擁護支援ネットワーク編『権利擁護支援と法人後見――養成のために必要な知識を網羅した研修テキスト』ミネルヴァ書房
平野隆之・原田正樹（2010）『地域福祉の展開』放送大学教育振興会
平野隆之（2016）「地域福祉と地域ケア」日本地域福祉学会『日本の地域福祉』29, 3–12
平野隆之・朴兪美・澤田和子（2013）「地域福祉計画における進行管理と地域福祉行政の形成――市町村第 2 期地域福祉計画調査の結果から」『日本の地域福祉』26, 41–51
平野隆之・小木曽早苗（2015）「東日本大震災におけるサポートセンターによる支援とその条件整備」日本地域福祉学会東日本大震災復興支援・研究委員会編『東日本大震災と地域福祉――次世代への継承を探る』中央法規出版
平野隆之・奥田佑子（2016）「都市自治体における生活困窮者への自立相談支援とその体制整備――滋賀県下における比較研究から」『日本福祉大学社会福祉論集』134, 91–106
平野隆之・小木曽早苗・児玉善郎・穂坂光彦・池田昌弘（2014）「東日本大震災における被災者支援の課題と今後の展開――自立支援を目指す地域支援の視点から」『日本福祉大学社会福祉論集』130, 67–85

平野隆之・日置真世（2013）「釧路における福祉社会開発の実験」穂坂光彦・平野隆之・朴兪美・吉村輝彦編『福祉社会の開発――場の形成と支援ワーク』ミネルヴァ書房
穂坂光彦・平野隆之・朴兪美・吉村輝彦編（2013）『福祉社会の開発――場の形成と支援ワーク』ミネルヴァ書房
三菱UFJリサーチ＆コンサルティング（2019）『地域支援事業の連動性を確保するための調査研究事業報告書』
室田信一（2018）「生活困窮者自立支援における地域づくり」岡部卓編『生活困窮者自立支援――支援の考え方・制度解説・支援方法』中央法規出版
吉田昌司監修・高橋誠一・大坂純・志水田鶴子・藤井博志・平野隆之編（2016）『生活支援コーディネーター養成テキスト』CLC

第III部（第７章～第９章）・終章

芦屋市（2012）『第2次芦屋市地域福祉計画』
芦屋市（2015）『芦屋市創生総合戦略』
芦屋市（2016）『第4次芦屋市総合計画後期基本計画』
芦屋市（2017）『芦屋市行政改革（平成29年度～平成33年度）』
伊藤正次編（2019）『多機関連携の行政学――事例研究によるアプローチ』有斐閣
小木曽早苗（2019）「高知県中土佐町における権利擁護支援の形成へのアクションリサーチ」『日本福祉大学社会福祉論集』140，89–110
韓国住民運動教育院著，平野隆之・穂坂光彦・朴兪美編訳（2018）『地域アクションのちから――コミュニティワークリフレクションブック』CLC
金永鍾（2010）『社会福祉行政』学知社（韓国語）
桑子敏雄（2016）『社会的合意形成のプロジェクトマネジメント』コロナ社
榊原美樹・平野隆之（2011）「小地域福祉の推進における地域組織とワーカー配置に関する研究――6県比較調査研究から」『日本の地域福祉』24，33–44
全国権利擁護支援ネットワーク（2013）『権利擁護支援システムを創ろう――権利擁護支援活動マニュアル（ガイドブック）』全国権利擁護支援ネットワーク
全国社会福祉協議会（2017）『多機関の協働による包括的相談支援体制に関する実践事例集――「我が事・丸ごと」の地域づくりにむけて』全国社会福祉協議会
第10回ローカルサミットin東近江実行委員会／西村俊昭（2017）『東近江地方創生のカギは地域の中にある――未来を地域の中に見つけた東近江市の挑戦！』農楽（株）
田中きよむ編（2018）『小さな拠点を軸とする共生型地域づくり――地方消滅論を超えて』晃洋書房
田中英樹・神山裕美編（2019）『社協・行政協働型コミュニティソーシャルワーク――個別支援を通じた住民主体の地域づくり』中央法規出版
塚本一郎・金子郁容編（2016）『ソーシャルインパクト・ボンドとは何か――ファイナンスによる社会イノベーションの可能性』ミネルヴァ書房
寺本愼児（2018）「包括的支援体制の整備に向けて――芦屋市における地域福祉施策推進の取組」ソウル福祉財団・日本福祉大学共同フォーラム資料集
永田祐（2019）「包括的な支援体制の実際」新川達郎・川島典子編『地域福祉政策論』学文社
中土佐町（2012）『中土佐町地域福祉計画地域福祉活動計画』

中土佐町（2017）『中土佐町第2期地域福祉計画――平成29年度〜平成33年度』
朴兪美・平野隆之（2014）「町村における地域福祉計画の推進条件に関する実践的研究――人的資源を中心に」『地域福祉実践研究』5，80–89
朴兪美・平野隆之・澤田和子（2015）「まちづくり協議会による地域福祉の展開可能性の条件――愛知県高浜市まちづくり協議会のグループインタビュー調査から」『日本の地域福祉』28，15–28
朴兪美・平野隆之（2017）「福祉とまちづくりの協働を促進する地域福祉政策の枠組み――ソウル市における政策体系を示す『福祉生態系』の分析から」『日本の地域福祉』31，51–61
朴兪美・細井洋海・寺本愼兒・平野隆之（2019）「地域福祉推進の組織整備における自治体職員のリーダーシップ――芦屋市での中間マネジャーの取り組みから」『日本福祉大学社会福祉論集』140，111–124
東近江市（2015）「東近江市地域生活支援計画」
東近江市（2017）「第2次東近江市地域福祉計画」
平野隆之（2014）「生活困窮者支援制度の運用方法に関するアクションリサーチ」『日本の地域福祉』27，11–22
平野隆之（2018）「社協の事務局から地域福祉の事務局へ――本書から何を学ぶのか」藤井博志監修・宝塚市社会福祉協議会編『市民がつくる地域福祉のすすめ方（改訂版）』CLC
平野隆之・朴兪美・澤田和子（2013）「地域福祉計画における進行管理と地域福祉行政の形成――市町村第2期地域福祉計画調査の結果から」『日本の地域福祉』26，41–51
平野隆之・朴兪美（2019）「都市自治体における地域福祉行政の形成に関する研究――芦屋市地域福祉課の事例分析を中心に」『日本の地域福祉』32，89–100
平野隆之・小木曽早苗（2020）「地域福祉計画の進行管理による『多機関協働事業』の展開――高知県中土佐町の参与観察から」『日本の地域福祉』33
穂坂光彦・平野隆之・朴兪美・吉村輝彦編（2013）『福祉社会の開発――場の形成と支援ワーク』ミネルヴァ書房
細井洋海（2018）「包括的支援体制の整備に向けて――トータルサポートの機能と庁内連携の推進」ソウル福祉財団・日本福祉大学共同フォーラム資料集
宮城孝・長谷川真司・久津摩和弘編（2018）『地域福祉とファンドレイジング――財源確保の方法と先進事例』中央法規出版

索　引

●さ　行

◉た　行

●な　行

●は　行

●ま　行

●や・ら・わ行

♣ 著者紹介

平野隆之（ひらの　たかゆき）

1955年大阪府に生まれる。大阪市立大学商学部卒業。大阪市立大学大学院生活科学研究科後期博士課程単位取得退学。

現在　日本福祉大学社会福祉学部教授。博士（社会福祉学）

主著『地域福祉援助技術論』（共著，相川書房，2003年）
『コミュニティとソーシャルワーク（新版）』（共編著，有斐閣，2008年）
『地域福祉推進の理論と方法』（有斐閣，2008年）
『地域福祉プログラム――地方自治体による開発と推進』（共編著，ミネルヴァ書房，2009年）
『リーディングス日本の社会福祉6 地域福祉』（共著，日本図書センター，2011年）
『福祉社会の開発――場の形成と支援ワーク』（共編著，ミネルヴァ書房，2013年）
『改訂版 地域福祉の展開』（共著，放送大学教育振興会，2014年）
『地域共生の開発福祉――制度アプローチを越えて』（共著，ミネルヴァ書房，2017年）
『地域アクションのちから――コミュニティワーク・リフレクションブック』（共編訳，CLC，2018年）
『権利擁護がわかる意思決定支援――法と福祉の協働』（共著，ミネルヴァ書房，2018年）

地域福祉マネジメント――地域福祉と包括的支援体制

Managing Community Welfare

2020年3月25日　初版第1刷発行

著　者　平野　隆之

発行者　江草　貞治

発行所　株式会社　有斐閣
〒101-0051
東京都千代田区神田神保町2-17
電　話　(03)3264-1315［編集］(03)3265-6811［営業］
http://www.yuhikaku.co.jp/

印　刷　萩原印刷株式会社
製　本　大口製本印刷株式会社

ISBN 978-4-641-17457-3

★定価はカバーに表示してあります。

落丁・乱丁本はお取替えいたします。